Janusz Sikorski · JAGDFIEBER

Janusz Sikorski

JAGDFIEBER

Waidwerken
in Polen

NEUMANN - NEUDAMM

BILDNACHWEIS

Die Bildagentur Nimrod stellte uns folgende Abbildungen zur Verfügung:
Seite 36 oben und unten, 53, 72 unten, 108 und 125 oben und unten;
Frank Rakow steuerte folgende Bilder bei:
Seite 17, 72 oben und 89 oben und unten;
Aus dem Archiv des Verlages stammen die Abbildungen der Seiten: 18 oben,
54 oben und 71;
Alle anderen Bildvorlagen lieferte der Autor.

Aus dem Polnischen übertragen von Egon Lause, Heide.

CIP-Titelaufnahme der Deutschen Bibliothek:

Sikorski, Janusz:
Jagdfieber: Waidwerken in Polen / Janusz Sikorski. –
Melsungen: Neumann-Neudamm, 1990
ISBN 3-7888-0613-3

© 1990 Verlag J. Neumann-Neudamm GmbH & Co. KG
Mühlenstraße 9, 3508 Melsungen
Printed in Germany
Titelgestaltung: Philipp Schneider unter Verwendung eines Dias von Frank Rakow
Reprotechnik: Repro Team, Kassel
Druck: Silber Druck, 3501 Niestetal
Buchbinderische Verarbeitung: Verlagsbuchbinderei Willy Keller, 6402 Kleinlüder.

Schrift: 10/12 Times Roman
Papier: Bildteil 115 g Bilderdruck, Textteil 90 g Werkdruck
Umschlag: Pappband, Polylein-Kaschierung
Druck: Vier- und Zweifarben-Offset, Roland MAN, 72 x 102 cm
Verarbeitung: Fadenheftung, begazt, Deckenband

Inhalt

Vorwort

Mit Zunahme des allgemeinen Tourismus und der Erleichterung der Reisewege zieht es immer mehr Jäger aus den heimischen Revieren hinaus in fremde Länder und Jagdgebiete. Was reizt, sind Land und Leute, Tier- und Pflanzenwelt und nicht zuletzt die Tatsache, daß mancher Jäger einmal auf Wild jagen möchte, das zwar einst, wie der Wolf, auch zu unserem Faunenbestand gehörte, inzwischen aber hier längst ausgestorben ist oder nur mühsam wieder angesiedelt wird. Da wird ein Land wie Polen zu einem wahren Jagdparadies, in dem der Jäger in urwüchsiger Natur auf uriges Wild jagen kann.

So fahre auch ich nach ersten Eindrücken im Jahre 1988 inzwischen immer wieder nach Polen. Bei einem dieser Aufenthalte lernte ich den Berufsjäger und Jagdschriftsteller Janusz Sikorski kennen, ließ mir einen Teil seiner Arbeiten übersetzen und beschloß, das ganze Manuskript zu „Waidwerken in Polen" in Deutschland zu veröffentlichen.

Dank der meisterhaften Übersetzung von Herrn Egon Lause liegt uns nun ein Buch vor, in dem Janusz Sikorski jagdliche Erlebnisse aus seinem Heimatland in einer Vielfalt schildert, die einen umfassenden Überblick über die Jagdmöglichkeiten in Polen eröffnet.

Walter Schwartz, Winter 1989
Verlag J. Neumann-Neudamm

Der unglückselige Einspänner

In den fünfziger Jahren, als ich die ersten Schritte in der Hochwildjagd machte, hatte ich noch keine Kugelwaffe, lediglich eine FN-
Doppelflinte, die mir mein Vater für das bestandene Abitur schenkte.

Nach der Wildselektionsprüfung, die ich übrigens besser als das
Abitur schaffte, übte ich fleißig einige Zeit das Schießen, wonach
ich von der Warschauer Woiwodschaftsjagdbehörde eine Bescheinigung erhielt, die mir bestätigte, daß die Waffe geprüft und für die
Hochwildjagd geeignet sei. Man bewilligte mir gleichzeitig – o
Wunder – ohne Fürsprache Dritter den Abschuß eines Hirsches sowie von zwei Stück Kahlwild und zwei Stück Schwarzwild im Gebiet der Oberförsterei Szumirad, Woiwodschaft Oppeln, wohin ich
auch unverzüglich, auf Jagderlebnisse begierig, fuhr.

Der Oberförster, Ingenieur Jan Raszka, empfing mich überaus
herzlich, obwohl dies unsere erste Begegnung war und er eine hohe
Stellung innehatte, wogegen ich erst Student der Forstfakultät war.
Wir waren uns sympathisch und wurden bald Freunde. Diese
Freundschaft hält bis heute. Er wunderte sich etwas, als ich dem
Futteral eine Doppelflinte und nicht, wie er wohl vermutete, einen
Drilling entnahm. Seiner Frage vorgreifend, stimmte ich sofort ein
Loblied auf meine Waffe an: „Was ist das für eine Kunst, auf Wild
mit einer Kugelwaffe mit Zielfernrohr zu schießen. Nur das Heranpirschen auf Schrotschußentfernung verschafft echte Genugtuung." Lange ließ ich mich noch über dieses Thema aus, natürlich
mit keinem Wort erwähnend, daß ich mir eine Kugelwaffe einfach
nicht leisten konnte. In meinem jugendlichen Eigendünkel hielt
ich mich seinerzeit für einen guten Schützen, der theoretisch und
praktisch auf die Hochwildjagd bestens vorbereitet war. Ingenieur
Raszka lauschte geduldig und aufmerksam meinen Ausführungen,
diskutierte nicht mit mir, lächelte nur von Zeit zu Zeit und hob
leicht die Brauen.

Am frühen Nachmittag machte er mich mit den Stellen bekannt, an
denen ich jagen sollte, gab mir eine Revierkarte und erteilte mir

einige wertvolle Ratschläge. Auf dem Wege zur Oberförsterei schaute er mich so an, als ob er sagen wollte: „Nun, und jetzt zeig, was du kannst, mein Jäger!"

Am Abend schwiegen die Hirsche. Kein Wunder, es war ein warmer Septemberanfang und noch keine Brunftzeit, obwohl Ingenieur Raszka erwähnte, daß sie schon meldeten.

Beim ersten Morgengrauen stand ich bereits an, und nicht umsonst – sie röhrten, mit dem Echo den ganzen Wald füllend. Langsam, vorsichtig, immer wieder stehenbleibend, folgte ich dem Ruf des Hirsches, der mir am nächsten zu sein schien. Es tagte schon, der Hirsch war ganz in der Nähe. Ihn weiterhin geduldig anpirschend, stieß ich unerwartet auf ein Rudel stattlicher Tiere. Das Rudel kreuzte einen lichten Kiefernbestand und blieb an dessen Rande stehen. Ich duckte mich hinter einem Kiefernstamm, etwa dreißig, vierzig Schritt vom Rudel entfernt, erwartete mit dem Fernglas am Auge den Hirsch. Wenn das Rudel da ist, muß auch er erscheinen. Ich fühlte, daß er da war, nur vom Unterholz verdeckt. Ich brauchte nicht lange zu warten, bis ein Alttier in meine Richtung trollte, der Hirsch aus einem Gebüsch hervortrat und dem Tier folgte. Ich glühte, zitterte am ganzen Körper vor Aufregung. Der Hirsch füllte das ganze Blickfeld des Fernglases, ich sah nichts – versuchte nicht einmal anzusprechen, ob es ein Zehn- oder Zwölfender war, ob jung oder alt – alles, was ich gelernt hatte, war vergessen. Gedankenlos wiederholte ich im Kopf umherwirbelnde Kriterien: „Vom ersten Kopf sind alle Schmalspießer zu strecken…" Nun gut, ich stellte fest, daß dieser nicht vom ersten Kopf war, aber von welchem denn, o Gott, von welchem?! Was sollte ich denn nur tun? Plötzlich kam mir ein rettender Gedanke: „Da ich den Hirsch nicht ansprechen kann, werde ich ihn in Ruhe lassen und strecke ein Stück Kahlwild; so wird es trotzdem für die erste Jagd ein beachtenswerter Erfolg sein." Ich richtete die Waffe auf das breitstehende Tier und schoß. Das Rudel, durch den Knall erschreckt, flüchtete. Noch lange hörte ich das Schalengepolter im Bestand. Auch das beschossene Tier war geflohen, aber das machte nichts, denn selbst bei einem Blattschuß konnte es ja noch achtzig bis hundert Meter gehen – mochte es doch gehen! Ich erinnerte mich daran, daß man nach einem Schuß auf Hochwild mindestens eine Viertelstunde warten muß. Darum widerstand ich der Versuchung, es zu verfolgen, wartete, bis diese sich endlos hinziehenden Minuten ein Ende nahmen. Allerdings konnte ich im gegenwärtigen Gemütszustand nicht so tatenlos stehenbleiben. Ich rückte in den Wald, wobei ich vorher meinen Stand markierte.

Der Zufall wollte es, daß ich nach etwa 200 bis 300 Metern unverhofft auf brechendes Schwarzwild stieß. Welch eine Gelegenheit! Die Waffe schußfertig, näherte ich mich der Rotte unbemerkt auf Schußentfernung. Die Rotte stand immer noch im Gebräch. Ich wartete, bis ein Stück sich breitstellte, und schoß mit meiner Doppelflinte. „Ein guter Morgen", dachte ich, „ein Stück Kahlwild und ein Stück Schwarzwild – ho, ho!"

Am Anschuß entdeckte ich sofort Schweiß. Gut. Jetzt mußte ich das Stück suchen. Ja, aber „bei angebleitem Schwarzwild darf man nicht sofort mit der Nachsuche beginnen, man muß mindestens eine Stunde warten und dann das Gebiet mit Hilfe eines Hundes durchsuchen" – daran erinnerte ich mich. „Schade um die Zeit, ich werde zur Oberförsterei zurückkehren und einen Einspänner für den Transport des erlegten Wildes bestellen", beschloß ich. „Vielleicht kann ich mich auch um einen Hund bemühen, um dann in einer Stunde wieder hier zu sein."

So tat ich es auch. Oberförster Raszka empfahl mir einen Landwirt, der gern das Wild holen würde, dann klopfte er mir auf die Schulter und sagte: „Zwei Stück an einem Morgen, das ist ein echter Erfolg!"

Zufrieden nahm ich auf dem hohen Wagen Platz und begann ungefragt, von meinen jagdlichen Erfolgen zu spinnen. Der Kutscher hörte mich schweigend an und stellte mir nur eine einzige Frage: „Haben sie aufgebrochen?" Ich antwortete, daß ich es nicht getan hätte, und versuchte, dies weitschweifig zu begründen.

„Das ist schlecht", sagte er. Ich zuckte mit den Achseln – warum schlecht? Innerhalb einer Stunde kann doch Wild nicht verhitzen. Wir fuhren in den Wald hinein.

„Zuerst holen wir das Kahlwild", entschied ich, da es als erstes gestreckt worden war.

Wir hielten an der Stelle, von der ich geschossen hatte. Ich rannte sofort zum Anschuß. Schweiß fand ich nicht. Das Stück mußte ja nicht gleich am Anschuß schweißen. Ich rückte in Richtung des geflüchteten Wildes und suchte im Bestand. Wo – zum Teufel – war dieser fahle Fleck? Ich begann die Nerven zu verlieren, ich kreiste immer schneller, machte immer größere Kreise, verließ den Anschuß, um immer wieder dorthin zurückzukehren.

Der Kutscher untersuchte alles viel bedächtiger. Er ging langsam und betrachtete alles genau. Bisweilen blieb er einen Augenblick stehen und sann nach.

„Kommen sie mal hierher!" rief er endlich.

„Er hat gefunden", freute ich mich.

Ich stürmte nach vorn, so schnell ich konnte, setzte über Stubben, querliegenden Windbruch und Sträucher – und als ich keuchend neben ihm stand, zeigte er mit dem Finger auf eine – Kiefer.

„Brenneke", sagte er kurz. Ich stand stumm da, starrte gedankenlos auf das im Baum steckende Geschoß. Wir sprachen nicht miteinander. Schweigend bestiegen wir den Einspänner, um das erlegte Schwarzwild zu holen.

Unterwegs kam wieder diese unheilvolle Frage: „Haben sie aufgebrochen?"

„Nein", antwortete ich. „Aber das Stück ist getroffen, es liegt Schweiß", fügte ich schnell hinzu. Als wir die Nachsuche begannen, zeigte ich ihm den Schweiß, damit er seine Zweifel los wurde, welche er, wie ich vermutete, haben mußte. Das Stück haben wir nicht gefunden. Wir mühten uns lange ab, fast bis zum Mittag. Ich holte Verstärkung, und gemeinsam durchkämmten wir den Wald, jeden Strauch untersuchend. Alles erfolglos! Das Stück war einfach verschwunden. Ich bemühte mich, dieses Abenteuer mit Humor zu bewältigen, obwohl ich meine jagdliche Niederlage nicht verkraften konnte.

Diese Lehre war aber nicht umsonst. Nie mehr wagte ich, einen Einspänner zu bestellen, ohne vorher das erlegte Wild gefunden zu haben.

In den folgenden Tagen waren meine Pirschgänge erfolgreicher, ich erlegte einige Stücke und konnte den nicht allerbesten Eindruck, der durch meine ersten jagdlichen Schritte entstanden war, aufhellen. Ich jagte dort noch viele Male – Ingenieur Raszka erinnerte mich nie an diese Geschichte.

Der Treiber

Vor Jahren gehörte ich der Jagdgemeinschaft „Rationelle Jagd" in Siedlce an. Ich schätze diese Gemeinschaft sehr, denn sie unterscheidet sich merklich von anderen durch viele nicht alltägliche und heute selten zu findende Attribute, vor allem in der Pflege des Brauchtums. Diese Jagdgemeinschaft bewahrt übrigens nicht nur alte, bewährte Traditionen, sondern bemüht sich auch um neue – für sich und für die neue Jägergeneration.

Ein solch sorgfältig gepflegter Brauch ist die Hasenjagd am Heiligen Abend. An diesem besonderen Tag herrschen in der Jagdgemeinschaft andere Grundsätze als sonst. Alle Jäger waidwerken in einer Gruppe, nicht, wie sonst üblich, in zwei. Obwohl die Gemeinschaft viele Jäger hat, leitet an diesem Tag der Vorsitzende selbst die Jagd. Alle jagdlichen Vergehen werden erlassen.

Als ehemaliges Mitglied dieser Gemeinschaft werde ich stets zu dieser weihnachtlichen Jagd eingeladen und nehme, sofern es mir die Zeit nur irgendwie erlaubt, daran teil. Sooft ich nach Siedlce komme, betrachte ich gern die mir ans Herz gewachsene Landschaft. In dieser Gegend habe ich nicht nur viel gejagt, sondern bin dort aufgewachsen. Ich bin ein Siedlcer.

Die Landschaft ist nicht mehr wie früher. Fabrikschlote ragen in den Himmel, hohe Wohnblocks wurden aus dem Boden gestampft, es verschwanden Feldwege, Weidenbüsche und Pferde. In den Dörfern stehen neben alten, strohgedeckten Katen – neue, gemauerte Häuser, oftmals um eine Etage „für Tochter und Sohn" aufgestockt. Aber die Menschen sind wie früher: ruhig, ehrlich, herzlich.

Einmal jagten wir am Heiligen Abend auf den Feldern des Dorfes Pruszyn. Es herrschten beste Wetter- und Jagdbedingungen: klare Luft, leichter Frost, ein wenig Schnee.

Ehe wir aber losrückten, gab es in der Wohnung des Waldhüters ein Butterbrot, dazu heiße, schmackhafte Milch.

Zwei Pferdewagen für die Jäger standen draußen, ein dritter als Wildwagen; außerdem viele zehn- bis zwölfjährige Jungen, die sich als Treiber bewarben, denn für sie war die Jagd kein alltägliches Ereignis. Sie standen in einer Reihe, steckten in viel zu großen Gummistiefeln und betrachteten aufmerksam den Waldhüter, der die Treibereinteilung vornahm. Jeder wünschte sich, daß er mit dem Finger auf ihn zeigen möge.

Unter den Jägern herrschte eine heitere, freudige Stimmung. Sie richteten ihre Waffen, ordneten die Munition in den Patronengürteln und neckten sich gegenseitig: „Wozu nimmst du so viel Patronen mit, du wirst ja doch keinen Anlauf haben." – „Wozu nimmst du überhaupt deine Flinte mit? Du triffst doch sowieso nicht."

Meine Aufmerksamkeit galt einem Treiber, einem älteren Menschen, bekleidet mit einem kurzen Pelz, der von einem Gürtel zusammengehalten wurde. Den Kopf krönte eine Schafspelzmütze. Sein Blick war nicht nur schauend, sondern auch „sehend". Unter dem Arm hielt er einen Stock so, wie Jäger eine Flinte zu halten pflegen. Er wartete auf den Beginn des Treibens, bewegte sich kaum und betrachtete prüfend die Jäger und ihre Waffen. Als ich ihn kurz anschaute, lächelten wir uns fast gleichzeitig freundschaftlich zu.

Nachdem der Gruppenführer uns Jäger in einer Reihe aufgestellt hatte, begrüßte der Vorsitzende alle Teilnehmer, wobei er gleichzeitig um die Einhaltung der Sicherheitsbestimmungen bat. Dann erfolgten die Auslosung der Stände und die Zuteilung der Fuhrwerke. Hasen waren dort immer reichlich, und obzwar man nur fünf Treiben vorgesehen hatte, konnte mit einer reichen Ernte gerechnet werden. Im zweiten Treiben war ich Flankenjäger. Als sich die Treiber näherten, stand plötzlich aus einer Ackerfurche ein Hase auf und kam hochflüchtig parallel zur Treiberkette auf mich zu. Ich wartete, bis er das Treiben verließ, wollte den Treibern zeigen, wie man schießt, schoß einmal, ein zweites Mal. Der Hase rannte, von Schroten unberührt, um sein Leben. Die Treiber gingen jetzt weiter, und so mancher von ihnen nannte mich gewiß im stillen einen Schlumpschützen.

Flügelmann der Treiberkette war mein neuer Bekannter, der alte Treiber. Er blieb bei mir stehen und sagte: „Heute ist der Boden hart, der Hase macht höhere Sätze, man muß höher halten."

„Na eben, ich habe ihn unterschossen. Danke für den Hinweis. Ich sehe, daß sie etwas vom Schießen verstehen", stellte ich fest.

„Ich hatte eine Doppelflinte vor dem Kriege, und während der Besatzungszeit…"

„Dann haben sie auch heute noch eine", unterbrach ich schnell.

„Für solche Sachen bin ich schon zu alt", sagte er, winkte ab und eilte schnell nach vorn. Es ziemte sich nicht, daß solch ein erfahrener Treiber die Treiberlinie brach.

„Er hat recht", dachte ich. Die mir erteilte Lektion behielt ich für immer im Gedächtnis.

Mittags ging die Jagd zu Ende. Sie war erfolgreich. Auf der Strecke lagen zweiundsiebzig Hasen und ein Fuchs.

Nun gab es ein Heiligabendessen: Roten Borschtsch mit Fleischtäschchen, Kohl mit Pilzen, gebratenen Fisch, Hering und viele andere Leckereien. Glückwünsche, ein Dank an die Gastgeber – und wir rückten nach Hause mit der Hoffnung, im nächsten Jahr am Heiligen Abend wieder zusammensein zu können.

Vor der Abfahrt nahm ich einen meiner Hasen, suchte „meinen" Treiber auf und überreichte ihm den Hasen als Dank für den guten Ratschlag. Er nahm das Geschenk an und dankte, wie es sich für einen alten Jäger gehört, mit „Darz bór" (Waidmannsheil).

Der erste Elch

In den fünfziger Jahren, als in Polen die Elche noch geschützt waren, wurde ich zusammen mit meinem Gefährten vieler Jagdreisen, Michał S., nach Litauen eingeladen. Auf diese Reise bereiteten wir uns gründlich vor, zumal das Programm eine Elchjagd vorsah.

In jenen Jahren wußten wir über diese Wildart nur so viel, wie ein polnischer Jäger eben wissen konnte. Angeblich sollte sie früher nur bevorzugten Kreisen vorbehalten gewesen sein.

Verständlich also, daß die Elchjagd unter den damaligen Verhältnissen für uns kein alltägliches Ereignis darstellte. In Litauen dagegen war sie sehr populär, da man diese Großwildart noch nicht gänzlich ausgerottet hatte. Der Jahresabschuß war nicht gering, er betrug immerhin einige Tausend Stück...

Die Vorbereitungen begannen wir mit der Waffen- und Munitionsauswahl. Michał verfügte diesbezüglich über mehr Erfahrung, denn während der Kriegswirren war er nach dem Osten verschlagen worden, wo er, wie er behauptete, auf Elche gejagt hatte. Jagdabenteuer im Kriege? Alles ist ja möglich.

Michał entschied sich letztlich für seine Doppelbüchse 9,3 x 74 R, ich für meinen neuerworbenen tschechischen Stutzen Kaliber 30-06 mit vierfachem Zeissglas.

Das Besuchsprogramm sah ein Kennenlernen der Tätigkeiten und Ergebnisse des Litauischen Jagd- und Anglerverbandes vor, da in Litauen Jäger wie auch Angler einer gemeinsamen Organisation angehören. Trotz vieler Attraktionen, die uns unsere freundlichen Gastgeber boten, konnten wir dennoch den uns am meisten interessierenden Programmteil, die Elchjagd, kaum erwarten.

Endlich fuhren wir in den Nachmittagsstunden in die Nähe der lettischen Grenze, wo, laut Information unserer Gastgeber, die Wälder ungewöhnlich reich an dieser Wildart sind.

Am frühen Morgen begaben wir uns zum Sammelplatz. Eine starke Gruppe von Jägern und Treibern zeugte davon, daß dies eine Jagd größeren Maßstabes sein würde.

Der Einspänner sollte die von mir erlegten Stücke bergen.

Der Hase rannte, von Schroten unberührt, um sein Leben.

Verfasser mit Winterluchs.

18

Der Wald, der bejagt werden sollte, entsprach meinen Vorstellungen über Elcheinstandsgebiete überhaupt nicht. Keine Spur von Mooren, dafür aber große Flächen junger Kiefernanpflanzungen, mit Birken durchsetzt, die von breiten Brandschneisen durchschnitten waren. Am Horizont ein alter, stattlicher Kiefernwald. Auf den sandigen Schneisen Elchfährten – frische und alte, große und kleine, so zahlreich wie Rotwildfährten in einigen unserer wildreichen heimatlichen Reviere.

Endlich das erste Treiben. Die Gastgeber begrüßen uns erneut, informieren uns, worauf und wie wir jagen wollen, erinnern uns an die Sicherheitsbestimmungen. Unsere litauischen Kollegen haben einfache Flinten mit Brenneke. Unsere Kugelwaffen, besonders die Doppelbüchse meines Freundes, wecken großes Interesse. Wir sind neun Jäger. Die Stände werden nicht ausgelost, der Jagdleiter stellt uns nach „Rang und Namen" an. Schießen dürfen wir auf Elchhirsche, -tiere, -kälber, Schwarzwild und Rehwild.

Mir fällt ein Stand auf einem schmalen Waldweg zu, der nur wenig Schußfeld bietet. Links habe ich keinen Nachbarn, rechts steht einer ziemlich nahe. Wir können einander gut sehen.

Die Treiberwehr beginnt lauthals vorzurücken, nähert sich ziemlich schnell. Solch einen Lärm hielte nicht einmal ein Hase aus, geschweige denn ein Elch. Unauffällig beobachte ich meinen Nachbarn, der mit der Waffe schußbereit dasteht. Die Treiberwehr wird noch lauter, ich höre Ästebrechen im Bestand und nehme die Umrisse eines Elches wahr: zuerst weiße, lange Läufe, dann die ganze Silhouette. Er kommt zwischen mir und meinem Nachbarn, stellt sich mitten auf den Weg. Ich gehe in Anschlag, ziele aufs Blatt, schieße aber, genau wie mein Nachbar auch, nicht. Endlich, als der Elch weiterzieht, schießen wir fast gleichzeitig. Ich weiß nicht einmal, wie ich abgekommen bin. Ob wirklich auf dem Blatt? Polternd zieht der getroffene Elch weiter, das ist gut. Ich lausche, ob er fällt, wann das Brechen der Äste aufhört. Ich glaube das Fallen jetzt gehört zu haben. Aber vielleicht ist es doch eine Täuschung, vielleicht hat er den Wald verlassen, vielleicht hört man eben deswegen kein Brechen der Äste mehr?

Ich schaue auf den Nachbarn. Der versucht mir mit Gebärden klarzumachen, daß der Elch liegt. Ich glaube es nicht, bin unsicher, ob ich seine Zeichen richtig verstanden habe. Und wenn er gestreckt ist, wer ist der Erleger? Als Gast wird man mir einzureden versuchen, daß ich es sei. Aber da mache ich nicht mit, wir werden den Sitz der Kugel prüfen. An all das denke ich und warte geduldig, bis die Treiber bei uns sind. Endlich ist es soweit.

Wir gehen zum Anschuß. Der Nachbar fragt, wohin ich gezielt habe. „Aufs Blatt", antworte ich. – „Ich aufs Haupt", sagt er. – „Gut für mich", denke ich, „wenn er getroffen hätte, wie er Maß nahm, dann hätte der Elch auf der Stelle bleiben müssen." Meine Aussichten wachsen also. Wir sehen starke Schalenabdrücke und folgen ihnen. Kein Schweiß zu finden. Ein so großes Wild muß aber nicht unmittelbar nach dem Schuß schweißen.

Endlich höre ich lautes Stimmengewirr. Die Treiber haben den Elch gefunden. Ich laufe hin und sehe ihn liegen. Er liegt auf der rechten Seite. Mein Nachbar schoß auf die linke, doch hier finde ich keinen Einschuß. Mit Bewunderung betrachte ich das Geweih – ein starker Stangenelch mit fünf Enden an jeder Stange, einer Auslage von etwa einem Meter. Er ist prächtig, noch prächtiger, weil es mein erster ist.

Ich versuche, ihn auf die andere Seite zu wenden. Zu schwer! Es gelingt mir nur, den Lauf nach oben zu heben. Die Treiber und der Nachbarschütze, alle helfen. Wir betrachten die rechte Seite, und ich habe keinen Zweifel – mein Schuß, mein Elch! Gratulationen nehme ich entgegen, schildere den Jägern den Jagdverlauf. Der Jagdleiter ermahnt uns zur Eile – wir sollen weiterfahren. Ehe wir aber losrücken, zeigt mir mein Nachbarschütze ein Loch im Lauscher des Elches. Es hat nicht viel gefehlt, und er hätte ihn tödlich getroffen. Aber jetzt hat das alles keine Bedeutung mehr. Ich habe einen Elch, meine Freude ist groß.

Im nächsten Treiben wieder Elche. Bei mir kommen vier Tiere und ein Elchhirschkalb. Ich schieße nicht. Zwei Stände weiter fallen zwei Schüsse, auf der Flanke einer. Wir sammeln uns. Auf dem Weg liegen zwei Elchhirsche. Einem litauischen Jäger gelang eine Dublette mit Brenneke. Beide Stücke lagen im Feuer. Gratulation! Wir nahmen an drei Treiben teil, in allen waren Elche. Gestreckt wurden insgesamt sieben. Michał erlegte auch einen braven Stangenelch. Der erste Schuß saß hinter dem Blatt, und er mußte nachbessern, aber die Doppelbüchse 9,3 x 74 R ist schließlich nicht irgend etwas; der Elch lag nach 300 Metern.

Es ist noch hell, aber wir jagen nicht mehr. Schüsseltreiben. Lagerfeuer brennen, die Elche liegen auf der Strecke. An der Strecke kann ich mich nicht satt sehen, ich betrachte sie gemeinsam mit Michał, die litauischen Freunde aber – unsere Waffen. Sie gefallen ihnen, weil sie so gut gearbeitet sind. Wir trinken auf das Wohl des Jagdkönigs, lassen uns litauische Wurst schmecken, vor allem „Kindziuk". „Kindziuk" ist ein besonders mariniertes Fleisch, anschließend im Schweinemagen geräuchert. Ein hervorragender Leckerbissen!

Als eine Flasche zur Neige ging, fragte ein litauischer Jäger Michał, ob er sie mit seiner Doppelbüchse treffen könne. „Also, versuchen wir es", antwortete dieser. Jemand schlug vor, die Flasche in einiger Entfernung hinzustellen. Michał hielt ihn zurück und sagte: „Nein, bitte in die Höhe werfen." Bestürzung folgte, alle umringten Michał, schauten zu, wie er mit der ihm eigenen Ruhe eine Patrone nahm, sie den Zuschauern zeigte und die Doppelbüchse damit lud. Ein riesiger Kerl, stark und gebaut wie eine Eiche, etwa dreißigjährig, krempelte einen Ärmel hoch, erfaßte mit seiner Pranke die Flasche und warf sie hoch. Alle fixierten die Flasche. Mit dem Schuß zerbarst sie in winzige Stücke, da das Geschoß wohl den Boden getroffen hatte. Ein Ausruf des Erstaunens, schon fand sich ein anderer bereit, eine weitere Flasche hochzuwerfen, aber solch eine „Nummer" wiederholt man nicht.

Kurz danach bat man uns ins Haus eines Jägers zum Abendbrot, und da wurde ich unfreiwillig Zeuge einer amüsanten Episode. Ich bat einen Treiber, der beim Aufbrechen der Elche behilflich gewesen war, darum, das Haupt meines Elches abzuschärfen. Er als Litauer konnte mich nicht recht verstehen, fragte mich immerzu hartnäckig: „Was abschärfen, den Kopf oder den Hintern?" – „Natürlich das Haupt", wiederholte ich mehrmals. Er nahm jedoch meine Bitte wohl nicht ernst, schärfte auf jeden Fall das Haupt und beide Keulen ab. Und so fuhren wir, den Dachträger des Wagens mit zwei Trophäen und „Beilagen" beladen, nach Hause.

Später habe ich noch einen Elch in der Heimat gestreckt, bei diesem ersten empfand ich jedoch eine echte jagdliche Genugtuung. Einen dritten zu strecken, dazu habe ich keine Lust mehr.

Die Gänse ziehen . . .

Die Gänsejagd ist wahre Männersache, denn sie verlangt Ausdauer, Geduld, ja sogar Aufopferung. Nur eine Jagd, die von Jagdleidenschaft erfüllt ist, bringt dem Jäger Genugtuung und Erfolg.

Jahraus, jahrein warte ich zu Beginn der Schneeschmelze ungeduldig auf einen Anruf aus Elźbiecin, ob die Gänse nun endlich ziehen. Der Leiter des Zuchtzentrums des Polnischen Jagdverbandes, mein treuer und unersetzbarer Gefährte bei der Gänsejagd, hält immer die Hand am Puls. Mit Hilfe seiner Mitarbeiter verfolgt er den Flug der Gänse, weiß, wo sie ihre Ruheplätze haben und wieviel es sind. Die Anzahl der Gänse bezeichnet er auf originelle Art: Er sagt „schwach", „ziemlich gut", „massig". Bei „schwach" fährt man nicht, bei „ziemlich gut" fahren die fanatischen Gänsejäger, unter ihnen Michał S. und selbstredend ich.

Wenn die Nachricht „massig" kommt, hält es keinen lebenden Jäger mehr zu Hause, er bricht auf. Gerade solch einen Anruf erhielten wir Anfang April.

Der rasch schmelzende Schnee ließ die Wasser der Biebrza und des Narew ansteigen. Die Flüsse traten über die Ufer und überfluteten das Land, so daß stellenweise nur noch Reste von Eisschollen sichtbar waren. In der Luft hörte man pausenlos Vogelgezwitscher. Der Frühling ist da! Unter den unzähligen Vogelstimmen unterscheidet das geübte Ohr des Jägers das charakteristische „ga, ga". Wer einmal die Gänsejagd kennengelernt hat, den Ruf der Gänse im Frühling wahrnam, der weiß, wie dieser Ruf die Phantasie entfacht, wie er bei Jägern Hoffnungen weckt.

Von der Ortschaft Brzostowo aus brachte uns der erfahrene Fährmann Franek an das andere Ufer der Biebrza. Die riesigen überfluteten Gebiete, die aus dem Wasser herausragenden, mit Weiden bestandenen Werder: all das versank im starken Morgennebel. Dies freute uns, denn es verbesserte die Jagdaussichten. Ich nahm einen Stand in einer aus dem Wasser herausragenden Weidengruppe ein. Michał fuhr weiter, dorthin, wo man sich nur mit Watstiefeln bewegen konnte. Der Fährmann kehrte nach Brzostowo zurück und sollte uns erst bei Sonnenuntergang wieder abholen. Wir hatten also den ganzen Tag vor uns. Damals glaubte ich noch, daß die besten Gänsezüge frühmorgens und abends seien. Jagdliche Erfahrung hat aber diese Meinung inzwischen geändert. Jetzt weiß ich, daß die Gänse dann am besten ziehen, wenn sie eben ziehen! In den damaligen guten Zeiten konnte man auch Entenerpel bejagen, deswegen richteten wir auch auf sie unser Augenmerk. Wenn wir keine Gänse bekamen, dann vielleicht Erpel.

Der Frühnebel verzog sich schnell, es wurde hell und windstill. Auf der unendlichen, glatten offenen Wasserfläche waren wir für das Wasserwild weithin sichtbar. Es nutzte weder Knieen noch Hokken. Enten und Gänse mieden uns schon von weitem. Das dauernde Hinhocken brachte uns allenfalls Wasser in die Gummistiefel. Nur schreiende Möwen umkreisten uns, als ob sie wußten, daß ihnen keine Gefahr drohte.

Macht nichts. Ein Jäger muß sich in Geduld üben, besonders dann, wenn er Gänse jagen möchte. So standen wir nun den ganzen Tag in nassen Gummistiefeln, die Hoffnung nicht aufgebend, daß das Glück uns letztlich doch hold sein würde. Das Ergebnis dieser ganztägigen Jagd waren drei Gänse und zwei Erpel, die Michał erlegte, sowie zwei Gänse und zwei Erpel, die ich erbeutete. Einer meiner Erpel war ein herrliches Löffelentenmännchen.

Ein wahres Erlebnis hatten wir aber noch vor uns. Die Sonne neigte sich bereits gen Westen, als in der Ferne das Boot des Fährmanns sichtbar wurde. Als Franek dann die zwei bis drei Kilometer zurückgelegt hatte, war die Nacht angebrochen. Das ganztägige, unbewegliche Stehen hatte uns von Erholung, von heißem Tee träumen lassen. Franeks Ankunft löste Freude aus. Er befahl uns, uns auf den Bootsboden zu setzen, und stellte sich selbst mit den Riemen in der Hand ans äußerste Ende, wobei er bedenklich auf das unruhige Wasser blickte. Das Wasser reichte fast bis zum Bootsrand, und wir glaubten jeden Augenblick kentern zu müssen. Franek sah unsere Unruhe, lachte los und sagte: „Meine Herren, ich bin hier geboren, ich kenne das Wasser und möchte mir auch nicht meine Filzstiefel naß machen." Er stakte los.

Ein böiger Wind kam auf, und das Boot schwankte immer stärker. Der Himmel über uns wurde immer dunkler, die Sterne verschwanden, und nur die in der Ferne flackernden Lichter des Dorfes machten uns Mut. Solche Gemütsregungen vermochte uns keine andere Jagdart zu bieten.

Solange wir uns noch stakend im Überschwemmungsgebiet bewegten, konnte dies allenfalls mit einem unfreiwilligen Bade enden, aber was würde geschehen, wenn wir das Flußbett erreichten, wo die Wellen höher und stärker waren?

Michał war gewiß auch so unruhig wie ich, aber wir schwiegen beide. Die Situation mußte unerfreulich sein, weil auch Franek, sonst sehr gesprächig, schwieg. Als wir uns dem Flußbett der Biebrza näherten, rief er nur: „Frau Woge!", was dort große Welle mit weißer Krone bedeutet.

Bevor wir an das reißende Wasser des Flußbettes kamen, sagte Michał, daß er aussteigen und ans Ufer zurückkehren wolle. Ich mimte noch den Mutigen und meinte: „Hast du etwa Angst?"

„Mag sein, daß ich Angst habe, aber einer von uns muß doch vernünftig sein", entgegnete er. Franek lenkte das Boot an eine seichtere Stelle, wo man in Stiefeln, ohne unterzugehen, waten konnte. Michał stieg aus.

Nun mußten wir zu zweit den Fluß überqueren. Der Fährmann gab mir den Befehl, mich auf den Boden zu legen, wobei er breitbeinig über mir stand. Alles wies darauf hin, daß die Lage ernst wurde.

Wir fuhren schweigend. Die stürmischen Wellen warfen das Boot mal auf die eine, mal auf die andere Seite. Franek arbeitete unermüdlich, um den Kurs zu halten. Schweiß rann ihm in Bächen von der Stirn, er atmete schwer. Ich wußte, daß er ein erfahrener Fährmann war, doch es gab Augenblicke, in denen ich große Angst hatte. Noch fünfzig Meter, noch zehn, und endlich hörte ich: „Wir haben Grund." Ich atmete auf, stieg ins Wasser und nahm einige Sachen mit. Franek wendete und fuhr zurück, um Michał zu holen. Auch ihn brachte er glücklich herüber.

Als die Gefahr vorbei war, wurden wir gesprächiger, mutiger. Scherzend bestiegen wir wieder das Boot, und Franek lenkte es ans Ufer.

Es schien, als ob die Bedrohung ein Ende genommen hätte, aber man soll den Tag nicht vor dem Abend loben. Gerade wollte ich zu meinen Freunden sagen: „Ende gut, alles gut!" – als plötzlich eine große Welle gegen das Boot schlug und es kentern ließ. Unverhofft lagen wir im Wasser.

Das Wasser war nicht tief, es reichte uns bis zum Bauch, aber all unsere Jagdgeräte, Gänse und Enten ruhten auf dem Grunde. Franek stieß die Bootsriemen in den Flußgrund, um die Unglücksstelle zu markieren, wir aber strebten zum fünfzig Meter entfernten Ufer. Mühsam bewegten wir uns. Die mit Wasser gefüllten Stiefel und die nasse Kleidung machten uns Schwierigkeiten, zusätzlich mußten wir noch aufpassen, um nicht den Boden unter den Füßen zu verlieren.

Endlich sind wir am ersehnten Ufer. Wir ziehen die Stiefel aus, laufen schnell barfuß zum Auto, wo wir uns entkleiden und völlig nackt in den Wagen schlüpfen, uns in Wolldecken hüllen. Franek organisiert ein anderes Boot mit Rettungsgerät und versucht, an der markierten Stelle unsere Sachen zu finden. Wie durch ein Wunder hat er sie auch alle gefunden.

Mit Vollgas fahren wir zum gastlichen Haus von Herrschaft Klimaszewski, wo man uns gleich heißen Glühwein reicht. Der Wein schmeckt uns sehr, und wir sparen nicht damit... Als unechte Wasserleichen haben wir ein Recht darauf.

Der Wein bewirkte, daß wir weder eine komplizierte Grippe noch Schnupfen bekamen. Schade, daß sich Franek doch „die Stiefel naß gemacht hatte".

Am nächsten Samstag erhielt ich wiederum die Nachricht, daß die Gänse zögen und „massig" kämen. Natürlich fuhr ich wieder hin. Diesmal waren wir schon vorsichtiger und fuhren mit zwei Booten. Als wir hinter dem Fluß das „ga, ga, ga" hörten, war alles wieder vergessen.

Grenzen der Jagdpassion

Im Jahr 1960 ließ der Frühling lange auf sich warten. Es war schon Ende März, und der Winter hielt immer noch unser Land in eisigen Fesseln. Warschauer Gänsejäger saßen wie auf glühenden Kohlen, das Signal erwartend, daß die Gänse endlich zögen. Unsere Anfragen in dieser Hinsicht wurden stets negativ beschieden. Um so größer war die Freude, als eines Tages Herr Zbigniew Wilski mich benachrichtigte, daß die Gänse im Revier seiner Jagdgemeinschaft angekommen seien, daß die Jagd also beginnen könne. Am Samstag machten wir uns zu viert auf den Weg und kamen abends dort an.

Die einheimischen Jäger warnen uns aber, daß die Jagdbedingungen sehr schwierig seien, denn die Gänse säßen noch auf den riesigen zugefrorenen Überschwemmungsflächen der Warthe. Diese Eisflächen sind von Bäumen und Büschen entblößt, die sonst den Jägern vor den wachsamen Augen der Gänse Deckung bieten könnten. Macht nichts, wichtig ist, daß es viele Gänse gibt.

Nach dem Abendbrot, das wir im Hotel einnehmen, kommen wir zu dem Schluß, daß es sich auf jeden Fall lohne hierherzukommen, auch wenn die Gänse nicht zögen. Zum Abendbrot gibt es nämlich schmackhaftes Eisbein. Wir haben eine unruhige Nacht, denn die Folgen des zu üppigen Mahles lassen nicht lange auf sich warten.

Im Morgengrauen rücken wir los. Bereits auf dem Hof der Fischerhütte, wo wir zu Gast sein sollen, hören wir den bekannten Ruf der Gänse, der ein Jägerherz höher schlagen läßt. Der Fischer bestätigt das Vorhandensein großer Ansammlungen dieser Vögel, aber Jagderfolge sagt er nicht voraus.

Die Landschaft ist noch winterlich, das Überschwemmungsgebiet mit Eis bedeckt, Schnee – so weit das Auge reicht. Nur der Ruf der Gänse und ihre Flüge lassen den Frühling ahnen.

Ansitzstellen werden uns nicht zugewiesen. Jeder soll dorthin gehen, wo er es für richtig hält. Wir beschließen, wie es sich für richtige Gänsejäger gehört, uns erst nach dem Abendeinfall der Gänse zu treffen. In der Abenddämmerung läßt es sich leichter und erfolgreicher als an einem hellen, sonnigen Tag jagen. Zu dieser Zeit verlassen die Gänse nämlich ihre Ruheplätze, und die Dämmerung schützt den Jäger.

Die Märzsonne wärmt doch schon spürbar, das Eis schmilzt schnell. Mittags ist nur noch ein Teil des Wassers gefroren. Man kann nur mühsam unterscheiden, wo überschwemmte Gebiete liegen, wo das Flußbett der Warthe, wo Untiefen. Darüber hinaus wird das Eis aufgrund der Sonneneinstrahlung spröde und brüchig. Die Vernunft gebietet, in dieser Lage auf die Jagd zu verzichten, das Leben nicht aufs Spiel zu setzen. Wir kehren daher mittags in unsere Fischerhütte zurück. Schließlich kam auch niemand von uns zu Schuß, da die Gänse auf unzugänglichen Stellen saßen. Wenn aber einige Gänse diese Stellen schon verließen, flogen sie zu hoch. Unsere dunklen Silhouetten, die sich vom Schnee abhoben, waren für sie weithin sichtbar.

Nur Bogdan M. war von der Jagd nicht zurückgekommen. Anfangs beunruhigte uns seine Abwesenheit nicht, zumal wir aus seiner Richtung Schüsse hörten. Als es jedoch stockdunkel wurde, Bogdan aber immer noch nicht bei uns war, gerieten wir in Angst. Obwohl wir uns gegenseitig zu beruhigen suchten, fühlte jeder, daß etwas Schlimmes geschehen war. Nachts verwandelte sich diese oberflächige Ruhe in eine Angst, die niemand mehr verbergen konnte. Unsere Rufe halfen nicht, Bogdan kehrte nicht zurück.

Es gab keinen Zweifel, er brauchte Hilfe. Laternen und einen Feuerwehrkanthaken mitnehmend, zogen wir in die Richtung los, aus der wir vor vielen Stunden die Schüsse gehört hatten, die wohl den Gänsen galten.

Wir stapfen längs des Überschwemmungsgebietes hintereinander, dem Körpergewicht nach geordnet, den Kanthaken im Griff. Wenn das Eis unter dem ersten nachgäbe, würden ihn die anderen aus diesem unfreiwilligen Bad herausziehen. Der Schwerste geht voran – und das bin ich. Nach einem einstündigen Marsch hören wir eine Antwort auf unsere Rufe. Wir werden schneller, wir laufen fast in diese Richtung. Wir hoffen. Er hat gerufen, er ist da, er lebt. Das Schlimmste, woran jeder von uns im stillen gedacht hat, ist nicht eingetreten! Die Stimme des Rufenden hören wir immer deutlicher. Wir achten nicht mehr darauf, ob wir auf Eis gehen oder im

Wasser waten. Die Freude beflügelt uns einfach. Die ganze Zeit über geben wir Bogdan mit den Laternen Zeichen, daß wir zu Hilfe eilen.

Endlich sehen wir ihn. Er sitzt auf einem Schlitten, den er zur Jagd mitgenommen hat. Der Schlitten sollte ihm in diesem Gelände eine Hilfe sein. Wir sind von ihm durch einen reißenden Strom getrennt. Keine Zeit für Fragen, was geschehen ist. Das wichtigste ist, das Opfer aus dieser Falle zu befreien. Wir überdenken alle Möglichkeiten der Rettung. Das einzige Rettungsgerät, über das wir verfügen, ist der Kanthaken. Den müssen wir benutzen. Wir entwerfen einen Rettungsplan. Jemand von uns muß ganz nahe an den Strom treten und Bogdan den Kanthaken reichen; wir ziehen ihn dann herüber. Freilich, die Eiskante kann abbrechen, deswegen binden wir uns mit unseren Hosengürteln aneinander fest. Diesmal bin ich der letzte. Der leichteste von uns schiebt sich auf die Eiskante und reicht Bogdan den Haken. Der schnappt danach wie ein Hecht und wird von uns durch den Strom gezogen. Mit aller Kraft ziehen wir die „Beute" heran. „Halt fest! Laß den Haken nicht los!" Der Eisrand bricht unter unserem Gewicht. Wir weichen auf eine sichere Stelle zurück und ziehen den Unglücklichen endlich heraus. Schon in Sicherheit, auf dem harten Eis liegend, hält er sich immer noch krampfhaft fest, will den Haken nicht loslassen. Er ist blau und starr vor Kälte. Wir ziehen ihm seine nasse Kleidung aus, umhüllen ihn mit unserer trockenen.

Es erwies sich, daß Bogdan mit dem Schlitten in das alte, recht tiefe Flußbett geraten war. Irgendwie hatte er sich von dort auf eine Eisscholle gerettet und, auf dem Schlitten sitzend, unsere Hilfe erwartet. Einen anderen Ausweg gab es für ihn nicht. Einige Male hatte er in die Luft geschossen, aber ohne große Hoffnung, daß diese Schüsse jemanden alarmieren würden, da rundum gejagt wurde.

Die Rückkehr zur Fischerhütte ging schneller. Der Weg war uns jetzt bekannt, wir brauchten nicht mehr so vorsichtig zu sein. Bogdans Zustand war besorgniserregend. Heißer Tee und ein Glas Wodka halfen nicht. Er hatte Schüttelfrost und hohes Fieber. Wir riefen einen Arzt. Der kam, schaute uns vielsagend an, seufzte und schüttelte den Kopf. Nicht das erste Mal hatte er wohl mit Jägern zu tun... Bogdan lieferten wir auf Anraten des Arztes ins Krankenhaus ein. Dann kehrten wir spät nachts nach Warschau zurück.

Die Informationen über den Gesundheitszustand unseres Freundes waren erfreulich. Schon nach drei Tagen verließ er das Krankenhaus. Als wir uns in Warschau trafen, dankte er uns für seine Rettung. Dieses Erlebnis hat uns aber vieles gelehrt, vor allem dies, daß man, wenn man jagen will, die Grenzen der Jagdleidenschaft kennen und der Vernunft folgen muß.

Ein Spatz in der Hand . . .

Der März des Jahres 1968 war frostig und schneereich – im Gebirge noch schneereicher als in den Niederungen. Unter diesen Umständen war die Jagd beschwerlich. Wege, Waldschneisen und Pfade waren verweht, der Wald ächzte unter der Schneelast. Und wenn uns im Gebirge plötzlich eisiger Wind überfiel, zwickte der Frost unsere Wangen und ließ uns manchmal mit den Zähnen klappern. Dessen ungeachtet, liefen wir jeden Tag mit Schneeschuhen in die Berge, um das Revier gründlich abzufährten.

Eines Tages kam der Fahrer der Oberförsterei, Guc, mit einer nicht alltäglichen Nachricht ins Forsthaus zu Pszczeliny. Er teilte mit, am Wege, neben der Brücke, habe ein Luchs eine Ricke gerissen. Sie sei fast unversehrt. Nur an einer Keule habe sich das Raubwild etwas gütlich getan. Es könne gewiß erst am Abend geschehen sein, denn die Ricke sei nur leicht mit Schnee bestäubt und nicht gefroren.

„Die Herren können die Ricke besichtigen, ich habe sie im Wagen", sagte Guc.

„Wie denn, du hast wohl die Ricke mitgenommen?" empörte sich Władek P.

„Na ja, wenn ich es nicht getan hätte, hätte es der nächste Vorbeifahrende getan, denn sie lag nur fünf Meter vom Weg entfernt."

„Schade, es wäre eine Chance gewesen, einen Luchs zu schießen", sagte Władek mit desolater Stimme, „kehrt doch ein Luchs zu seinem Opfer zurück, er vergißt nicht, wo er es gerissen hat."

Die letzte Bemerkung Władeks war für mich interessant und erregte meine Phantasie. Wenn ich doch den Luchs irgendwie strecken könnte...

Guc aber goß noch Öl ins Feuer: „Der Luchs muß schön gewesen sein, er hinterließ am Tatort viele ganz runde Brankenabdrücke und…"

Hier unterbrach ihn Władek: „Wir fahren sofort an die Rißstelle. Dort entscheiden wir, was weiter geschehen soll."

Die Fährten im Schnee ermöglichten es uns, mit ziemlicher Genauigkeit festzustellen, was sich hier in der letzten Nacht abgespielt hatte.

Wahrscheinlich hatten Rehe am weidenbestandenen Gebirgsbach in der Nähe des Weges geäst. Sie fühlten sich sicher, wähnten wohl das Raubwild in den Einständen. An Menschen waren sie ja gewöhnt und empfanden keine Furcht, denn sie wurden in diesem Revier seit Jahren geschont. Außerdem kannten sie die Menschen, da dieser Weg viel begangen wird.

Der Luchs war vom Gegenhang gekommen, über den Weg geflüchtet und hatte sich im Graben herangepirscht. Auf Höhe der äsenden Rehe hatte er sich niedergelegt. Hier war der Abdruck seines Körpers zu sehen. Hier mußte er auf den günstigsten Augenblick gewartet haben, bis die Rehe etwas näher kamen. Er wußte, daß der „Ansitz" erfolgreicher ist als die Pirsch.

Als der erwartete Augenblick gekommen war, hatte der Luchs angegriffen. Ein, zwei, drei, vier Sätze, jeder mindestens vier Meter lang. Davon zeugten tiefe Abdrücke im Schnee. Der Ricke waren nur zwei Fluchten gelungen, bis der Luchs seine Beute erreicht und sich auf sie gestürzt hatte. Zwar mußte das Opfer noch einen Fluchtversuch unternommen und sich etwa drei Meter geschleppt haben, aber mehr hatte der Luchs nicht zugelassen. Seine Brankenhiebe waren tödlich gewesen und im übrigen meisterhaft geführt, denn die Decke der Ricke hatte er kaum beschädigt. Nur ein kleiner Schweißfleck verriet die tödliche Rißstelle.

Die Fährten verrieten uns, daß der Luchs seine Beute nach der Mahlzeit noch mehrmals umkreist hatte – vielleicht, um sich an seiner Beute satt zu freuen.

Ich stellte mir in Gedanken vor, wie er sich gesättigt und stolz langsam entfernt hatte und dem Kiefernbestand zugestrebt war.

„Hättest du die Ricke nicht mitgenommen, käme er gewiß zurück", sagte Władek wütend zu Guc.

Dann überlegen wir, was man in dieser Situation tun könne. Zwischen dem Kiefernbestand, in den sich der Luchs gewiß eingeschoben hat, und der Rißstelle läuft ein Weg, parallel zu ihm fließt der San. Auf dem jetzt zugefrorenen und mit Schnee bedeckten Fluß zieht sich die Fährte des Luchses wie eine Perlenschnur dahin, verliert sich dann aber irgendwo am gegenüberliegenden Ufer.

Hin und her überlegend, beschließen wir, mit der gerissenen Ricke bis zur Mitte des San eine Schleppe zu ziehen und uns abends in der Nähe anzusetzen.

Ich konnte den bevorstehenden Abendansitz nicht erwarten, aber gleichzeitig, an das vielstündige Harren bei strengster Kälte denkend, schwand meine Jagdleidenschaft von Stunde zu Stunde.

Der Tag verging mit Überlegungen – würde der Luchs kommen oder nicht. Während meiner Ansitzvorbereitungen, als ich alle verfügbaren Hemden, Pullover und Socken anzog, kam Guc mit der Nachricht, daß „jemand" die auf den San geschleppte Ricke geholt habe.

Wir fahren sofort wieder zu dieser Stelle. Es ist noch hell, und wir sehen Menschenfährten und eine Schleppspur bis zum Jungwald. Die Spuren führen uns zu einer Fichte, unter der ein Wilddieb die Ricke versteckt hat. Sicherlich wird er sie bei Dunkelheit abholen wollen. Ob der Luchs auch kommen wird? So viele Fährten, solch ein Durcheinander! Das Reh mit dem Auto hin und her gefahren, auf dem Schnee geschleppt, überall Spuren menschlicher Anwesenheit! Es scheint unmöglich, daß der Luchs kommt.

Der ganze, so ausgeklügelte Plan ist nun gescheitert. Wir denken uns einen neuen aus. In dieser Nacht wollen wir auf den Ansitz verzichten. Die Ricke nehmen wir ins Forsthaus mit. Am nächsten Morgen werden wir anhand der Fährten dann feststellen, was sich nachts getan hat, und andere Maßnahmen ergreifen.

Von uns dreien war nur Guc anderer Ansicht. Er meinte, man müsse ununterbrochen ansitzen. Mir gefiel dieser Vorschlag. Ich war ins Gebirge gekommen, um auf Schwarzwild zu jagen, und der Luchs hatte mir eigentlich mein Vorhaben durchkreuzt, obwohl ich nichts dagegen hatte, solch eine Großkatze zu erlegen.

Auf der Kanzel sitzend, Schwarzwild erwartend, waren meine Gedanken doch immer beim Luchs – so kompliziert ist das Wesen eines Menschen. Schwarzwild kam nicht.

Nach meiner Rückkehr in die Oberförsterei konnte ich lange nicht einschlafen. Immer wieder geriet ich in Versuchung, wollte das Bett verlassen, die Stelle aufsuchen, um festzustellen, ob der Luchs wiedergekommen war. Ich war mir aber bewußt, daß ich mit solch einem unüberlegten Schritt die ganze Luchsjagd in Frage stellen konnte.

32

Bei Sonnenaufgang fuhren wir los. Das, was wir auf dem San sahen, ließ uns erstarren: überall frische Luchsfährten, nicht nur dort, wo die Ricke gelegen hatte, nein, sogar auf der Schleppe und dort, wo unser Ansitz geplant war. Diesmal war der Kuder in Begleitung seiner Luchsin gekommen. Die vielen Fährten zeugten von ihrer fieberhaften Suche nach dem Reh. Der Kuder hatte wohl seiner Auserwählten zeigen wollen, daß er etwas erbeutet und sie nicht nur zu einem Spaziergang eingeladen hatte.

Guc machte ein auffallend zufriedenes Gesicht – seine Voraussagen hatten sich bestätigt. Schade, diese Gelegenheit war verpaßt! Trotzdem wollten wir heute erneut ansitzen. Die Luchse waren hungrig und würden nach ihrer Beute suchen. Den Wilddieb fürchtend, legten wir die Ricke erst abends aus. Ich saß bis 22 Uhr an. Die Luchse kamen nicht. Auf dem Eis erschien nur ein Iltis, der aber nicht zum ausgelegten Stück ging. In der Frühe waren keine frischen Luchsfährten zu sehen, also waren sie nach meinem Abbaumen auch nicht dagewesen.

Es bestand nur noch eine Chance – den Jungwald durchzudrücken. Władek ordnete an, daß ich mich oben am Rande des Bestandes hinstellen sollte, da aufgemüdete Luchse immer bergauf gehen. Auf dem Weg nach oben kam ich ins Schwitzen. So ist es bei der Jagd, nachts zittert man vor Kälte, am Tage schwitzt man.

Guc wollte mir den Luchs zutreiben. Er drückte jedoch den Bestand ohne Erfolg durch. Die letzte Hoffnung war geschwunden, und Guc meinte: „Ich sagte ihnen doch, gestern hätte man hier ansitzen müssen, nun haben sie weder Sau noch Luchs!"

Glück und Pech

Am Ende des Winters, im März, fuhren wir fast immer in das Bieszczadygebirge oder nach Gorce. Das Waidwerken im Gebirge ist anders, es vermittelt stärkere Eindrücke und Erfahrungen. Die Jagd auf Luchs, Wolf und Hirsch, das ist keine Hasentreibjagd. Zu Schuß kommt man selten, manchmal nur ein einziges Mal in der Woche oder noch seltener. Die mit Tannen und Erlen bestandenen Hänge der tiefeingeschnittenen Wildbäche bieten dem Wild vortreffliche Deckung. Die Jagd dort ist mühsam. Trotzdem fahre ich hin.

Es war fast Vollmond, ab und zu schneite es. Ich hatte noch einige Tage Urlaub, konnte mich also in den Urwald von Bieszczady begeben.

Ich fuhr nur mit Kostek, denn Piotr P. und Jerzy P., die mit uns hatten jagen wollen, waren in Warschau dienstlich unabkömmlich. Kostek schlug die Reise mit dem Wagen vor, da eine Flugreise mit so viel Gepäck nur bis Krakau möglich und zu umständlich gewesen wäre. Ungern erklärte ich mich mit der Autofahrt einverstanden, denn ich fahre nicht gern, nur wenn es unbedingt sein muß.

Bis Kielce fuhr Kostek. Ab Kielce fiel mir diese „angenehme" Pflicht zu. Der Fahrweg war, wie zum Trotz, auch noch holperig und mit Schneewehen bedeckt. Wir fuhren langsam. Um die Mittagszeit kamen wir an Tarnów vorbei. Erleichtert übergab ich Kostek das Lenkrad.

Als wir in der Abenddämmerung Kwiatoń erreichten, bedauerte Jurek, ein mit uns befreundeter Jäger, der uns schon erwartete, daß wir so spät eintrafen, und drängte zur Eile.

Wölfe gehen angeblich noch nicht, aber wer sagt, ob sie nicht gerade heute kommen könnten. Außerdem sollen in der Nähe der Kanzel Luchsfährten sein. Zur Kanzel kann man nicht hinfahren, und so müssen wir die beschwerlichen Wege bergauf zu Fuß zurücklegen.

Die erste Nacht harren wir umsonst, die zweite ebenfalls. Nun sitzen wir bereits wieder vierzehn Stunden an. Wer schon auf einer

Da gibt es nicht mehr viel zu holen: Nur Deckenreste und einige Knochen blieben von dem Hirsch übrig.

Die Anstrengungen der Jagdhelfer sind belohnt worden.

35

Welcher echte Jäger kann dem Ruf der Gänse widerstehen?

Der Elch kommt zwischen mir und meinem Nachbarn.

Kanzel gesessen hat, weiß, wie sich die Zeit in die Länge zieht. Nach drei erfolglosen Nächten fahren wir in das Revier einer befreundeten Jagdgemeinschaft.

Neue Stelle – neue Hoffnungen! Wicek, der Revierleiter, meint, daß unter einer Kanzel vom Typ „Kabriolett", einer oben offenen, Wölfe gingen. Man müsse aber auf dieser Kanzel mindestens drei Nächte verbringen, um erfolgreich zu sein. Wir haben es satt und verzichten auf den Ansitz. Wicek ändert seine Ansicht nicht, denn er meint, daß die Wölfe immer in der dritten Nacht kämen. Aber diese dritte Nacht haben wir nie erwischt. Wiceks Beweisführung überzeugt mich nicht, ich kehre zur Försterei zurück, zumal die Temperatur auf $-15°C$ gefallen ist.

In diesen Tagen riefen unsere Kollegen Piotr P. und Jerzy P. mehrmals aus Warschau an, um zu erfahren, ob wir schon Jagderfolge gehabt hätten. Unsere Antworten, daß die Chancen gering seien und daß sich zu kommen nicht lohne, schreckten sie nicht ab. Für Samstag kündigten sie ihr Kommen an. Wir aber wollten gerade an diesem Tag nach Warschau zurückkehren.

Die zwei Nächte, die uns noch vom Samstag trennten, verbrachten wir auf etwas wärmeren, geschlossenen Kanzeln. In der letzten Nacht nahmen wir uns vor, auf alles zu schießen, was da käme, egal ob Fuchs oder Marder.

Etwa um 21 Uhr schlich ein Marder zum ausgelegten Pferdekadaver. Bis ich die Waffe ergriffen hatte, war er hinter dem Luder verschwunden. Ich hielt den Drilling schußbereit und starrte immer auf denselben Punkt. Der Marder war pfiffig, nur ab und zu ließ er für einen Augenblick seinen Kopf sehen, versteckte sich aber immer wieder. Ich schoß erst, als er den Wald annahm. Nun hatte ich nach einer Woche Ansitz einen Marder statt eines Wolfes erlegt. Besser als gar nichts.

„Sie freuen sich zu früh", sagte Wicek. „Wenn wir einschlafen, holt der Fuchs den Marder. Wir müssen wachbleiben. Man könnte ihn zwar hierherbringen, aber seine Flöhe…"

Allen war die Geschichte vom Marder und den Flöhen bekannt. Im vergangenen Jahr hatte Janek K. einen erlegten Marder auf die Kanzel mitgenommen, ohne zu ahnen, was sein Tun für Folgen haben könnte. Als „Erbschaft" des Marders waren seine Flöhe geblieben, die sich auf die in der Kanzel schlafenden Jäger stürzten, so daß diese trotz Dunkelheit und Kälte panikartig in den Wald flüchten mußten. Mochte also der Marder dort liegenbleiben, wo er gestreckt wurde.

Wicek hatte recht: Es verging eine Stunde, und schon erschien unweit des Luders ein Fuchs. Vielleicht stand er etwas zu weit, ich konnte aber der Versuchung nicht widerstehen und schoß. Der Fuchs flüchtete in den Wald. Schade, es war passiert. Falls der Fuchs nicht zugeschneit wurde, würden wir am Morgen erfahren, ob er liegengeblieben war. Wie zum Trotz aber kamen dunkle Wolken, und es begann stark zu schneien. Wicek stieg von der Kanzel und nahm die Suche auf, weil er das Gelände besser kannte und besser spüren konnte. Lange Zeit kehrte er nicht zurück. Endlich sah ich ihn. In der rechten Hand trug er den Fuchs. Als er die Kanzel betrat, gratulierte er mir, und ich gratulierte ihm zu seiner erfolgreichen Nachsuche.

„Der Fuchs schweißte nicht", sagte Wicek. „Ich habe die Spur bis zum Bach verfolgt. Dort lag er unter einer Tanne. Morgen früh hätte ihn niemand gefunden, denn schon jetzt konnte man frische von alten Spuren nicht mehr unterscheiden."

Kostek erlegte in derselben Nacht auch einen Fuchs. Am frühen Morgen packen wir eilig unsere Sachen, wollen mit gleicher Freude, wie wir gekommen sind, nach Hause fahren. Vor der Abreise aber treffen wir in der Försterei die nächsten Jäger. Jerzy P. war sogar mit der ganzen Familie gekommen, mit Frau und beiden Söhnen, die abwechselnd in der Kanzel wachen sollten. Als wir sie nach einigen Tagen in Warschau trafen, erzählten sie uns ihre Erlebnisse.

In der ersten Nacht, als der Vater und sein jüngerer Sohn auf der Kanzel ansaßen, war gegen 22 Uhr ein Fuchs am Luder erschienen und gleich hinter diesem, ganz nahe der Kanzel, ein Luchs. Ein zu heftiger Griff nach der Waffe hatte den Luchs verscheucht. Als er auf seiner Flucht den Waldrand fast erreicht hatte, war es Jerzy im letzten Augenblick noch gelungen, auf ihn zu Schuß zu kommen. Er wußte aber nicht, ob er gut abgekommen war. Es war Nacht, der Luchs in voller Bewegung…

38

Die Morgendämmerung nicht erst abwartend, waren Vater und Sohn abgebaumt, zum Anschuß gegangen und dann der Schweißfährte in das Waldinnere gefolgt. Wegen der Dunkelheit hatten sie jedoch dann auf eine weitere Nachsuche verzichtet und wiederum die Kanzel bestiegen, um den Morgen abzuwarten.

Bei Anbruch der Dämmerung waren sie wieder der Fährte gefolgt. Der Luchs hatte Widergänge gemacht und geschweißt, war aber weitergekommen. Nach 300 Metern war zwar kein Schweiß mehr zu finden gewesen, dafür aber neben der Luchsfährte eine Fuchsspur erkennbar. Nach weiteren 200 Metern endlich, hatten die beiden Nachsuchenden an einem rotgelben Fleck haltgemacht – um ihn Kampfspuren: mit Erde vermischter Schnee. Leider hatten Füchse den kranken Luchs angegriffen. Er war angeschnitten und sein Balg am Nacken und an einer Keule stark beschädigt. Vor einem gesunden Luchs fliehen Füchse – hier hatten sie sich revanchiert. Statt Freude hatten Vater und Sohn Trauer empfunden, weil ihnen die Füchse zuvorgekommen waren, den Luchs aber in der Hoffnung mitgenommen, daß der Präparator Rysio Dałkowski, ein Meister seines Faches, ihn irgendwie zusammenflicken würde. Dieser hat später den Luchsbalg auch so fein hergerichtet, daß niemand glauben konnte, daß er vorher aus kleinen Fetzen bestanden hatte.

Abstecher auf Wölfe

Wir haben den 7. März 1984. Der milde Winter neigt sich dem Ende zu. Der Mond scheint kalendermäßig bis 23 Uhr, bedeutet für den Jäger jedoch keine Hilfe, denn eine kleine Mondsichel kündigt eben erst den Vollmond an.

Gerade heute rief mich um die Mittagszeit mein Freund Piotr an und erkundigte sich, ob ich etwas „frische Luft" genießen möchte. Ich wußte genau, die Neigungen Piotrs kennend, wohin wir fahren würden, um „frische Luft" zu schnappen. Ich fragte daher nur – wann und weswegen?

„Gleich wirst du alles erfahren", sagte Piotr. „Der Förster Pytasz hat mich benachrichtigt, daß die Wölfe das Luder angenommen, aber auch nacheinander einige Stück Rotwild gerissen haben. Die Reste der Hirsche sollen unter zwei Kanzeln liegen. Außerdem hat Alexander, der sonst ja sehr beschäftigt ist, gerade heute Zeit."

Ich ließ mich nicht lange überreden.

„Benachrichtige bitte die Försterei von unserem Kommen, und sei um 16 Uhr bei mir! Die Mokotowskastraße liegt ja auf dem Wege nach Bialystok. Gilt die Vereinbarung?"

„Sie gilt!"

Wie ein Sturmwind fege ich kurz vor 16 Uhr ins Haus, ziehe mich schnell um und verstaue in einer Tasche die notwendigen Sachen. Meine Frau wundert sich nicht. Nach dreißigjähriger Ehe mit einem Jäger hat sie sich das Wundern abgewöhnt.

„Wann bist du wieder zurück?" fragt sie mit stoischer Ruhe.

„Etwa um Mitternacht", antworte ich.

„Dann nimm die Schlüssel mit!"

Waffe schultern, die Sachen ergreifen – das ist eins. Vor dem Haus warten bereits meine Freunde Piotr und Alexander, Alexander im dunklen Anzug. Er hat zwar keine Zeit zum Umziehen gehabt, aber doch Zeit, um einen Karton mit Feuerwasser und russischem Sekt mitzunehmen.

Wir fahren los. Fröhliche Stimmung herrscht, wie immer vor der Jagd, obwohl in Warschau keine Spur von Schnee zu sehen ist. Hoffentlich liegt ab Bialystok welcher. Die Chancen für eine erfolgreiche Jagd sind gering, aber nicht nur darum geht es bei solch einem Abstecher.

Die Jagd, das sind unauslöschliche Eindrücke: Pirschen mit geschulterter Waffe über große Flächen unter klarem Sternenhimmel, Nachtansitze und rauschende Bäume, morgendlicher Balzgesang des Birkwildes, der Ruf der Wildgänse – die ganze Welt der jagdlichen Erlebnisse; das ist der Grund, warum man freudig die Stadt verläßt und in den Wald oder zum Ufer eines Gewässers strebt.

Wir fahren schnell, und die Fahrt vergeht im Fluge. Wir haben Glück, denn die Verkehrskontrolle, die sonst hinter der Tankstelle in Ostrow Mazowiecka postiert ist, hält uns nicht an, obwohl sie ein Recht darauf hätte.

Der Förster, ebenfalls in bester Stimmung, erwartet uns bereits mit seinem russischen Jeep.

„Meine Herren, es wird dunkel, schon seit einer Stunde hättet ihr auf den Kanzeln sitzen müssen, schnell, schnell!" drängt er.

Wir fahren los. Unterwegs beschließen wir, daß die erste Kanzel Piotr besetzen soll. Er protestiert nicht, vor allem deswegen nicht, weil der Förster diese Kanzel für besonders attraktiv hält. Hier haben die Wölfe in der letzten Nacht das Luder angenommen.

Unter den Kanzeln liegt noch allerhand Schnee. Hier und da sind aber schon kleinere schwarze Flecken zu sehen. „Schnee, das ist immerhin schon etwas", denke ich.

Die zweite Kanzel soll ich besetzen. Sie steht an einem Weg. Unweit der Kanzel sehe ich ein teilweise zerfetztes Pferdeschulterblatt.

„Hier erscheinen auch manchmal Wölfe", tröstet mich der Förster, als er mein langes Gesicht sieht. Und er fährt mit Alexander weiter, dem er auf einer aussichtsreicheren Kanzel Gesellschaft leisten will.

Ich bleibe mir selbst überlassen und überlege, welche Erfolgsaussichten hier bestehen. Wenn die Wölfe in der letzten Nacht an der ersten Kanzel waren, so dürften sie heute dort nicht erscheinen. Somit habe ich Hoffnung, wenn auch der Förster an dieser Stelle sie nur zufällig vermutet.

Vor Beginn der Ansitzjagd haben wir abgemacht, bis 22 Uhr auf den Kanzeln auszuharren. Jetzt ist es bereits nach 18 Uhr, also noch etwa drei Stunden. Diese Zeit dürfte ausreichen, um einen Fuchs zu erlegen. Einen Wolf habe ich mir aus dem Kopf geschlagen. Langsam gelange ich zu der Einsicht, daß es sinnlos ist, immer nur an Wölfe zu denken. Gerade wir alten Jäger, die wir viele Enttäuschungen, mißglückte Jagden, Fehlschüsse, erfolglos durchsessene eisige Nächte auf Kanzeln hinter uns haben, sollten realistisch denken.

Die Zeit vergeht langsam. Es ist, als wäre sie stehengeblieben. Die Stadt, die Hektik, der Streß – und plötzlich eine andere Welt: Stille, Ruhe… Wenn gerade eine viertel Stunde verstrichen ist, glaube ich, daß es eine ganze gewesen sei.

Der Mond, obwohl nur eine schmale Sichel, beleuchtet die Schneefläche nicht schlecht. Gute Schußbedingungen! Meine Augen gewöhnen sich an die neue Umgebung, ich habe ein gutes Glas, ein gutes Zielfernrohr. All das in Gedanken zusammenfassend, starre ich aufmerksam in Richtung des Luders.

In der Ferne verstummt das Gekläff der Dorfhunde, und es entsteht echte Ansitzstimmung. Plötzlich höre ich rechts deutlich ein Knirschen im Schnee. Ich spitze die Ohren. Das Geräusch wiederholt sich. „Schwarzwild", denke ich, denn einen Fuchs kann man nicht hören. Ich lenke das Glas in die Richtung, wo das Geräusch herkommt. Lange brauche ich nicht zu warten. Vor dem Hintergrund der Dickung wird ein Schatten sichtbar, der sich schnell in Richtung des Luders schiebt. Als er ganz nahe ist, erkenne ich, daß es sich um einen hellen Wolf mit mächtigem Nacken handelt. Jetzt steht er unbeweglich da und blickt gierig zum Luder. Ganz vorsichtig greife ich nach der Waffe. Als ich den Zielstachel auf dem Blatt habe, schieße ich.

Der Schuß hallt vom Waldrand stark wider. Ich habe keine Zweifel, daß ihn meine Jagdkameraden gehört haben.

„Gewiß auf Fuchs", denkt wohl jetzt Piotr.

„Gewiß auf Schwarzwild", denkt wohl der Förster.

Nur Alexander, der das erste Mal Gast in diesem Revier ist, denkt – wie ich später erfahre – „Gewiß auf Wolf".

„Auf Wolf, meine Herren, auf Wolf!"

42

Inzwischen hinkt der Wolf in Richtung Kanzel. Ich erfasse ihn schnell mit dem Zielfernrohr, um den Schrotlauf zu benutzen, komme aber nicht mehr dazu, weil – er hinfällt.

Jetzt liegt er im Schnee, etwa dreißig Schritt entfernt, so ruhig wie vorher. Ich sehe deutlich seine Umrisse. Unruhe überfällt mich. Ob es etwa ein Hund ist?

Ich schaue auf die Uhr. Es ist 19.45 Uhr. Noch früh! Ein Wolf wäre um diese Zeit nicht am Luderplatz erschienen. Ich werde abbaumen und nachschauen. Nein, ich muß sitzen bleiben. „Wozu?" lächle ich mir selbst zu. Ich bin feige. Es könnte sich nämlich herausstellen, daß es ein Hund ist, und die Enttäuschung käme zu schnell. Wenn ich aber hier sitzen bleibe, dann kann ich mich zwei Stunden lang als Erleger eines Wolfes fühlen.

Und so sitze ich weiter, müde vom Erlebten, geplagt von Zweifeln – Hund oder Wolf?

Schüsse von Nachbarn höre ich nicht. Um 22 Uhr kommen der Förster und Alexander.

„Was haben sie erlegt?" fragt der Förster eiligst.

„Einen Hund", antworte ich. Wir gehen auf den dunklen Fleck zu.

„Sie, das ist ein Wolf", sagt der Förster. „Leuchten sie mal, damit ich ihn besser sehen kann."

Ich leuchte hin und staune. Auf der Decke des Wolfes erblicke ich eine lange, vor den Hinterläufen verlaufende Schnittwunde.

Die Wunde stammt von einer Schlinge, in der er längere Zeit gehangen haben muß und aus der er sich vor kurzem hat befreien können. Welche Anstrengung ihn dies gekostet hat, sieht man an der ringsum durchschnittenen Decke.

Ein tapferes Tier, das lange und ausdauernd um sein Leben gekämpft hatte. Welche Qualen hatte es erleiden müssen! „Du hattest ein schlechtes Jahr, mein lieber Wolf", dachte ich. Gleichzeitig wurde mir aber klar, warum er so ruhig und so früh gekommen war und nicht die einem Wolf eigene Vorsicht hatte walten lassen. Er war vollkommen abgekommen. Nun war ich traurig, daß ich solch einen Unglücklichen erlegt hatte. Der Erfolg freute mich gar nicht mehr.

Wir fuhren zu Piotr. Der hatte zwar Wölfe gehört, aber keine gesehen, denn der Wind stand ungünstig zum Luderplatz, so daß sie die Kanzel nur weiträumig umkreist und dann das Weite gesucht hatten.

Die Vollmondzeit nahte und mit ihr der geplante Abstecher ins Bieszczadygebirge. Tadeusz und Tomek trafen ihre letzten Vorbereitungen. Sie vergewisserten sich immer wieder, ob mir nicht irgend etwas dazwischenkäme.

Doch mich hielt nichts zurück, und so konnten wir am 13., diesem Pechtag, über Lublin, Biłgoraj, Przemyśl, Ustrzyki bis Polana losrücken. Dort erwarteten uns die Förster und Wolfsjäger Mączynski, Krzakiewicz, Wojciechowski, Zając, Pawlak, Stapor, Chrobak, Kazimierczyk, Koncewicz und Stasio, dessen Familiennamen ich mir nicht gemerkt habe, da er der Jüngste war. Ihn selbst werde ich nicht vergessen, weil er am ruhigsten auf der Kanzel „saß". Das heißt, er schlief auf der Kanzel, ohne zu schnarchen. Was doch die Jugend ausmacht!

Natürlich erwarteten uns auch der Hausherr, Förster Dyrda, und seine Frau, die trotz der vielen Gäste und des Schmutzes, den diese von draußen ins Zimmer schleppten, die Situation vortrefflich beherrschte. Lächelnd reichte sie uns Tee und andere Köstlichkeiten.

„Nadzia, woher nimmst du das alles?" fragte ich erstaunt.

„Aus dem Kühlschrank, aus dem Kühlschrank", antwortete sie heiter und lief wiederum in die Küche, um eine Delikatesse zu holen.

Inzwischen entbrannte im Kreise der Wolfsjäger eine Diskussion über die Jagd. Informationen wurden ausgetauscht, man besprach Möglichkeiten und Chancen. Das Wort führten Zając und Chrobak. Sie vertraten entgegengesetzte Ansichten. Zając sagte, bei Kazimierczyk kämen alle zwei, drei Tage Wölfe zur Kanzel, Chrobak dagegen meinte, bei Kazimierczyk zeigten sich überhaupt keine Wölfe.

„Sie, da kommt nicht einmal ein Fuchs", behauptete er.

Die anderen Wolfsjäger sagten kaum etwas, sie hörten schweigend zu.

Von uns drei Stadtjägern hatte nur Tomek noch keinen Wolf gestreckt. Kurz vor der Abfahrt aus Warschau hatten wir daher beschlossen, ihm die beste Kanzel zu geben, was seine Jagdchancen erhöhte. Tomek protestierte nicht. Er hätte es aber eigentlich tun müssen und uns älteren Jägern die beste Kanzel überlassen sollen. Er machte jedoch kein solches Angebot. Wahrscheinlich hatte er einen Wolfshunger auf Wölfe.

Am nächsten Morgen kam Tomek aufgeregt von der Jagd zurück. Zwar hatte er Wölfe weder gesehen noch gehört, aber ihre Fährten am Luderplatz hatten auf ihn einen großen Eindruck gemacht und seine Einbildungskraft gesteigert.

Am frühen Morgen des nächsten Tages kam er sogar als erster zurück. Das Auto hatte er schon ein Stück vor der Försterei stehengelassen, da man es nicht benutzen konnte, weil die Brücke über die Dyrda abgebrochen war und nur ein Steg über den Fluß führte. Als ich auf dem Rückweg mit Chrobak dort vorbeikam, entdeckte dieser sofort Schweiß neben dem Auto.

„Sie haben etwas erlegt", sagte er. Nach einer Weile fügte er hinzu: „Einen Wolf."

„Woher wollen sie, Herr Chrobak, wissen, daß es ein Wolf ist?" fragte ich. „Vielleicht Schwarzwild oder Fuchs!"

„Nein, einen Wolf", sagte er entschieden. „Einen Wolf", bekräftigte er nochmals.

„Sehen sie", erklärte er, „das kann kein Schwarzwild sein, denn das hätten sie am Boden geschleift. Ein Fuchs ist es auch nicht, denn ein Fuchs hätte nicht so stark geschweißt."

„Sie haben recht", entgegnete ich, im stillen sein Jagdwissen bewundernd. „Gehen wir doch hin, ich möchte den Wolf selbst sehen", fügte ich hinzu. Und ich sah ihn. Er hing an einem massiven Zaunpfosten: eine Wölfin mit dunkelgrauer, strohartiger Decke. Neben ihr stand der Jagdkönig. Strahlend vor Freude nahm er die Gratulationen entgegen.

„Nun, wie war es?" fragte ich, und er berichtete: „Abends kamen Sauen und Füchse zum Luderplatz. Sie streiften dort jedoch ziellos umher und verließen ihn wieder. Plötzlich wurde die Stille vom Heulen eines Wolfes unterbrochen. Ein ganzes Rudel antwortete ihm."

„Mein Herz schlug mir bis zum Halse", fuhr Tomek fort. „Sie konnten nicht weit sein, und ich wünschte mir, daß sie in die Nähe der Kanzel kämen. Mein Wunsch ging in Erfüllung. Eine Stunde nach Mitternacht zeigte sich auf dem Weg neben dem Luderplatz ein Schatten. Langsam bewegte sich dieser Schatten in Richtung Kanzel. Im Zeissfernglas 7 x 50 konnte ich jetzt den Wolf gut ansprechen. Als er stehenblieb, um die Luderreste zu betrachten, schoß ich. Der Wolf blieb auf der Stelle und schob sich in eine Furche, so daß er kaum noch zu sehen war. Die Zeit nach solch einem Schuß vergeht sehr langsam, und darum konnte ich kaum die Morgendämmerung erwarten. Als es hell geworden war, stellte ich mit Erleichterung fest, daß es sich wirklich um einen Wolf handelte. Mein erster Wolf!"

Nun ergriff das Wolfsfieber alle Jäger. Wiederum begannen die Diskussionen um die einzelnen Kanzeln, welche besser und welche weniger gut plaziert seien. Schließlich begaben sich Alexander, Henio und ich nach Wetlina, Tadeusz und Andrzej nach Sitmierz.

Tomek interessierte uns nicht mehr. Er entschloß sich, noch einmal dieselbe Kanzel aufzusuchen, und versprach, zwei Füchse zu erlegen. Wie sich später herausstellte, kamen die Füchse aber nicht. Ich glaube, der Wolfsgeruch wird sie abgeschreckt haben. Vielleicht ahnten sie auch, was ihnen blühte.

Vor dem allgemeinen Aufbruch machten wir ab, uns erst nach zwei Nächten, also am Sonntag, wieder zu treffen.

In Wetlina empfing uns der Oberförster Carski gastfreundlich und herzlich. Hier war längere Zeit nicht gejagt worden, und Carski meinte, wir würden bestimmt nicht mit leeren Händen zurückkehren.

Etwas zurückhaltender mit seinen Voraussagen war Förster Surowiec, der uns lediglich davon in Kenntnis setzte, daß wohl vor einigen Tagen Wölfe dagewesen waren, ohne jedoch das Luder anzunehmen. Das Luder wäre ein Hirsch, den die Wölfe vor zehn Tagen gerissen hätten. Er war verbittert, daß sie straflos räuberten und das Wild dezimierten.

„Meine Herren", sagte er sichtlich verärgert," tun sie etwas, weil sonst in Kürze kein Rotwild mehr vorhanden sein wird. Rehwild und Schwarzwild trifft man kaum noch an. Es vergeht keine Woche, in der Waldarbeiter nicht gerissene Stücke finden. Und wieviel tote Tiere werden in diesen unendlich großen Gebirgswäldern liegen!"

„Wir werden etwas tun", versprach ich, um ihn zu beruhigen.

„Meine Herren", gab sich der Förster immer noch nicht zufrieden, „ihr Jäger werdet sowieso nicht alle Wölfe ausrotten. Ich wieder-

46

hole: Schade um das Wildbret, wir brauchen es dringend. Hier muß etwas im größeren Maßstab unternommen werden."

Der Förster hatte recht, aber das war nicht so einfach – aus vielen Gründen nicht.

„Nun, gehen wir zum Ansitz, denn es wird schon spät", sagte ich, um zum Thema der heutigen Jagd wieder zurückzukehren.

„Im vergangenen Jahr hatte der Bär um diese Zeit schon das Luder angenommen", sagte Surowiec. „In diesem Jahr hält er noch seinen Winterschlaf, weil hoher Schnee liegt und die Temperaturen tief sind. Nachts pflegen noch −25°C zu sein."

„Vielleicht wird es heute nacht wärmer", sagte ich hoffnungsvoll.

„Wenn überhaupt, dann nicht viel, da der Himmel klar ist und wir Vollmond haben", entgegnete Surowiec. „Auf der Kanzel liegen zwei Schlafsäcke und eine alte Decke, also müßten wir die Nacht irgendwie überstehen", fügte er noch hinzu.

Der Weg zur Kanzel führte bergauf, und wir kamen dort erschöpft an.

Die Kanzel stand auf einem ausgedehnten Bergplateau, das nur spärlich mit Wacholder bewachsen war. Etwa 100 Meter um den Luderplatz herum gab es keinerlei Vegetation. Nur drei Föhren ragten aus dieser mondähnlichen Landschaft.

Am Kanzelfenster betätigte sich zunächst Surowiec als Beobachter. Ich ruhte mich von den Strapazen zweier auf Kanzeln verbrachter Nächte aus. Um 22 Uhr löste ich ihn ab.

Ich fühlte mich ausgeruht und versprach, drei Stunden „fest" zu sitzen. Dann wollten wir weitersehen.

Der Vollmond übergoß mit seinem Schein das reine Weiß der Schneefläche. Er schien so hell, daß man eine Nadel hätte finden können. Die Stille wurde von keinem Laut unterbrochen.

Etwa nach einer Stunde schlich am Rande des Luderplatzes ein Fuchs vorbei. Er wagte sich aber nicht ans Luder, sondern zauderte, verschwand dann und bellte lange Zeit in der Ferne.

„Ende der Ranzzeit", sagte ich, „in den Niederungen bellen sie nicht mehr."

„Nein, etwas muß ihn erschreckt haben", entgegnete der Förster.

In diesem „etwas" war das Wort „Wolf" verborgen, denn auf einer Kanzel bringt man alles mit Wölfen in Verbindung.

Wir mußten unsere leise Unterhaltung unterbrechen, denn von der linken Seite hörten wir ein Knirschen im Schnee. Zum hundertsten Mal schaute ich in dieser Nacht durchs Fernglas, und was erblickte ich – einen Wolf. Er kam aus den Wacholderbüschen und stand nun auf offener Fläche, die rechte Seite mir zugewandt. Als ich in Anschlag ging, rückte er los. Ich schnalzte mit der Zunge; da blieb er stehen, und ich betätigte den Abzug. Ganz deutlich hörte ich den Kugelschlag und sah, wie der Wolf hinfiel. Dann stand er wieder auf und bewegte sich auf die Kanzel zu. Ich lud eine neue Patrone und wartete auf einen günstigen Augenblick, um nochmals zu schießen. Aber nach mehrmaligem Stolpern fiel der Wolf endgültig um.

Er lag nun etwa sechzig Meter von der Kanzel entfernt, sein Körper hob sich deutlich vom weißen Hintergrund ab. Der Mond schien immer noch, und ich konnte mich an diesem Anblick richtig weiden. Eine seltene Gelegenheit, eine sehr seltene!

Ich schaute auf die Uhr – 23.40 Uhr. Der Rest der Nacht verlief ruhig und brachte nichts Besonderes, bis sich ein Fuchs zeigte. Als er aber den liegenden Wolf sah oder Wind von ihm bekam, verschwand er eiligst. Die Versuchung muß jedoch zu groß gewesen sein, denn er kam immer wieder, hielt aber respektvollen Abstand. Dieses Manöver wiederholte sich mehrmals, bis der Fuchs sich schließlich an den Anblick des toten Wolfes gewöhnt hatte und nahe an ihn heranging.

Ich schaute auf den Förster. Er nickte mit dem Kopf, denn er wußte, was ich fragen wollte, und ich wußte, was das Kopfnicken bedeutete. Ich schoß. Jetzt ruhten sie nebeneinander: Fuchs und Wolf, beide still und friedlich.

„Mit einem Wolf sollte man sich nie so schnell vertraut machen", sagte der Förster.

„Na eben", bestätigte ich.

Bei unserem sonntäglichen Treffen erfuhren wir, daß Tadeusz einen Wolf beschossen hatte. Da die Entfernung aber weit und der Wolf in Bewegung gewesen war, hatte die Kugel den Räuber verfehlt.

Wir beschlossen, falls wir im nächsten Jahr wieder auf Wölfe jagen sollten, Tadeusz dann die beste und sicherste Kanzel zu überlassen, wenn es überhaupt sichere Kanzeln gibt.

Birkwild

Frühling, Anfang April – und doch fiel die Temperatur auf −7°C. Erdboden und Bäume waren mit dickem Reif bedeckt.

Die Kollegen, mit denen ich Birkwild jagen wollte, sprangen aus den Betten. Als sie aber nach draußen geblickt hatten, krochen sie ebenso schnell wieder unter ihre warmen Bettdecken. Ihre unzureichende, fast sommerliche Jagdbekleidung und Gummistiefel machten eine Jagd an diesem winterlichen Morgen unmöglich.

„An solch einem Morgen kann Birkwild herrlich balzen", dachte ich. Schon wußte ich auch, daß ich mich nicht mehr niederlegen würde. Ich nahm eine Wolldecke mit, um mir in der Ansitzhütte die Beine zuzudecken, die bekanntlich zuerst zu frieren beginnen, und verließ wortlos das Haus. Bis zu den Hütten waren es etwa zwei Kilometer. Diese Strecke legte ich schnellen Schrittes zurück. Die Kälte zwang mich dazu; außerdem wollte ich noch vor Tagesanbruch an Ort und Stelle sein, was mir auch gelang.

Ich wählte eine Hütte neben einem kleineren Kahlschlag unweit einer Kieferndickung. Die Hütte war voller Reif, und die drahtigen, steifgefrorenen Äste verwehrten mir fast den Einlaß. Im Inneren war es aber angenehm und häuslich. Die Füße versteckte ich in einer dafür vorgesehenen Grube, hüllte meine Beine in die Decke und wartete nun auf die Morgendämmerung und das Birkwild.

Es verging eine Stunde, der Himmel wurde heller, und ich vernahm das erste Birkwild. Der erste Hahn fiel in den dichten Wald ein, hinter ihm ein zweiter, ein dritter... Das Flügelschlagen nahm kein Ende – es mußten viele sein. Der Frost setzte mir arg zu. Ich wurde von der Kälte geschüttelt. Wenn nicht das Birkwild eingefallen wäre, hätte ich spätestens jetzt Reißaus genommen.

So aber entschloß ich mich, doch dazubleiben. Nun mußte ich ruhig, bewegungslos dasitzen, um die Hähne, die gerade mit dem Zischen begannen, nicht zu vergrämen. Die Balz fing ja gerade erst an.

Ein Hahn begann zu kullern, dann ein zweiter, und schließlich erklang der morgendliche Balzgesang von überall her. Keinen von den Hähnen konnte ich sehen, obwohl ich eifrig durch eine Lücke des Schirmes den Wald und die angrenzende Wiese beobachtete. Es wurde noch heller. Der Purpurstreifen am Horizont sagte den baldigen Sonnenaufgang voraus. Das machte mir Mut – es mußte ja wärmer werden.

Ich vergrößerte die Lücke zwischen den Zweigen des Schirmes und hielt nach den Birkhähnen Ausschau. Auf der Wiese trat Stille ein. Ich wußte, daß es das Morgengebet, die Balzpause während des Sonnenaufganges, war. Ob die Birkhähne aber die Balz bei dieser Kälte erneut aufnehmen würden, das wußte ich nicht.

Nun erblickte ich endlich im Glas auf der Wiese große dunkle Kugeln. Das waren sie, die Birkhähne! Schießen oder nicht schießen? Der nächste Birkhahn saß in Schrotschußentfernung... Nein, ich würde abwarten, bis die Sonnenbalz begann. Wozu diese Eile? Schlimmer konnte ich schon sowieso nicht frieren. Ich war starr vor Kälte.

Als die aufgehende Sonne die Wiese beleuchtete, nahmen die dunklen Kugeln die Gestalt von Birkhähnen an.

Sich aufrichtend, begannen sie zu zischen, lauter und öfter als vorher. Vielleicht hatten die Sonnenstrahlen sie so belebt.

Zum Chorgesang der Hähne gesellten sich andere Stimmen. Das waren die Hennen, die mit lautem Gocken ihre Ankunft bekanntgaben. Durch das Gocken aber eiferten sich die Hähne noch mehr. Sie begannen zu rodeln, hochzuspringen, um damit den Hennen ihren Standort anzuzeigen und sie zum Stelldichein einzuladen. Die Hennen überflogen jedoch die Balzarena und verschwanden in der Ferne.

Immer neue Hähne kamen hinzu. Es waren insgesamt fünfzehn bis zwanzig. Genau wußte ich es nicht, denn sie wechselten ihre Plätze, beherrschten den Wald und die Wiese. Der Balzgesang, der Gesang der Gesänge, war so herrlich, daß ich nicht den Mut fand, ihn durch einen Schuß zu unterbrechen.

Schließlich entschied ich mich doch, einen von zwei Rittern zu erlegen. Auf den Birkhahn zielend, stellte ich fest, daß mir die Hände zitterten, wohl nicht vor Kälte allein, Teufel noch mal! Ein Wunder, daß ich ihn getroffen habe. Er blieb auf der Stelle liegen, die anderen Hähne kullerten jedoch ohne Unterlaß weiter.

Nur der eine, der vorher mit dem erlegten Hahn seine Scheinkämpfe ausgetragen hatte, stand nun staunend da und schaute traurig auf den reglos daliegenden Gegner. Vielleicht glaubte er, daß er mit zu festem Griff seinen Rivalen getötet hatte.

Mir war es auch seltsam peinlich, weil ich diesen herrlichen, unblutigen Kampf so brutal unterbrochen hatte. Nach einiger Zeit flog der Hahn auf und begab sich zu den anderen Kämpfern, denn streitsüchtig war er allemal.

Den Schirm verließ ich nicht, um den Balzbetrieb nicht zu stören. Ich konnte mich an der Birkhahnbalz in dieser winterlich wirkenden Landschaft nicht satt sehen.

Auf dem Balzplatz entstand plötzlich Unruhe. Die Hähne sprangen hoch und setzten sich wieder. Ich nahm das Fernglas – ein Fuchs! Er war stets in Bewegung. Mal zeigte er sich, mal verschwand er wieder. Er, der Rotrock, hatte sich auch zur Jagd begeben, nur war er besser als ich angezogen, er hatte noch seinen Winterbalg und brauchte nicht vor Kälte zu zittern. Jetzt schlich er, alle Geländevertiefungen ausnutzend. Dann wartete er. Vielleicht würde ein Hahn, zu sehr mit dem Kampf beschäftigt, unachtsam werden, dann könnte er Erfolg haben. Umsonst, die Hähne waren vorsichtig.

Der Fuchs lag in Lauerstellung etwa siebzig Schritt von meinem Schirm entfernt. Ich hätte ihm gern einen Schuß angetragen, aber es war zu weit. Vielleicht würde ihn der erlegte Hahn anlocken? Ich schob meine Waffe durch die Zweiglücke und wartete.

So lauerten wir: er auf einen Hahn, ich auf ihn. Schließlich näherte er sich auf Schußweite, denn der liegende Hahn hatte es ihm angetan. Er stürzte sich aber nicht auf ihn. Er stand auf hohen Läufen, schaute mal nach links, mal nach rechts. Das war ein günstiger Augenblick. Ich ließ fahren, und Reineke lag im Knall.

Jetzt verließ ich den Schirm und lief, um mich zu erwärmen, zu meiner Beute. Das Birkwild, erschrocken durch mein plötzliches Auftauchen, flog hoch, fiel aber wieder ein und setzte die Balz fort.

Fuchs und Birkhahn band ich zusammen und kehrte eiligst in die Försterei zurück. Ich weckte meine Freunde mit dem Ruf: „Steht auf, ihr Schlafmützen! Ihr habt solch einen herrlichen Morgen versäumt!"

Abnorme Böcke

Bei jeder Trophäenschau lenken abnorme Gehörne und rote Punkte die Aufmerksamkeit der Besucher auf sich. Die roten Punkte freuen die Jäger, mit Ausnahme derer, die sie erhalten haben…
Die Gehörne abnormer Böcke haben ungewöhnliche Formen: Korkenzieher, Widder, Haken. Krankheit oder Verletzung sind Gründe für das Entstehen solcher Mißbildungen. Es ist verständlich, daß derartige Trophäen Neugierde wecken und Wunschgegenstand vieler Jäger sind.
Aber einen „Abnormen" zu finden und zu erlegen, ist nicht leicht. Selten trifft man ihn zufällig. Einen abnormen Bock muß man suchen, ihm nachspüren, ihn ersitzen, manchmal viele Morgen und Abende.
Mir war das Schicksal gnädig. Ich stieß unverhofft auf solch einen seltsamen Bock, ohne jegliche Bemühungen, ohne langes Warten, ohne die Zweifel: Kommt er, oder kommt er nicht.
Es war Mitte Juli. Ich saß eben am Rande eines Ackers, der sich an einem See unweit von Pisz befand, als plötzlich aus dem breiten Schilfgürtel, der den See umgab, ein abnormer Bock austrat. Sein Gehörn weckte sofort meine Aufmerksamkeit. Die Stangen hatte er nach unten gerichtet, was ihm gewiß beim Äsen hinderlich war. Die Vereckungen standen nach oben und erinnerten an einen Kamm.
Der Bock interessierte sich für die Fährte einer Ricke, die etwas eher den Acker überquert hatte. Er zog auf mich zu, und ich ging sehr früh langsam in Anschlag, um die günstigste Schußentfernung abzuwarten. Ich wollte nicht durch eine unvorsichtige Bewegung einen so begehrenswerten Abschußbock vergrämen. Um Fehlschüsse zu vermeiden, bereite ich mich immer gründlich auf den Schuß vor.
Ich hatte den Bock im Zielfernrohr, und als er nahe genug herangekommen war, schoß ich. Der Bock kehrte auf der Stelle um und nahm schreckend den Schilfgürtel an, den er vorhin verlassen hatte.

Bei sonnigem Winterwetter liegen die Füchse gern draußen.

Die schönste Ankündigung des Frühjahres: die temperamentvolle Balz
des kleinen Hahnes.

Eine Rotte Sauen nähert sich, im Schnee brechend, meinem Ansitz.

Das Schrecken des Bockes bestätigte meine Annahme, daß ich gefehlt hatte. Ich beschloß, dies zu überprüfen, begab mich zum Anschuß und folgte dann dem Fluchtweg des Bockes in den Schilfgürtel. Den Bock fand ich nicht, auch keinen Schweiß. Im verschilften Moor blieb ich fast stecken, suchte aber trotzdem Schritt für Schritt das Schilf ab. Keine Spur vom Bock!

Als die Dämmerung einbrach, begab ich mich enttäuscht und geknickt auf den Weg ins Forsthaus. Unterwegs überdachte ich das Geschehene noch einmal und kam zu dem Schluß, daß ich den Bock nicht getroffen hatte. Trotzdem konnte ich mich damit nicht zufriedengeben und begann mir einen Plan zurechtzulegen.

Ein anderer Bock interessierte mich nicht. Ich hatte zwei Wochen Urlaub, das durfte genügen, um den Bock zu finden.

Wieder an gleicher Stelle ansitzend, beobachtete ich am nächsten Abend, wie zwei Ricken und ein Bock austraten. Die eine Ricke führte zwei Kitze. Der abnorme Bock trat aber nicht aus. Ich fand dies natürlich – er war durch den Schuß erschrocken und kam nicht mehr. In einigen Tagen würde er gewiß zurückkehren. Ich mußte mich mit Geduld wappnen. Für solch einen Bock lohnte es sich.

Der Ansitz zu ebener Erde war unergiebig, darum baute ich mir am Waldrand, in der Nähe des Ackers, einen provisorischen Hochsitz. Dort saß ich bequem und konnte alles übersehen. Vom See hörte ich Vogelstimmen und das Flügelschlagen der Schwäne, die von Zeit zu Zeit aufflogen und nach einigen Umkreisungen wieder dort einfielen.

All das machte mir den Ansitz angenehm. Ich war aber nicht hierhergekommen, um Vogelstimmen zu hören, sondern um den abnormen Bock zu erlegen. Dieser zeigte sich jedoch nicht.

Nach einer Woche, in der das Warten keinen Erfolg gebracht hatte, verstärkte sich bei mir die Ansicht, daß ich den Bock doch getroffen haben mußte. Dies wurde durch den mehrmaligen Besuch eines Fuchses bekräftigt, der immer wieder den Schilfgürtel annahm. Dort mußte Fallwild sein.

Noch einmal entschloß ich mich, in hohen Watstiefeln den Schilfgürtel zu durchsuchen. Meine Beharrlichkeit wurde belohnt. Ich fand den Bock. Der Schuß saß im Gescheide. Ohne zu schweißen, hatte der Bock etwa 150 Meter zurückgelegt. Schade, daß er verludert war. Das Gehörn aber gehörte mir.

Das geschilderte Ereignis fand vor einigen Jahren statt. Inzwischen habe ich mehrere Böcke, darunter abnorme, gestreckt, die auch nach einem tödlichen Schuß noch geschreckt haben.

Der Oberförster Bielamowicz verriet mir eine Stelle, wo ein abnormer Bock seine Fährte zog. Eine Gehörnstange sollte nach oben gerichtet sein, die andere als hakenartige Pendelstange ein Licht verdecken. Der Oberförster hatte jedoch diesen Bock nicht selbst gesehen, sondern durch den Jäger Adam Gotwald, dem man aber Glauben schenken konnte, von ihm gehört.

Ich hatte noch eine Woche Urlaub und eine Abschußgenehmigung für einen Bock. Vielleicht stand mir Hubertus bei, ihn zu erlegen.

Ich saß auf der sogenannten „Dachskanzel". Hier sollte der abnorme Bock gesehen worden sein. Ich hatte mir aber vorgenommen, mein Vorhaben aufzugeben, wenn ich bei drei Ansitzen diesen Rehbock nicht zu Gesicht bekäme. Hatte ich doch in den letzten Tagen erfolglos auf einen anderen Bock angesessen und die Geduld verloren.

Diesmal war mir das Schicksal gnädiger. Schon am ersten Tag hörte ich treibende Rehe und bemerkte, wie eine Ricke die vor der Kanzel verlaufende Brandschneise überfiel, hinter ihr ein Bock. Das war er – der abnorme. Ich langte nach dem Stutzen, kam aber nicht mehr zum Schuß. Dann trat die Dämmerung ein, und ich mußte abbaumen. Das Zusammentreffen mit diesem Bock stimmte mich aber zuversichtlich. „Es ist Blattzeit", dachte ich, „der Bock wird sich in der Nähe der Ricke aufhalten. Ich werde ihn schießen."

Es wurde hell. Auf der Brandschneise äste ein Rudel Rotwild, das aber bei Sonnenaufgang ins Stangenholz zog. Kurz danach erschien eine Ricke, hinter der Ricke, wie ich vorausgesehen hatte, jener abnorme Bock. Ricke und Bock verhielten sich ruhig, nur ich war nervös. Ich schoß, und der Bock lag im Feuer. Die Ricke blieb stehen und betrachtete den leblosen Gefährten.

Mir wurde unbehaglich. Ich war traurig, daß ich mit meinem Schuß das Schäferstündchen unterbrochen und der Ricke den Gefährten geraubt hatte. Schließlich baumte ich ab und vertrieb die Ricke, damit sie diese Stelle verließ. Lange Zeit konnte ich diesen Anblick aber nicht vergessen, denn immer wieder mußte ich an das vereinsamte Tier denken.

Nach zwei Tagen bestieg ich dieselbe Kanzel, um zu beobachten, was sich da tat. War die Ricke noch alleine, oder stand ein anderer Bock bei ihr? Ich freute mich sehr, als ich die Ricke mit einem jungen Sechser zu Gesicht bekam.

Zug ohne Güterwagen

Der Juli war in diesem Jahr ein guter Monat für Schwarzwildjäger. Die Junihitze hatte bewirkt, daß das Getreide früher als sonst gereift war. In vielen Landesteilen begann die Ernte.

Gleichzeitig mit der Getreideernte erhöhten sich die Feldschäden durch Schwarzwild und somit die Intensität der Bejagung: nicht etwa, um der Jagdpassion Genüge zu tun, sondern um Wildschäden zu reduzieren.

Ich hatte Lust, an solch einer Aktion teilzunehmen, und als mich mein Freund Bogdan benachrichtigte, daß auf den Feldern Schwarzwild sein Unwesen triebe, fuhr ich gleich am Samstag mit dem D-Zug zu ihm nach Susz.

Als ich ihn begrüßte, murrte er wie immer, daß ich zu lange auf mich hätte warten lassen. Ich mag aber lieber solch eine Begrüßungsart als ein höfliches Lächeln und Höflichkeitsfloskeln, zu denen sich Gastgeber emporzuschwingen pflegen, wenn der Gast zu oft das Revier und ihr Haus aufsucht.

Der Weg zur Försterei war nicht sehr weit. Nach den Fragen um die Gesundheit der Familie und nach dem üblichen „was hört man sonst Neues?" kamen wir auf konkrete Themen zu sprechen: Wo kamen die Sauen, wann und was für welche?

„Du wirst schon sehen, du wirst schon sehen." Bogdan, immer zurückhaltend in seinen Äußerungen, wollte auch diesmal nicht allzuviel sagen.

Wir rückten los, da die Sonne sich schon gen Westen neigte, und bestiegen wenig später eine Kanzel am Waldrand. Es war uns aber nicht vergönnt, dort ruhig auf Schwarzwild zu warten, denn Mückenschwärme überfielen uns, und wir mußten mit ihnen den Kampf aufnehmen.

„Hier werden wir nicht lange aushalten", sagte ich unverhohlen.

„Geduld, bald kommen die Schwarzkittel", versuchte mich Bogdan hinzuhalten.

Und er hatte recht. Eben erschien von der linken Seite ein Stück. Es stand am Waldrand und machte sich, genüßlich schmatzend, am

Hafer zu schaffen. Es mußte ein kapitaler Keiler sein, denn fast der ganze Körper ragte aus dem Hafer heraus.

„Ein Einzelgänger", flüsterte ich.

„Ja", bestätigte Bogdan.

Ich schoß. Schnell baumten wir ab und liefen zum Stück. Es lag zwar im Feuer, aber wir waren uns nicht sicher, ob wir nicht einen zweiten Schuß anbringen mußten. Als wir am Stück waren, schaute Bogdan auf mich, ich auf Bogdan, und wir brachen in schallendes Gelächter aus. Unser kapitaler, vorhin aus dem Hafer herausragender Einzelgänger erwies sich als schwacher Überläuferkeiler. Nicht er war groß, sondern der Hafer war niedrig . . .

Das Jagderlebnis war damit zunächst beendet. Die Fortsetzung aber folgte am nächsten Tage. Der Überläufer, am Erlegungsort bereits aufgebrochen, wurde in einem speziellen, luftigen, zur Kühlung geeigneten Schuppen aufgehängt. Morgen früh sollte er nach Olsztyn verschickt werden.

Ich träumte von einem Abendbrot mit Wildschweinleber, aber Bogdan, dieser Formalist, protestierte, da der Aufbruch vor dem Verzehr erst untersucht werden mußte. Ich bestand nicht unbedingt auf meinem Wunsch, da Zyta, die Frau Bogdans, schon etwas Schmackhaftes vorbereitet hatte und zum Leberbraten wohl keine besondere Lust hatte.

Von der morgendlichen Bockjagd sahen wir ab, da hier nur wenige Böcke den strengen Winter überlebt hatten, obwohl Bogdan durch intensive Fütterung viel Rehwild vor dem Hungertod bewahrt hatte.

Der Zug von Susz nach Olsztyn ging um 9.29 Uhr. Vom Forsthaus bis zum Bahnhof waren es kaum fünf Kilometer. Bogdan bestand darauf, daß er schon um 7 Uhr in die Oberförsterei nach Zalew fahren müsse, um einen Erlaubnisschein zu bekommen, der ihm das Führen des Dienstfahrzeuges am Sonntag gestattete.

„Sonst bekommen wir es mit der Miliz zu tun", sagte er.

„Nach Zalew muß man aber doch über Susz fahren."

„Na ja, wenn man die Asphaltstraße benutzt. Aber ich muß, um der Miliz nicht zu begegnen, durch den Wald fahren."

„Das ist doch ein großer Umweg!"

„Weiter ist es, aber sicherer."

Ich konnte mich damit nicht zufriedengeben und fragte, warum er diese Erlaubnis nicht gestern besorgt hatte.

„Ich wußte nicht, daß wir ein Stück Schwarzwild strecken würden", antwortete er, „außerdem hätte so etwas, wenn man es im voraus tut, Pech gebracht."

Nach der Rückkehr Bogdans mit der Fahrgenehmigung fuhren wir zum Bahnhof. Nun gingen die Kalamitäten erst richtig los.

Der diensthabende Eisenbahner fragte, ob wir eine tierärztliche Bescheinigung hätten, anderenfalls dürfte er das Stück nicht annehmen. Was tun? Es war Sonntag, alle Dienststellen waren geschlossen. Aber ein Tierarzt mußte doch Bereitschaftsdienst haben. Leider war uns das Glück nicht hold. Der Tierarzt war unterwegs, und das Fräulein, das Telefondienst hatte, wußte nicht, wann er zurückkommen würde. Wir mußten also warten.

Inzwischen war der 9.29 Uhr-Zug abgefahren. Der nächste ging erst um 14 Uhr. Hoffentlich „hielt es" der Überläufer noch „aus" und verdarb nicht. Nach 10 Uhr kam der Tierarzt. Er kannte Bogdan und behandelte uns nett. Er erledigte alles schnell, höflich und sachlich. Ein anständiger Mensch. Für die Bescheinigung kassierte er dreißig Złoty Honorar und wünschte uns eine erfolgreiche Erledigung unserer Angelegenheit.

Wir kehrten wieder zur Bahnstation zurück. Der Eisenbahner fragte uns etwas verwundert: „Warum fahren sie das Schwein hin und her? Es ist heiß, es wird verderben. Nehmen sie ihm die Decke herunter, geben sie mir ein Stück, den Rest können sie behalten, und das Problem ist gelöst."

„Aber nein, wir müssen das Stück abliefern, wie das Gesetz es verlangt."

„Nun gut, aber der Zug ist schon weg."

„Ja, ja, das wissen wir. Wir wollen das Stück mit dem 14 Uhr-Zug aufgeben."

„Das geht nicht, der Zug ist ohne Güterwagen."

„Und wann kommt einer mit Güterwagen?"

„Erst morgen früh, um 9.29 Uhr."

„Bei solch einer Hitze verdirbt doch das Wild", sagte ich.

„Es verdirbt garantiert", bestätigte Bogdan, „dazu noch die verdammten Fliegen! Was tun?"

„Wir fahren den Überläufer mit dem Auto nach Olsztyn", schlug ich vor.

„Ich habe keine Fahrgenehmigung für diese Strecke. Ich muß noch einmal nach Zalew fahren."

Ich schwitzte Blut, aber wir fuhren.

Den Transportleiter der Försterei trafen wir nicht an. Er war, wie wir richtig vermuteten, im Wirtshaus. Er erteilte uns die Genehmigung, drückte uns sein Mitleid aus und wünschte gute Reise.

Wir drehten uns im Kreise. Wir hatten fünfzig Kilometer hinter uns und uns immer noch nicht mehr als fünf Kilometer von der Försterei entfernt, einen Überläufer im Wagen.

Bis Olsztyn waren es etwa sechzig Kilometer. Wir fuhren los. Bei unserer Ankunft in der Ablieferungsstelle des Unternehmens „Wald" fanden wir weder einen Tierarzt noch den Annahmeberechtigten, aber einen Diensthabenden. Er nahm den Überläufer an, konnte ihn aber nicht klassifizieren. Die Klassifizierung sollte erst morgen vorgenommen werden, wenn der Dienstbetrieb wieder lief.

„In Warschau hätte man diese Sache anders erledigt", sagte ich vorwurfsvoll.

„Das ist nicht wahr", protestierte Bogdan, „vor allem hat Warschau selbst keine Annahmestelle."

„Ich dachte an Włochy bei Warschau, wo auch sonntags der Annahmeberechtigte anwesend ist, in Gegenwart des Erlegers die Klassifizierung vornimmt und das Gewicht feststellt."

Nun, das Gewicht wurde auch hier festgestellt. Unser Überläufer wog achtunddreißig Kilogramm.

Nun hatten wir die Wildablieferung hinter uns. Gegen 18 Uhr erschienen wir hundemüde wieder in der Försterei. Wir glaubten, daß uns alle bemitleiden würden, da wir so viel Kummer mit dem Schwarzkittel gehabt hatten. Aber hier machte uns Zyta eine Szene. Sie war böse und gereizt.

„Wieso, bis zur Bahnstation sind es fünf Kilometer, und ihr braucht dazu zehn Stunden? Ich habe schon die Miliz verständigt, da ich an einen Unfall dachte. Wer soll euch glauben? Ich habe Frühstück gemacht – keiner da, ich habe Mittag vorbereitet – keiner da. Sag selbst, Janusz, soll man da nicht die Nerven verlieren? Ich dachte schon, daß ihr bei einer Schnapstour hängengeblieben seid."

„Zyta, wir und Schnaps?", wir waren ehrlich entrüstet. „Auf Schwarzwild, das wäre etwas anderes!"

Schließlich haben wir Zyta irgendwie beschwichtigt – vielleicht dadurch, daß wir das gereichte Abendessen innerhalb weniger Minuten verschlangen. Das freute sie.

Von der abendlichen Schwarzwildjagd nahmen wir Abstand. Wir hatten genug erlebt.

Am Montag erwies es sich, daß der Überläufer nur noch dreißig Kilogramm wog. Im Protokoll, das der Oberförsterei zugestellt worden war, wurde das Fehlen von acht Kilogramm Wildbret auch noch irgendwie begründet. Wie – das wußte keiner. Es war eine verwischte, unleserliche Kopie.

Mich wurmte dies. Was wohl mit den acht Kilogramm Wildbret geschehen sein mochte!

Später habe ich in Warschau der Hauptdirektion des Unternehmens „Wald" den Fall geschildert. Und siehe da – der Überläufer „erlangte wieder" sein ursprüngliches Gewicht. Solch ein kleiner Überläufer und so viel Aufregung!

(Anmerkung: Die Ortsnamen wurden geändert, sonst alles authentisch.)

Ameisen

Ende Juli benachrichtigte mich Bogdan B. von der Oberförsterei
Iława, daß der Hafer „milchreif" sei und das Schwarzwild die Felder aufsuche.
„Ich komme nächsten Samstag", antwortete ich. „Bau inzwischen
irgendeinen Hochsitz!"
Dann zählte ich nur noch ungeduldig die Wochentage und konnte
die Abfahrt kaum erwarten. Am Samstag fuhr ich direkt von meiner Arbeitsstelle zur Oberförsterei, da ich noch am selben Abend
auf Schwarzwild jagen wollte. Bogdan erwartete mich. Schnell ein
Glas Tee, von Frau Zyta selbstgebackenen Kuchen – und ab in den
Wald! Eigentlich nicht in den Wald, sondern an ein Haferfeld, das
am Walde lag. Der Hafer war noch überwiegend grün, auf den höher gelegenen Stellen aber schon weißlich. Viele Fährten und Zeichen verrieten Sauen.
„Sie beginnen vor Sonnenuntergang zu Schaden zu gehen", sagte
Bogdan. „Hier werden wir auf sie warten."
Der Hochsitz, zusammengezimmert aus einigen dünnen Stangen
und zwei Brettchen, die auf irgendeinem dickeren Ast befestigt waren, stand am Waldrand. In Bieszczady nennt man solche Hochsitze „Strouchalówki", und zwar nach dem dort bekannten Schwarzwildjäger Strouchal, der auf solchen primitiven Behelfshochsitzen
viele Stunden auf einen guten Keiler warten konnte. Ich arme See-
le bestieg dieses Bauwerk, Bogdan ging, um andere Haferfelder
nach Sauen abzusuchen.
Noch vor Sonnenuntergang zeigte sich im Hafer ein schwarzer
Rücken – ein grobes Stück. Bache oder keine Bache? Ich konnte es
nicht einmal mit Hilfe eines Fernglases feststellen. Kurze Zeit darauf waren noch mehr Schwarzkittel zu sehen, auch Frischlinge meldeten sich. Alle waren mitten im Haferschlag, weit vom Waldrand
entfernt. Keine Möglichkeit zum Ansprechen, keine Möglichkeit,
zu Schuß zu kommen!
Es wurde Abend. Bogdan kam, und wir überlegten, ob wir die Sau-
en wegen des Wildschadens aus dem Feld heraustreiben oder ob
wir sie in Ruhe lassen sollten, um uns morgen früh anzusetzen.

Der Abend verging mit der Planung für die morgige Jagd und mit der Diskussion, wie man unter solch widrigen Umständen das Geschlecht des Schwarzwildes feststellen könne, um es vor dem Schuß richtig anzusprechen. Es ist tatsächlich schwierig.

Leider waren unsere Planungen nutzlos, denn am anderen Morgen herrschte Ruhe im Hafer. Das Schwarzwild hatte sich wohl woanders hingezogen.

Nach einer kurzen und erfolglosen Waldpirsch auf Rehbock kehrten wir ins Forsthaus zurück und tauschten die Büchsen gegen Angeln, da wir beide nicht nur zu jagen pflegen, sondern auch dieser Leidenschaft frönen. Die Fische bissen – wie meistens – nicht, und wir überlegten, was man abends tun könne. Die Sauen würden wiederkommen, wieder für einen Schuß zu weit sein, und was ich am gestrigen Abend erlebt hatte, würde sich heute wiederholen.

Wir kamen zu dem Schluß, daß es die beste Lösung wäre, mitten im Haferfeld einen Hochstand zu errichten. Sofort gingen wir an die Arbeit: Zwei Leitern, gestützt von einer Stange, und wir hatten den Hochstand! Die Generalprobe fiel traurig aus: Die Stange verschob sich, und ich stürzte zusammen mit dem „Hochstand" zu Boden. Alles begann sich mir vor Augen zu drehen, ich konnte mich weder bewegen noch aufstehen. So lag ich nun eine halbe Stunde. Der Schmerz im Kreuz ließ zwar etwas nach, war aber immer noch so stark, daß mich Bogdan zum Auto tragen mußte.

In der Försterei erkannten wir, daß ich ohne ärztliche Hilfe nicht auskommen würde, und darum mußte ich ins Krankenhaus. Nun fiel die Abendjagd auf Schwarzwild aus. Das schmerzte mich noch mehr als mein Rückgrat.

Nachdem Bogdan und seine Frau mich sorgsam auf den Rücksitz des Autos gelegt hatten, brachten sie mich nach Warschau zurück. Im Krankenhaus ging ich noch mit eigener Kraft zum Röntgen. Dann wollte ich nach dieser Prozedur aufstehen, aber der Arzt verbot es mir.

„Mein Herr, sie haben eine gebrochene Wirbelsäule!" ermahnte er mich laut.

Die nähere Diagnose lautete: Kompressionsbruch des L 7. Ich war traurig.

Auf einer Trage, zugedeckt mit einer Decke, trug man mich in ein Einzelzimmer. „Einzelzimmer, wahrscheinlich steht es schlecht um mich", dachte ich. Als ich mich dann von Bogdan verabschiedete, bat ich ihn noch, das Schwarzwild alleine zu bejagen. „Mach dir keine Sorgen, ich komme bald zurück", rief ich ihm nach.

Es zeigte sich aber, daß dies alles nicht so einfach war. Man gipste mich vom Scheitel bis zur Sohle ein und brachte mich ins Einzelzimmer zurück. Das ärztliche Urteil lautete: sechs Wochen Gipsverband! Sechs Wochen! Wie sollte ich das aushalten? Damit konnte ich mich nicht abfinden. Schnell errechnete ich, daß ich zur Hirschbrunft zwar noch käme, aber was würde im August mit Sauen und Enten?

Ich verfiel in trübe Gedanken und hatte eine schlaflose Nacht. Die Schmerzen wurden immer stärker. Auch der Morgen brachte mir keine Linderung.

„Es sind erst sieben Stunden seit dem Eingipsen verflossen", dachte ich, „und ich kann diese Qual nicht mehr ertragen, wie soll ich es sechs Wochen lang können? Das halte ich nicht aus. Warum soll ich mich eigentlich sechs Wochen so quälen?"

Mit einem Teelöffel machte ich eine Ritze in den Gipsverband. Er gab nach.

Geduldig weiterarbeitend, riß ich einen Teil des Verbandes auf und befreite ein Bein. War das eine Wohltat! Nach einiger Überlegung kam ich zu dem Schluß, daß ich, sobald ich diese kunstvolle Gipskonstruktion an einem Bein zerstört hatte, auch das andere Bein befreien mußte. Ich tat es. Der Rest ging schnell, und schließlich lag auf dem Fußboden ein Haufen Gips und mitten darin das Gipskorsett wie eine zertrümmerte Ritterrüstung. Ich fühlte mich ausgezeichnet und schlief ein, schlief aber wachsam wie ein Hase, denn ich wußte, daß ich etwas Böses getan hatte.

In der Frühe kam die Schwester, öffnete die Tür, schrie auf und zog sich zurück. Dann erschien der alarmierte diensthabende Arzt. Er schaute sich die Bescherung an und verließ schweigend das Zimmer. Kurz danach kam er mit irgendeinem Zettel zurück und lächelte. Ich erwiderte sein Lächeln, denn so gehört es sich ja. „Unterschreiben sie bitte diese Erklärung, daß sie den Gipsverband selbst entfernt haben", sagte er. Ich unterschrieb. Nach einer

Stunde erschienen schon drei Ärzte mit Röntgenbildern, um mir zu zeigen, wie meine Wirbelsäule aussah, und um mir zu erklären, warum ein neuer Gips angelegt werden müsse. Artig wie ein Schüler hörte ich zu.

Als sich alles um mich beruhigt hatte, lächelte mich die mich betreuende Schwester wohlwollend an und fragte: „Sagen sie, wie haben sie das gemacht? Ich arbeite schon viele Jahre im Krankenhaus, so etwas habe ich aber noch nicht erlebt."

Ich erzählte alles in Kurzform, bescheiden zugebend, daß dies gar nicht so schwierig sei… Später kamen noch andere Schwestern, um mich zu besichtigen. Ich wurde im Krankenhaus berühmt.

Die Nachricht von meinem Unfall drang auch zu meinem Freund, dem bekannten Warschauer Orthopäden Dr. Konstantyn Z. Er erschien im Krankenhaus und hielt mir einen langen Vortrag über meine Verantwortungslosigkeit und über den Vorteil von Gipsverbänden bei Knochenbrüchen. Dann versprach er, mir eigenhändig einen Gips anzulegen, einen ganz leichten englischen, und daß er den Verband so zu- und beschneiden werde, daß ich damit sitzen, die Waffe anschlagen und Auto fahren könnte. Ich gab nach.

Wieder war ich im Behandlungssaal. Wieder streckte man mich, um die Wirbel zu lockern. Dr. Z. legte mir den Gips an. Ich konnte mich nicht mehr rühren. Der erste Gipsverband war dagegen bequem wie ein Sommeranzug gewesen. Und wo waren die versprochenen Zuschneidungen und Beschneidungen?

„In drei Tagen, wenn der Gips erhärtet ist, werden sie sich besser fühlen", sagte er.

Von nun an war ich unter strenger Aufsicht, und dauernd schaute irgendeine Schwester zu mir herein. Teelöffel gab man mir nicht mehr… Nach einigen Tagen, sein Versprechen einlösend, beschnitt Dr. Z. den Gips und gab mir den Rat, an Gewicht abzunehmen. Mein Zustand war nun einigermaßen leidlich.

Es näherte sich der Samstag, an dem die Enten frei wurden. Meine Jagdgefährten Heniek S. und Stefan B., die mich an diesem schönen Augusttag besuchten, fragten scherzhaft, ob ich mit ihnen auf Enten gehen wolle.

„Klar, aber wie soll ich das machen?" überlegte ich.

„Wir kommen am nächsten Samstagnachmittag", schlugen sie vor, „bringen deinen Anzug, und du gehst mit. Statt deiner legen wir Heniek ins Bett. Am Samstag ist ja keine Visite, der diensthabende Arzt fragt nur, wie es dem Patienten geht." „Nein, das können wir nicht machen, aber ich werde mir etwas einfallen lassen", antwortete ich. Bei der nächsten Gelegenheit bat ich den Oberarzt um einen Passierschein.

„Ich möchte meine Familie besuchen", sagte ich. „Meine Familie macht nämlich Urlaub an der Ostsee und weiß nicht, daß ich im Krankenhaus bin."

Sie wußte tatsächlich nichts von meinem Unfall, aber darum ging es ja nicht...

Ich hatte kein Fieber, die Wirbelsäule war stillgelegt, und so bekam ich einen Passierschein. Meine Jagdkameraden fuhren am Krankenhaus vor, und wir brausten davon – auf Enten!

Im Revier angekommen, setzten mich meine Freunde in einen wackligen Kahn. Das war kein guter Einfall – ich konnte nicht stehen, und sitzend sah ich nichts. Darum stellten sie zwei Fischtransportkisten aufeinander, und auf ihnen saß ich wie auf einem Thron. Ausgezeichnet! Jetzt brauchten nur noch die Enten zu kommen. Und es kamen viele. Beim ersten Schuß verlor ich das Gleichgewicht und fiel in den Teich. Der weiße englische Gips wechselte seine Farbe auf schwarz. Verzweifelte Versuche, ihn abzuwaschen, brachten keinen Erfolg. Nichts zu machen – schnell ins Krankenhaus!

Im Krankenhaus brach Panik aus. Wer hat schon einen Menschen im schwarzen Gips gesehen? Der diensthabende Arzt entfernte dann – nicht wie ich, ein Laie, mit einem Teelöffel, nein, mit einer elektrischen Gipssäge – den schwarzen Panzer und legte mir einen neuen an. Er schwieg während seiner Tätigkeit und kommentierte meine Tat auch nicht, aber dieses Schweigen sprach Bände... Und obwohl mich der neue Panzer, ähnlich wie der erste, drückte, klagte ich nicht, sondern lag artig und zufrieden darüber, daß alles so glücklich abgelaufen war.

Als ich am nächsten Samstag wieder um einen Passierschein bat, erhielt ich diesen nur unter der Bedingung, daß ich nicht auf Entenjagd gehen würde. Ich versprach es und fuhr nicht auf Enten. Ich fuhr zur Schwarzwildjagd.

Meine Jagdgenossen Heniek und Stefan erwarteten mich schon vor dem Krankenhaus. Es war Vollmond, das Schwarzwild ging noch auf die nicht ganz abgeernteten Haferschläge. Wir beschlossen, zu Bogdan ins Revier zu fahren. Bogdan freute sich sehr, als er mich sah, war aber leicht erschrocken, als er erfuhr, daß ich in diesem Zustand jagen wollte, denn er zweifelte daran, daß ich mit meinem Repetierer zurechtkommen würde. Wir würden sehen.

In dieser Gegend war der Hafer zwar schon geerntet, aber die Sauen suchten immer wieder die Stoppeln auf, zumal einige Halme stehengeblieben waren und an den früheren Lagerstellen noch Körner lagen.

Meine Jagdgefährten fuhren mich mit dem Wagen bis zur Mitte des Stoppelfeldes, breiteten eine Decke aus und setzten mich, wie es sich für einen Kranken gehört, auf Kissen; sie selbst aber fuhren weiter, um an anderer Stelle anzusitzen. Vorher hatten wir noch besprochen, daß ich, wenn mir etwas zustoßen sollte, drei Schüsse hintereinander abgeben würde, was dann als Hilferuf zu deuten wäre.

„Was kann schon passieren? Höchstens, daß ich mit dem Aufbrechen nicht alleine zurechtkomme", scherzte ich. Humor hatten wir.

Und so befand ich mich nun wieder an der Stelle meines „Hochstandunglücksfalles", der alle anderen Abenteuer ausgelöst hatte. Ich hoffte, daß diesmal nichts Neues passieren würde.

Es begann eine ungewöhnlich heiße Augustnacht. Der niedrig über dem Horizont hängende Mond wanderte schnell aufwärts und beleuchtete das Stoppelfeld, auf welchem sich noch nichts tat. Es herrschte tiefe Stille. Ermüdet von der Fahrt, legte ich mich bequem hin, um mich auszustrecken und am Sternenhimmel satt zu sehen. Ich weiß nicht einmal, wann ich eingeschlafen bin.

Plötzlich wachte ich auf, denn es war etwas geschehen, was niemand von uns voraussehen konnte, obwohl wir die verschiedensten Möglichkeiten erörtert hatten.

Ich saß nämlich mitten in einem – Ameisenhaufen. In einem Ameisenhaufen der Feldameise, der kleinen, beißenden und zudringlichen! Das war ein Pech! Die Insekten, überrascht von der Anwesenheit eines Gastes, besuchten mich von Kopf bis Fuß. Diejenigen, zu denen ich Zugang hatte, konnte ich schnell abstreifen, aber die unter dem Gipsverband fühlten sich sicher und waren teuflisch aktiv.

Wie lästig solch eine winzige Ameise sein kann, wissen wir Jäger, aber nicht alle wissen, wie lästig 100 oder 200 Ameisen sein können, wenn sie ungestraft über den menschlichen Körper wandern.

Verbissen kämpfte ich mit ihnen. Wo war meine Waffe? Ich verzichtete auf Schwarzwild, denn ich brauchte dringend Hilfe, und schoß dreimal hintereinander. Meine Freunde erschienen nicht. Die Minuten wurden zu Stunden, und die Ameisen arbeiteten „redlich". Ich schoß wiederholt. Endlich näherten sich Heniek und Stefan. Sie fuhren mit Fernlicht und hupten. Mit der Taschenlampe gab ich ihnen Zeichen, damit sie mich schneller fanden.

„Was ist geschehen?" riefen sie von weitem.

„Ins Krankenhaus nach Iława, nicht nach Warschau!" brüllte ich. Sie fuhren mit Vollgas, weil sie aber immer noch nicht wußten, was mit mir los war, fragten sie danach.

„Ameisen", antwortete ich unwillig.

„Was, Ameisen?"

„Fahrt und fragt nicht!"

Endlich begriffen sie. Und da mußte Stefan anhalten, weil er einen Lachanfall bekam. Er bog sich förmlich vor Lachen. Nicht nur die Situationskomik rief solch eine Reaktion hervor, sondern auch die Erleichterung darüber, daß mir nichts Schlimmeres zugestoßen war. Nur Ameisen...

Und so mußte Heniek das Steuer übernehmen.

Im Krankenhaus in Iława – Aufregung! Solch einen Fall hatten sie noch nicht gehabt. Schnell schritt man zur Tat: Grundinstrument zur Ameisenbekämpfung – ein mit Gaze umwickelter, mit Spiritus getränkter Gardinenstab. Unter dem Gipspanzer herausgezogen, sah er aus wie ein Fliegenfänger. Statt Fliegen klebten Ameisen daran. Von diesem Ereignis hat mein „Stammkrankenhaus" in Warschau nie etwas erfahren.

Am nächsten Samstag ging ich nicht zur Jagd, nein, ich ging nach Hause. Meine Familie kehrte nämlich von der Urlaubsreise zurück.

Nach drei Wochen ersetzte man den Gipsverband durch ein Metall-
korsett, mit welchem ich schon Dienst tun, aber auch, und das durfte doch klar sein, ab und zu jagen konnte.

Es folgte ein ereignisreicher, mit manchen Abenteuern gefüllter
Herbst, aber das Wichtigste, was mir all das brachte, war: Ich habe
gelernt, wie man solide Ansitzhilfen baut und daß man sich vor
Ameisen hüten muß.

Schon hatte ich Reineke im Zielfernrohr, er kam näher und wurde immer größer.

Aufstieg zum Ansitz an der Freifläche im Wald. Die Phantasie durfte sich noch alle jagdlichen Wunschträume ausmalen.

Rotwild zog auch noch am Tage im lichten Stangenholz.

Am Haferfeld

Schwarzwildjäger warten ungeduldig auf die Haferreife und verbinden mit ihr bestimmte Hoffnungen. Es gibt nämlich nichts Anziehenderes für Sauen als frische, noch nicht ausgereifte Haferrispen. Mit dem Hafer kann nur noch der Mais konkurrieren, wobei aber Sauen im Hafer leichter zu bejagen sind, da man sie von weitem sieht und hört. Im Mais dagegen sind sie kaum zu sehen, noch schlechter anzusprechen und kaum zu bejagen.

Eines Tages erhielt ich aus der Gegend von Komańcza die Nachricht, daß der Hafer „milchreif" geworden sei und die Sauen ihn annähmen. Ich fuhr hin. Das Haferfeld war einige Hundert Meter lang und lag direkt am Walde, der ja immer für jagdliche Überraschungen gut ist.

In den Beskidenwäldern von Bieszczady sollen noch Sauen leben, die den Geschmack von Kartoffeln nicht kennen. Ihr Leben lang ernähren sie sich von den Flocken der Engelwurz und in Mastjahren vorzugsweise von Bucheckern. Das behauptet zumindest der Jagdleiter dieses Gebietes, Władysław Pepera. Aber auch diese groben Beskidensauen können der Versuchung des reifenden Hafers nicht widerstehen. Sie verlassen dann einzeln und spät ihre Kessel und wandern auf die Felder der landwirtschaftlichen Staatsgüter. Jüngeres Schwarzwild kontrolliert, ob die Haferschläge sicher sind, oder provoziert den ungeduldigen Jäger, um damit seine älteren Verwandten, die groben Schweine, abzusichern.

Die vielen Fährten und Zeichen zeugten davon, daß das Schwarzwild den Hafer regelmäßig aufsuchte. Aus einigen Hohlwegen führten deutliche, ausgetretene Wechsel dorthin, die sich im Haferfeld gabelten und dann verloren. Das Gelände war hügelig, was einerseits zwar Deckung bot und das Heranpirschen erleichterte, andererseits aber die Beobachtung erschwerte, da auch das Wild die Deckung auszunutzen wußte.

Schon bei Tagesanbruch waren wir am Haferfeld, um Fährten zu überprüfen, provisorische Hochsitze am Waldrand auszubessern und um überhaupt dem Schwarzwild zuvorzukommen, das in dieser ruhigen, stillen Gegend recht früh ins Haferfeld zu wechseln pflegte. Unseren Geländewagen ließen wir unverschlossen auf einem Waldweg stehen, um im Falle eines Regengusses oder Gewitters dort Schutz finden zu können. Das Wetter ist in dieser Gegend sehr launenhaft. Oft geschieht es, daß sich der heitere Himmel plötzlich verdunkelt, die Schleusen öffnet, um dann gleich wieder die Sonne scheinen zu lassen.

Der Jagdleiter überließ mir die Wahl der Hochsitze und wollte mich nicht beeinflussen.

„Du hast die Hochsitze, die Fährten, das Haferfeld gesehen", sagte er, „wähle aus. Ich gehe weit weg zu einem Haferschlag in der Nähe vom Dorfe Łupków."

Da ich drei Hochsitze zur Wahl hatte, entschied ich mich für den mittleren. Ich glaubte hier die besten Chancen zu haben. Der Hochsitz befand sich auf einer alleinstehenden Kiefer mit dicken, ausladenden Ästen. Erst mußte man eine Leiter besteigen, dann zahlreiche Äste als Sprossen benutzen, um schließlich einen bequemen Sitz mit Rücken- und Armlehne zu erreichen. Ich bestieg den Hochsitz, als es noch ganz hell war. Mir kamen allerdings Bedenken, ob ich mit dem Abbaumen nicht Schwierigkeiten bekommen würde. Zunächst saß ich aber erst einmal, Sorgen machen konnte ich mir auch noch später...

In dem Maße, wie sich die Sonne gen Westen senkte, stieg am Himmel auf der Gegenseite der Mond empor. Er war noch nicht ganz rund, zum Vollmond fehlten noch zwei, drei Tage. Das letzte Tageslicht war noch nicht gewichen, als sich links von mir, im Gänsemarsch ziehend, acht Stück Schwarzwild zeigten. Sie blieben unweit vom Waldrand stehen, hoben den Windfang und vernahmen. Da sie nichts Verdächtiges witterten, beruhigten sie sich und begannen zu fressen. Sie zogen langsam in meine Richtung, und ich sah sie mit bloßem Auge. Schießen wollte ich nicht. Nicht wegen eines läppischen Überläufers hatte ich die vielen Kilometer zurückgelegt.

Das Bewußtsein, daß man nicht schießen will, erleichtert außerordentlich die Beobachtung des Wildes. Man regt sich nicht auf, die Hände zittern nicht, der Stachel des Zielfernrohres sitzt beim Probeanschlag ruhig auf dem Blatt. Völlig anders ist es, wenn man tatsächlich schießen will oder soll.

Außer den acht Schwarzkitteln erschien lange Zeit kein Wild. Erst um 22 Uhr, als im Westen die Abendröte langsam verschwand und über dem Haferfeld der Mond stand, erblickte ich im Fernglas, ebenfalls links von mir, einen großen dunklen Punkt. Es bestand kein Zweifel, daß es ein grobes Stück Schwarzwild war. Ich stellte die Schärfe des Glases nach und beobachtete weiter. Das Stück bewegte sich langsam zur Mitte des Haferfeldes, in Richtung des Weges, wo unser Geländewagen stand. Es war ein herrlicher Anblick, denn es sah aus, als ob sich ein Nachen durch dieses Hafermeer bewegte. Schließlich verschwand das Stück in einer Geländevertiefung. An Schießen war nicht zu denken, denn die Entfernung betrug nach meiner Schätzung etwa 700 bis 800 Meter. Vielleicht war es aber auch nur die Hälfte, denn nachts schätzt man die Entfernung immer zu weit.

Schnell, aber vorsichtig stieg ich vom Hochsitz, prüfte die Windrichtung und marschierte durch den Hafer, um den vermeintlichen Keiler mit Seitenwind anzugehen. Das wellige Gelände erleichterte das Anpirschen, das Stück mußte hinter der nächsten Bodenwelle sein. Ich brauchte mich weder zu bücken noch zu tarnen, sondern achtete nur darauf, daß mir der taunasse Hafer nicht zu laut an die Stiefel und die durchnäßten Hosen schlug. Ab und zu blieb ich stehen. Hören und sehen konnte ich nichts. Endlich ein Geräusch im Hafer: das charakteristische Abreißen der Spelzen. Also war der Keiler ganz in der Nähe. Noch ein paar Schritte, und ich mußte ihn sehen. Das Abreißen hörte ich immer lauter, jedoch kein Schmatzen. Das wunderte mich. Noch einige Schritte, und ich sah mit bloßem Auge einen schwarzen Fleck. Ich hob das Fernglas und war wie gelähmt – mir wurde kalt, warm und wieder kalt...

In einer Entfernung von vierzig Schritt saß – ein Bär! Mit sichelartigen Brankenbewegungen neigte er den Hafer zum Fang und riß die Haferrispen ab. Im Moment wußte ich nicht, was ich tun sollte. Ich wollte möglichst geräuschlos den Rückzug antreten und stand zunächst still, um nicht die Aufmerksamkeit des Bären auf mich zu lenken. Inzwischen wurde der Bär unruhiger, er nieste einige Male, als ob er etwas Unangenehmes gewindet hätte...

„Gesundheit", sagte ich nicht, sondern nahm das Niesen als Rückzugssignal zur Kenntnis. Schnell lief ich in Richtung des Autos. Ich fühlte mich plötzlich ganz leicht. Weder der Repetierer noch das Fernglas, noch meine sechsundneunzig Kilogramm belasteten mich irgendwie. Ich hatte Angst, mich umzudrehen, um zu sehen, ob der Bär im Hafer geblieben oder mir gefolgt war. Erst als ich den Wagen erreicht hatte und eiligst eingestiegen war, fühlte ich mich sicherer und blickte nach hinten. Der Bär war mir nicht gefolgt. Ich nehme an, daß er zu einer sicheren Stelle im Wald flüchtete und – ähnlich wie ich – zufrieden war, daß ich ihn nicht verfolgte.

Als Władysław Pepera zum Auto zurückgekehrt war, erzählte ich ihm mein Abenteuer. „Du hast es richtig gemacht", sagte er. „Mit einem Bären ist das so eine Sache." Dann schilderte er mir, was ihm vor einigen Jahren passiert war.

Er ging damals mit dem Jäger Zdzisław P. zu einem Haferfeld, um zu sehen, ob dort Wild wäre. Beide sahen einen Bären, der in ähnlicher Weise Hafer fraß. Nur einige Meter vom Bären entfernt, freuten sich beide über den nicht alltäglichen Anblick. Dann tat Władysław der schöne Hafer leid, und er versuchte, durch Schreien den Bären zu vertreiben. Dieser, beunruhigt durch die plötzliche Anwesenheit von Menschen, die es wagten, ihre Stimme gegen den König des Urwaldes von Bieszczady zu erheben, wurde hoch und stürzte sich mit lautem Gebrüll auf Władysław. Der schoß in die Luft, um den Angreifer zu vertreiben, aber der Bär änderte die Angriffsrichtung nicht. Der Angegriffene warf sich zu Boden und meinte, sein letztes Stündlein habe geschlagen. Der brüllende Bär lief aber nur dicht an ihm vorbei und verschwand im Walde.

Was war geschehen? Zdzisław P. hatte den Bären mit der Taschenlampe geblendet und dadurch seinem Freund Władysław das Leben gerettet. Danach verließen beide panikartig das Haferfeld und flohen in entgegengesetzter Richtung. Der Bär brummte noch lange im Walde und brach vor Wut Äste ab.

Aufregung hatte ich für diese Nacht genug gehabt, darum sah ich vom Ansitzen auf ein grobes Schwein ab, obwohl der Mond immer höher stieg und die Felder herrlich erleuchtete.

Im Mais

Die Wälder der Oberförsterei Pelplin in der Woiwodschaft Gdańsk sind ein wahres Paradies für Jäger – und Schwarzwild. Die Jäger finden dort attraktive, wildreiche Reviere, und dem Schwarzwild bietet sich ein reichliches Nahrungsangebot. Nach Pelplin kommen Schwarzkittel aus der ganzen Woiwodschaft. Trotz des hohen Jahresabschusses von fünfzig Stück auf 1800 Hektar bleibt der Bestand konstant.

Die dichten, zwischen fruchtbaren Feldern verstreuten Kiefernbestände, das äußerst günstige Biotop der nicht zu großen Waldkomplexe und die Nähe der Genossenschaftsfelder sind für das Schwarzwild ein Magnet.

In den Monaten August und September versammeln sich dort die Sauen im Mais, in dem sie nicht nur die Nacht, sondern auch den Tag verbringen. Nur manchmal verläßt irgendein unruhiger Individualist nachts den Mais und zieht zum nahen Wald, um nachzusehen, was sich in ihm tut, kehrt jedoch morgens wieder in den Mais zurück, um den Tag an diesem ruhigen und sicheren Ort zu verbringen. Davon zeugen unzählige Fährten, die die nahen Wälder mit den Maisfeldern verbinden.

Dorthin führte mich in einer herrlichen, hellen Mondnacht mein Weg, wobei ich mir jedoch keinerlei Hoffnungen machte, gleich ein Stück Schwarzwild zu erlegen. Es handelte sich nur um einen Versuch. Wenn mir aber Hubertus geneigt sein sollte…

Ich war noch nicht in der Nähe des Maisfeldes, als ich schon das charakteristische Grunzen und das Brechen der Maisstengel hörte. Das Schwarzwild brach die schön gewachsenen Maiskolben heraus, um den schmackhaften Inhalt auszukörnen.

Es vergingen Stunden. Ich pirschte geduldig am Rande des Maisfeldes, hoffend, daß die Sauen auf die offene Fläche austraten. Die Sauen dachten aber nicht daran, ihr sicheres Versteck zu verlassen. Der Mond neigte sich tiefer und tiefer und machte der Morgendämmerung Platz. Ich pirschte immer noch. Schließlich glaubte ich nicht mehr daran, irgendein Stück anzutreffen, da es im Mais still wurde. Wahrscheinlich hatte sich das Schwarzwild in die Feldmitte verzogen. Nun blieb mir keine andere Wahl, als den nahen Wald zu beobachten, hoffend, daß aus ihm etwas austräte. Doch zunächst sah ich nichts. Erst etwas später, als die Morgensonne das Feld beleuchtete, nahm ich dunkle Flecke wahr. Ich wünschte mir, daß es Schwarzwild wäre. Leider waren es aber Rehe.

Den Mais als Deckung benutzend, beobachtete ich das äsende Wild und wollte feststellen, ob nicht ein Abschußbock dabeiwäre. Den Wald selbst beachtete ich nicht mehr.

Plötzlich warfen die bislang ruhig äsenden Rehe auf und äugten zum Waldrand.

Etwas hatte ihre Ruhe gestört – vielleicht ein Schwarzkittel? Tatsächlich, da kam er! Die Nacht war also nicht umsonst durchwacht!

Der Keiler trollte zum Frühstück in Richtung des Maisfeldes. Als er auf Schußentfernung war, folgte ich mit gestochener Waffe seinen Bewegungen für den Fall, daß er kurz verhoffte. Er tat es auch ganz kurz, aber ehe ich ihn gut zu fassen vermochte, trollte er weiter. Ich konnte meinen Entschluß nicht mehr rückgängig machen und betätigte den Abzug in dem Bewußtsein, daß dies verfehlt und daß ich zu spät abgekommen sei.

Am Anschuß war reichlich dunkler Schweiß vorhanden. Wildbretschuß!

Ich wartete, bis es so hell wurde, daß ich mit der Nachsuche beginnen konnte. Die Schweißfährte führte in den Mais hinein. Nach einigen Metern verlor ich die Fährte. Ohne Hund war eine Nachsuche sinnlos. Ich holte daher meine unfehlbare und unschätzbare Jagdgefährtin, die Foxterrierhündin Diana, die mir als Apporteur, Schweiß- und Stöberhund diente. Diana war universal. Ich hatte vor ihr schon einige Hunde gehabt – das Prädikat „universal" verdiente aber nur sie.

Zur Nachsuche erschienen mein Jagdkamerad Wiśniewski und sein Sohn Januszek. Wir setzten Diana auf der Wundfährte im Mais an und schnallten sie. Nach einigen Minuten gab sie Standlaut. Ich eilte Diana zu Hilfe. Meinen Gefährten verbot ich, mir zu folgen, da es gefährlich werden konnte.

Trotz der Eile versuchte ich, mich möglichst geräuschlos zu bewegen, was aber nicht gelang. Diana gab immer durchdringender und giftiger Laut. Statt ruhiger zu werden, wurde sie immer lauter. Vielleicht glaubte sie, daß Geräusche, die ich verursachte, von Schwarzwild stammten. Ich schob mich noch einige Schritte vor und kniete hin, um unten zwischen den Maisstengeln bessere Sicht zu haben.

Etwa eineinhalb Meter vor mir stand Diana einem Stück Schwarzwild gegenüber, das im Kessel vorn aufgerichtet saß. Darauf achtend, daß der Schuß Diana nicht gefährdete, schoß ich kurz hinter den Teller.

Meine Helfer eilten zu mir. Wir zogen den Schwarzkittel aus seinem Kessel und suchten Ein- und Ausschuß. Wir fanden nichts. Das war doch nicht möglich! Nicht zu glauben!

Schweiß fanden wir nirgends, nicht einmal im Kessel, wo doch das Stück gelegen hatte. Es konnte auch kein Schweiß liegen, denn Diana war auf ein gesundes Stück gestoßen und hatte es gestellt.

Wir brachen das Stück auf. Es war ein Feinschmecker gewesen, hatte im Weidsack Delikatessen: Mais, Gurken und Tomaten. Letztere stammten wohl von den Nachbarfeldern.

Nun gut, aber was war mit dem von mir angebleiten Keiler?

Wir gingen im Mais weiter und versuchten, Diana am Riemen zu halten, was kaum gelang. Der Scharfsinnigste bei der Schweißsuche war Januszek. Wir mußten ihn zurückhalten, weil wir befürchteten, daß er unverhofft auf das krankgeschossene Stück stoßen könnte.

Die Wundfährte führte durch das ganze Maisfeld, über ein Stoppelfeld, einen Acker bis in den Wald. Unterwegs fanden wir einige Wundbetten. Wahrscheinlich hatten die Kräfte des Keilers nachgelassen. Er konnte nicht mehr weit sein. Im Wald führte die Fährte in eine kleine Fichtendickung. Wir beschlossen, die Dickung zu umschlagen und abzufährten. Jetzt wußten wir, daß das krankgeschossene Stück diese Dickung nicht verlassen hatte.

Ich stellte mich mit dem Drilling in ein Stangenholz an die Fichtendickung. Januszek sollte Diana auf der Wundfährte ansetzen und selbst in Begleitung des Vaters der Fährte folgen.

„Da ist er! Er liegt auf einem Reisighaufen", hörte ich die aufgeregte Stimme des Jungen, die vom freudigen Laut Dianas unterbrochen wurde. Ich blieb auf meinem Stand und hielt die Waffe schußbereit.

„Achtung, er kommt auf sie zu!" lautete die nächste, schon etwas ruhigere Information.

Im selben Augenblick sah ich etwa zehn Meter vor mir den Kopf des Keilers. Als er mich bemerkte, blieb er stehen, stellte seine Federn wie ein Barsch die Rückenflosse auf und atmete schnarchend. Es war ein bedrohlicher Anblick. Ich richtete die Waffe auf den Kopf und – fiel unversehens hin. Da stürzte sich der Keiler so überraschend auf mich, daß ich ihm nicht mehr ausweichen konnte. Ich fühlte einen schmerzhaften Stoß und einen brennenden Schmerz am rechten Bein. Gut, daß der Keiler seitlich an mir vorbeieilt war und nicht über mich...

Er gab aber nicht auf, sondern kehrte um. Rasend vor Wut, mit gesenktem Kopf griff er wieder wie ein Blitz an. Ich hatte keine Zeit mehr, um aufzustehen. Liegend entsicherte ich und schoß. Der Keiler brach neben mir zusammen und – stand zusammen mit mir auf. Aber er griff nicht mehr an, sondern machte sich auf den Rückzug. Zwei Brenneke schickte ich hinterher. Er schleppte sich noch einige Schritte weiter und blieb dann liegen. Mit Bewunderung schaute ich auf dieses tapfere Tier, das jetzt verendet zu meinen Füßen lag.

Die nicht allzu großen Keilerwaffen habe ich auf einem besonders schönen Brett befestigt. Sie hängen an einem Ehrenplatz in meinem Zimmer. Er hat es verdient, da er mutig bis zum letzten Atemzug kämpfte.

Unwichtig ist, daß er mir für längere Zeit ein schmerzhaftes Andenken hinterließ – einen Bluterguß von der Mitte der Wade bis zur Mitte des Oberschenkels.

Der Unermüdliche

Ein kalter und regnerischer August des Jahres 1972 verzögerte die Ernte in Bieszczady, das reife Getreide konnte nicht eingebracht werden. Das Schwarzwild suchte das Getreide ungern auf, da die Bauern selbstkonstruierte Abschreckungsinstrumente, wie Windfahnen, Blechstreifen oder auch in Trauben zusammengebundene Flaschen, in den überreifen Schlägen aufstellten. Dort, wo keine Abwehrmaßnahmen von den Bauern ergriffen wurden, vernichteten die Schwarzkittel die Ernte zum Teil und zertraten die Felder. So kam es auch, daß man uns Jäger freudig begrüßte, hoffend, daß wir die „Tätigkeit" der Rotten etwas eindämmen würden. Zwei an den Feldern durchwachte Nächte brachten kein Ergebnis, ich hatte kein einziges Stück Schwarzwild gesehen. Nach dem letzten erfolglosen Ansitz schlug Chrobak einen Standortwechsel in die Obstgärten vor.

„Ich habe dort einen Hochsitz errichtet, und zwar in einem Birnbaum, den die Sauen gelegentlich wegen seines Fallobstes aufsuchen", meinte Chrobak verlockend. „Sie haben den Boden um den Baum so aufgebrochen, daß kein Gras mehr zu sehen ist. Zwei Sauen kommen dort, einen kleine und eine große", fügte er noch hinzu.

An die große glaubte ich nicht ganz, also interessierte ich mich für die kleine.

„Wieviel kann sie wiegen?" fragte ich.

„Sie könnte so an die 100 Kilogramm haben."

„Wieviel könnte dann die große wiegen?"

„Vielleicht 150 Kilogramm", antwortete er schnell.

100 und 150 – solche Gelegenheit verpassen?

„Gehen wir", entschied ich. Ich hatte nur Vorbehalte, was die Entfernung anbelangte, denn ich wußte aus Erfahrung, daß man Chrobaks Entfernungsschätzungen keinen Glauben schenken konnte. Daher fragte ich nicht nach Kilometern, sondern nach der Zeit – wie lange man dorthin zu Fuß brauche.

„Mein Herr, das hängt davon ab. Ich zum Beispiel brauche eine Stunde, wieviel sie brauchen, das weiß ich nicht", antwortete er diplomatisch.

„Dann sagen sie, wieviel Kilometer es bis zu diesem Birnbaum sind."

„Ungefähr ein Kilometer."

Ich hatte so genau nach der Entfernung bis zum Birnbaum gefragt, weil es bis dorthin keine Fahrmöglichkeit gab. Man mußte zu Fuß gehen, und da die Wege nach dem Dauerregen aufgeweicht waren und der Lehm an den Stiefeln klebte, bedeuteten schon 100 Meter eine außergewöhnliche Anstrengung. Dieser „Kilometer" Chrobaks schien mir verdächtig, vielleicht sagte er aber gerade heute die Wahrheit?

Wir hatten den ganzen Tag vor uns, inzwischen bereitete sich Chrobak nach dem Frühstück auf diesen Ausmarsch vor. In den Rucksack legte er einen Pullover, Brot und eine Flasche Brombeersaft. Frau Chrobak kochte Eier und goß Tee in eine Thermosflasche.

Ich ahnte etwas, also fragte ich: „Ist es nicht zu früh, Herr Chrobak, wir sollten doch erst abends ausrücken?"

„Nein, wenn wir ankommen, wird es gerade zum Ansitzen recht sein. Das Schwarzwild kommt früh, noch bei Sonnenschein."

Noch nie war ich um 10 Uhr früh zum Abendansitz gegangen. Jetzt wußte ich sicher, daß es bis zum Birnbaum nicht ein Kilometer, sondern viele sein würden. Ich konnte aber meine Entscheidung nicht mehr zurückziehen; also los!

Der Marsch begann. Um 12 Uhr „ordnete" Chrobak eine Rast an. Es waren schon zwei Stunden vergangen, und wir hatten kaum zwei, drei Kilometer zurückgelegt. Ich fragte gar nicht, wieviel Kilometer es noch wären, und klagte auch nicht über meine Müdigkeit. Wir gingen schweigend, nur Chrobak unterbrach die Stille ab und zu mit der Frage, ob ich nicht ein Eichen oder Käschen essen wolle...

„Nein, Herr Chrobak, ich möchte nur etwas Tee, wir wollen weiter", antwortete ich jedesmal.

Er nahm meine Antworten zufrieden entgegen und lobte, daß ich mich so tapfer hielte.

Der Weg wurde immer beschwerlicher. Mit großer Mühe zog ich die Stiefel aus dem aufgeweichten Lehm. Der Schweiß floß mir von der Stirn, und ich schleppte mich mit letzter Kraft vorwärts. Um 14 Uhr hielt ich an. Chrobak – stets etwa zwanzig Meter voraus – merkte dies und blieb ebenfalls stehen.

„Herr Chrobak, ich habe eine Frage", sagte ich entschlossen.

„Ich höre."

„Wieviel Kilometer sind es noch?"

„Ungefähr ein Kilometer."

„Das heißt also, daß wir noch nichts zurückgelegt haben?" sagte ich, vermutlich etwas zu laut.

„Wenn ich ihnen gleich anfangs gesagt hätte, daß es sechs Kilometer sind, wären sie da mitgegangen? Jetzt werden sie doch kaum umkehren wollen", entschied er und ging weiter.

Richtig, jetzt würde ich nicht mehr umkehren. Was für ein Schlitzohr!

Ich war böse und müde, watete im Schlamm weiter, nach diesem fast sagenhaften Birnbaum ausschauend. Aber es verging wieder eine Marschstunde, und der Birnbaum war noch immer nicht zu sehen.

Ich blieb stehen und fragte Chrobak in schon fast drohendem Ton: „Herr Chrobak, sagen sie die Wahrheit – wie weit ist es noch?"

„Vielleicht noch dreißig Schritt", antwortete er unbeeindruckt.

Mir war es beinahe peinlich. Diese dreißig Schritt würde ich noch irgendwie schaffen.

Ich Unglückseliger hatte vergessen, daß man Chrobaks Entfernungsschätzungen nicht glauben konnte. Als Chrobak nach fünfzehn Minuten nicht langsamer wurde, begann ich mit Entschlossenheit, die Schritte laut zu zählen. Tausend!

Jetzt stellte ich keine Fragen mehr, Chrobak schwieg auch. Plötzlich hielt er an und zeigte mit der Hand: der Baum! Endlich! Jetzt waren es bis zu ihm tatsächlich nicht mehr als dreißig Schritt.

Im Obstgarten war die Vegetation völlig zerstört. Ausgetretene Wechsel und der aufgebrochene Boden zeugten davon, daß hier Schwarzkittel oft im Gebräch standen. Aufatmend setzte ich mich auf ein Brett, das zwischen zwei Ästen eines Apfelbaumes befestigt war, Chrobak nahm über mir auf einem dicken Ast Platz. Er meinte, er sitze dort „ganz erstklassig".

Der Birnbaum, der Baum der Hoffnung, stand seitlich, etwa zwanzig Meter von uns entfernt.

Um uns herrschte tiefe Stille, die nur ab und zu von Eichelhähern in der Nähe eines Baches unterbrochen wurde. Sie lärmten; hatten sie etwas gesehen? Es war 15.30 Uhr. Die Abenddämmerung kommt im Gebirge um 18 Uhr. Vor uns lagen also drei Stunden Wartezeit. Das war viel. Ich schaute nach oben zu Chrobak. Er hatte die Augen geschlossen und machte ein Nickerchen. Er war genauso müde wie ich. Da lehnte ich meinen Kopf an den Stamm und tat dasselbe. Plötzlich riß mich ein heftiger Stoß aus meinem Schlummer. Chrobak hatte sich zu mir herabgebeugt und zeigte mit dem Finger nach unten, auf den Bach, dessen Ufer mit Erlen, Brombeeren und Brennesseln bewachsen waren. Dann tippte er an mein Ohr. Diese Gesten bedeuteten, daß sich am Bach etwas tat und daß er etwas hörte. Ich spitzte die Ohren – nichts, Stille. Nach kurzer Zeit wiederholte Chrobak seine Bewegungen deutlicher, mir zur Kenntnis gebend, daß er sich nicht verhört hatte.

Fragend blickte ich auf meinen Jagdbegleiter – Sauen? Mit zufriedener Miene nickte er. Mein Herz begann kräftiger zu schlagen, wie immer, wenn man auf Wild stößt. Ich beruhigte mich selbst, indem ich mir sagte, daß es nichts zum Aufregen gebe, weil ich weder etwas sah noch hörte. Aber gerade jetzt hob Chrobak die Finger in die Höhe. Nach dem uns beiden bekannten Zeichensystem bedeutete dies: „Beweg dich nicht, Bruder, sitz ruhig!"

Schließlich hörte auch ich ein Brechen von Zweigen und darauf folgend immer lauter werdendes Krachen. Das Wild ist in Bieszczady weniger vorsichtig und kommt ziemlich laut, und hier am Bach war der Boden mit trockenen Erlenzweigen bedeckt. Ein Schwarzkittel konnte sich, auch wenn er es wollte, nicht leise bewegen.

Die Brennesseln wogten, und langsam tauchte aus ihnen ein heller Schwarzwildrücken auf. Jetzt sahen wir das Stück wie auf einem Präsentierteller. Es zog ahnungslos zu seinem Festessen – den Birnen.

Ich beobachtete es aufgeregt, jetzt hatte ich keine Zweifel mehr, es war ein Keiler. Ich erkannte ihn an den Gewehren und dem verdickten Oberwurf. Vorsichtig langte ich nach dem Repetierer, aber Chrobak stieß mich erneut an. Ich schaute nach oben. Er wackelte mit dem Kopf: „Nicht schießen, das ist der kleine", flüsterte er. „Er scherzt wohl", dachte ich, nahm aber die Hand von der Waffe. Den Keiler behielt ich weiter im Auge. Er fraß fast das ganze Fallobst, und als er sich quer stellte, langte ich wieder nach der Waffe. Ein zweites Mal hielt mich Chrobak zurück. Der Keiler ging inzwischen langsam zum nächsten Baum und war verschwunden. Böse, diese Gelegenheit nicht genutzt zu haben, schaute ich vorwurfsvoll auf Chrobak. Er machte eine unschuldige Miene und breitete seine Arme aus. Schweigend beobachteten wir weiter. Mit Bitterkeit dachte ich daran, daß ich hätte schießen müssen. Dann hätten wir, solange es hell war, nach Hause gehen können und nicht unnötig die Abenddämmerung abwarten müssen.

Aber Chrobak wußte etwas!

Meine Überlegungen unterbrach sein erneutes Anstoßen. Chrobak zeigte wieder in die Richtung zum Bach, wo vorhin der Keiler herausgekommen war.

Ich hörte nichts, schaute aber gebannt ins Gestrüpp, weil ich wußte, daß sich dort etwas tat. Wieder das Wogen der Brennesseln, wieder der Rücken, aber höher und breiter! Mir wurde mal kalt, mal heiß.

„Diesmal lass' ich die Gelegenheit nicht vorbei! Chrobak kann sagen, was er will, und gestikulieren, wie er will. Diesen Keiler muß ich haben", sagte ich mir in Gedanken und griff nach der Waffe. Trotzdem blickte ich zu Chrobak hoch. Der lächelte, als wenn er meine Gedanken erraten hätte, und nickte mir ermunternd zu.

Ich schoß aber nicht, obwohl ich den Finger am Abzug hielt. Ich betrachtete den Keiler wie verzaubert.

Er, der Riese, stand ruhig vor dem Hintergrund goldgrauer Sträucher. Schließlich bewegte er sich, und ich wachte auf und schüttelte den Kopf, als ob ich einen Gedanken loswerden wollte. Dann betätigte ich den Abzug – der Keiler blieb im Feuer. Trotzdem lud ich schnell durch und behielt ihn im Fadenkreuz, denn ich sah, daß er sich noch bewegte.

„Schießen?" fragte ich Chrobak.

„Schießen sie nicht!" entgegnete er ärgerlich.

Ich spürte, daß er durch mein unerklärliches Zögern vor dem Schuß nervös geworden war.

Schnell baumten wir ab. Als erster war Chrobak am Keiler. Jetzt kam sein Auftritt. Mit einem Bruch, den er sich wohl schon vorher besorgt hatte, wedelte er mir vor der Nase herum und – triumphierte!

„Hatte ich nicht recht, ihnen vom Schuß auf den kleinen Keiler abzuraten? Wenn sie den erlegt hätten, wäre dieser nicht gekommen."

Wir betrachteten die unbeschädigten Gewehre und die dicken, fast bis zum Gebrech reichenden Haderer. Eine Goldmedaille war mir sicher!

Später erwies es sich, daß sie doch nicht sicher war. Auf der Trophäenschau wurden die Keilerwaffen aber immerhin mit 131 Punkten bewertet.

Als wir das Aufbrechen beendet hatten, brach fast schon die Dunkelheit herein. Nach Hause konnten wir nicht mehr. Darum übernachteten wir in einer Wolfskanzel. Ich war glücklich. Die Übernachtung in der Kanzel verlängerte noch etwas die schwer zu beschreibende Feiertagsstimmung, die man nach einem gelungenen Schuß empfindet. Jetzt war es möglich, in aller Ruhe noch einmal alles in Gedanken zu durchleben. Wie von Klammern wurden die Erlebnisse dieses Tages eingeschlossen. Lange konnten wir nicht einschlafen. Chrobak machte sich dauernd mit etwas zu schaffen, brummte, daß es regnen könne und man etwas tun müsse, weil der gestreckte Keiler nicht abgedeckt war.

Ich versuchte zwar, ihm dies auszureden, aber er meinte, daß er gehen müsse, und er ging. Chrobak ist und bleibt eben stur und unermüdlich.

Zwei Achter

Für die Warschauer Jäger war es kein Geheimnis, warum Oberst Leon R., ein bekannter Waidmann, sich um seine vorzeitige Pensionierung bemüht hatte. Leon liebte Fasanen, war ein passionierter Züchter und wollte nur noch ihnen seine Zeit widmen. Über Fasanen, ihre Lebensweise und die Schwierigkeiten bei ihrer Aufzucht konnte er stundenlang reden. Mit seinem Wissen über die Fasanenaufzucht imponierte er nicht nur mir, sondern auch Kennern dieser Materie. Fasanenjäger begrüßte er nicht allzu wohlwollend. „Die wollen nur schießen, ich werde es ihnen aber verbieten", pflegte er in dem Ton eines Menschen zu sagen, der die Macht dazu hat. Mir brachte Leon Sympathie entgegen. Manchmal konnte ich ihm bezüglich der Fasanenaufzucht einen Rat geben, bewunderte seine Fasanen, hörte aufmerksam seinen Ausführungen zu und zeigte Verständnis für seine Passion. Vielleicht lud er mich deswegen öfter als andere Jäger zu Jagd ein. Freilich nicht auf Fasanen, sondern auf Rehböcke... Die riesigen Felder, große offene Landstriche, erschwerten dort aber das Pirschen, Ansitze brachten auch keine Resultate.

Wir wußten jedoch, daß in der Nähe von Ciućkowo, wo Leon seine Fasanenzucht betrieb, ein Bock mit einem kapitalen Gehörn stand. Keiner von uns hatte ihn aber jemals gesehen oder gar auf ihn gejagt. Leon hütete ihn eifersüchtig vor den Augen der Jäger und verriet nicht die Stelle, wo er zu äsen pflegte.

„Diesen Bock werde ich niemanden schießen lassen, auch ich werde es nicht tun", wiederholte er immer wieder. „Möge er am Leben bleiben!"

Der Bock interessierte mich. Bei jedem Aufenthalt in Ciućkowo bat ich Leon, ihn mir zu zeigen. Aber der blieb unnachgiebig.

Eines Tages – niemand wußte, warum – erlag er endlich meiner Bitte, aber ich mußte ihm mein feierliches Ehrenwort geben, den Bock nicht zu strecken. Der an unserer Unterhaltung teilnehmende Waldhüter erstarrte zur Salzsäule.

„Sie haben ein Glück", sagte er zu mir, als er mich in die Nähe der Äsungsfläche führte, „der Oberst hat es mir verboten, irgend jemandem von diesem Bock zu erzählen. Er würde mich streng bestrafen, wenn ich seine Anweisungen nicht befolgte, sie aber läßt er ihn sogar anschauen. Schießen sie ihn ja nicht, es ist ein kapitaler Bock, hat ein Gehörn so hoch wie ein Hirsch."

„Haben sie schon einen Hirsch gesehen?" fragte ich, weil ich wußte, daß es in den Wäldern von Płońsk keine Hirsche gab.

„Nein", antwortete er, „aber ich weiß, daß Hirsche große 'Hörner' haben. Dieser berühmte Rehbock äst in einem Rübenacker. Ich mußte eine Kanzel erbauen, weil der Oberst es so angeordnet hat, denn er beobachtet seinen Bock auch gelegentlich."

Die Kanzel stand in der Nähe eines Waldes zwischen einem Weizenstück und einem Rübenfeld. Der Waldhüter kehrte ins Forsthaus zurück, und ich baumte auf. Zuerst traten drei Ricken aus dem Walde aus. Danach war der Bock an der Reihe. Er kam aber lange nicht. Ich wurde ungeduldig. Endlich war er da!

Ohne auf die Ricken zu achten, zog er weiter in die Rüben und verhoffte direkt neben der Kanzel. Obwohl ich nicht die Absicht hatte zu schießen, zitterten mir die Hände.

In meinem Leben habe ich viele Rehböcke gesehen, ich sah viele Gehörne aus Nienadów, besuchte Trophäenschauen und besichtigte die besten Stücke. Dieses Gehörn zählte bestimmt zu den ersten drei – vielleicht übertreibe ich –, zumindest zu den besten fünf des Landes…

Ein Achter. Die linke Stange hatte vier lange, weiß endende Verekkungen, wobei an der Innenseite noch eine weitere, kleine vorhanden war, die fast die rechte Stange berührte. Die Stangen waren stark, dunkel, mit reicher Perlung. Hohe Rosen bildeten einen angemessenen Sockel für dieses herrliche Denkmal.

Der Bock war ein Feinschmecker. Er äste weder die Rübenblätter noch ihre Stengel, sondern nur den Teil des Stengels direkt an der Rübe, als wüßte er genau, daß dieser den meisten Zucker enthält.

Ein Radfahrer, der den Feldweg entlangkam, verscheuchte leider die Rehe. Zuerst flüchteten die Ricken, nach ihnen der Bock. Er verließ das Rübenfeld gelassen, als ob er wußte, daß ihm keine Gefahr drohte.

Zurechtmachen der Trophäen – jagdliche Mußestunden am Vormittag.

Die zweite große Leidenschaft des Autors: das Angeln. Hier zusammen mit seiner Frau, seinem Vater (rechts) und Förster Jan Kulpa (links).

Wolfsspuren – ein Anblick, der das Herz eines Jägers sofort etwas schneller schlagen läßt.

In der Abenddämmerung kehrte ich ins Forsthaus zurück. Leon erwartete mich an der Haustür und fragte ungeduldig: „Nun, war er da?"

„Er war da", antwortete ich. „Meiner Meinung nach solltest du den Bock selbst schießen oder es irgendeinem General erlauben." „Einem General?" staunte er. „Wozu brauche ich den? Ich bin schon im Ruhestand... Ich werde noch ein Jahr warten und ihn selber schießen. Mir steht auch etwas zu."

Damals ahnte ich bereits, daß Leon diesen Bock nicht strecken würde. Leider erfüllten sich meine Vorahnungen. Im Jahre 1969 kam der Winter des Jahrhunderts, und der Bock ist wohl – wie viele andere Tiere auch – der Kälte und dem Hunger erlegen.

Im Jahre 1965 war der September in Masuren heiter, und die Hirschbrunft in der Heide von Pisz war gut. In diesen Jahren konnte man die Brunftschreie mitten am Tage hören und kehrte selten mit leeren Händen von der Jagd zurück. Unsere achtköpfige Jägergruppe beherbergten während der Hirschbrunft der Förster Kaczmarek, von uns "Oleś" genannt, und Frau Genia, seine Gattin.

Das Revier, das wir bejagen wollten, wurde in acht Teile aufgeteilt. Der Hegeringleiter Zygmunt G. erhielt natürlich den besten Revierteil – das meinten jedenfalls meine Jagdgefährten. Ich war anderer Meinung, da mir auch kein schlechter Teil zugewiesen wurde, und nicht nur einer... Ich bat Zygmunt um ein zusätzliches Stück, von dem ab und zu ein gewaltiger Hirschruf zu hören war. Weder Zygmunt noch andere Jäger hatten ihn bisher strecken können. Der Hirsch war vorsichtig und verließ nicht das Gelände eines vor Jahren ausgetrockneten, mit Schilf und Birken bewachsenen Sees. In der Nähe befand sich eine hohe Böschung, von der aus man gute Sicht hatte. Der Hirsch hielt sich aber von dieser Stelle fern.

Am frühen Morgen nahm ich meinen Stand auf der Böschung ein. Ich besaß etwas, was wohl weder Zygmunt noch meine Kollegen hatten: eine Tritonmuschel, die mir zur Nachahmung des Hirschrufes diente. Mit ihrer Hilfe war es mir schon einige Male gelungen, einen Hirsch heranzurufen. Vielleicht hatte ich auch diesmal Glück?

Als es hell wurde, begann ich zu rufen. Der Hirsch knörte kurz. Ich antwortete nicht. Bald darauf meldete er lauter. Jetzt antwortete ich. Er erwiderte. Nach kurzer Pause rief ich erneut. Zunächst schwieg er, schrie dann aber dreimal hintereinander, als ob ihn meine Rufpausen nervös gemacht hätten. Ich knörte kurz und schlug mit einer Abwurfstange, die ich mitgebracht hatte, an den Ast einer Birke. Der Hirsch bewegte sich in meine Richtung. Immer deutlicher hörte ich sein Knören. Noch ein Augenblick, und ich sah über dem Schilf sein großes, breites Geweih. Der Hirsch blieb stehen und vernahm. Jetzt meldete ich mich zaghaft. Er setzte sich wiederum in Bewegung. Ich strich den Repetierer am Baum an und wartete auf ihn mit klopfendem Herzen. Dann erwartete ich, zuerst sein Haupt und seinen Träger zu sehen. Inzwischen schob er sich ganz aus dem Bewuchs heraus. Als er mich sah, blieb er versteinert stehen. Ich schoß. Der Hirsch fiel zu Boden. Uns trennten nicht mehr als zehn Meter. Schnell war ich bei ihm. Ich wollte noch einmal schießen, merkte aber, daß es nicht nötig war, da seine Bewegungen immer langsamer wurden. Es handelte sich um einen abschußnotwendigen Achter, einen vorsichtigen und wachsamen Hirsch. Diesmal aber war ihm seine Neugierde zum Verhängnis geworden.

Ein Hirsch und zwei Tiere

Es war eine Schicksalsfügung, daß ich die vergangene Brunftzeit im Gebirge verbringen durfte, genauer gesagt, in Bieszczady. Das Gelände ist mir bekannt, es ist interessant, und die wohlwollenden Menschen belohnen die Mühen, welche die Jagd im Gebirge mit sich bringt. Ein Jagderlebnis in Bieszczady ist nicht immer nur eine Wildbegegnung. Dort ist alles ein Erlebnis. Einige Tage in diesen spartanischen Verhältnissen, wo sich der Mensch im Wasser des Gebirgsbaches wäscht, Tee trinkt, der am Lagerfeuer gebrüht wurde, zeigen uns, wie weit wir uns schon von der Natur entfernt haben und wie sehr wir den Wunsch hegen, zu ihr, wenn auch nur kurz, zurückzukehren.

Das Wetter war gut, das heißt, es regnete nicht. Vom Standpunkt eines Jägers gesehen, war es jedoch etwas zu warm. Die Hirsche röhrten schwach, obwohl sich der 20. September näherte. Nur nachts, wenn es etwas kühler wurde, meldeten sie sich in den Tälern, ihre Anwesenheit bestätigend. Am Lagerfeuer sitzend, hörten wir diese Stimmen, wenn wir auf den nächsten Tee warteten, einen Tee, der niemals und nirgends so gut schmeckt wie dort. Das Pirschen hinter dem Hirsch über Gebirgsbäche wirkt besser als Aspirin und ist gewiß kein schlechteres Mittel gegen Erkältung.

So am Lagerfeuer sitzend, hört man oft neben den Stimmen der Hirsche das traurige, wehmütige, jedoch gleichzeitig gellende und durchdringende Heulen des Wolfes, dem andere Stimmen antworten – einzeln oder in ganzen Rudeln.

Die Wölfe überfallen nur noch sporadisch Menschen, aber ihre Anwesenheit im Revier erregt das Gemüt, vermittelt die Möglichkeit zu einem neuartigen und völlig anderen Jagderlebnis. Das Urige und Furchterregende ergänzen die Wisente, die dort günstige Lebensbedingungen gefunden haben und dem Jäger nicht aus dem Wege gehen. Die weitere Entwicklung solch einer Situation nicht abwartend, pflegt der Jäger dem Wisent im großen Bogen auszuweichen.

Die abendlichen Begegnungen am Lagerfeuer sind nicht nur eine Gelegenheit, Tee zu trinken – sie schaffen eine Möglichkeit, die Erlebnisse von der Abendpirsch auszutauschen und neue Pläne für den folgenden Morgen zu besprechen.

Mein Jagdkamerad, ein erfahrener und ruhiger Jäger, kehrte von der Morgenpirsch frustriert zurück. Er hatte drei Gebirgsbäche überquert, die ihn vom Hirsch trennten, dazu noch mindestens vier Kilometer in unwegsamem Gelände zurückgelegt und war schließlich zu Schuß gekommen. Aber die Berge schützen das Wild. Ein armdicker Erlenzweig, den man im dichten Urwald von Bieszczady leicht übersieht, hatte dem Geschoß den Weg zum Hirsch versperrt. Aber das machte nichts, denn nun lag das Abenteuer noch vor uns – nur müßte man wissen, hinter dem wievielten Gebirgsbach.

„Das macht nichts", munterte uns Chrobak auf, indem er reihum Tee einschenkte, „morgen früh werden wir zu Schuß kommen, spätestens übermorgen oder in drei Tagen. Wenn nur das Wetter sich nicht verschlechtert."

Darin steckte ein großes Stück Wahrheit, denn wenn wir zu Schuß kommen, dann okay, wenn aber nicht, dann ist das Wetter, der Wind, der Nebel, die Wärme oder der Regen schuld.

Der vom Wetter abhängige, erfahrene Forstmann kann alles versprechen, findet aber im Falle eines negativen Ergebnisses immer irgendeine Erklärung. Im schlimmsten Falle wird er es so formulieren, wie am nächsten Morgen Chrobak es tat. Als man es nicht auf das Wetter schieben konnte, meinte er, er habe schon von früh an gefühlt, daß wir heute nichts erlegen würden.

Ich war als erster von der Pirsch zurückgekehrt und begann nun, das Jagdfrühstück vorzubereiten. Ich hatte auf das Heranpirschen an einen Hirsch verzichtet, weil ich dazu mindestens zwei Gebirgsbäche hätte überqueren müssen. Mir war nämlich klar, daß, wenn ich diese beiden Bäche überquert hätte, genauso viele beim Rückweg zu überwinden gewesen wären. Und da mir beim Bergwandern nicht nur mein Gewicht, sondern auch mein Übergewicht hinderlich ist, hatte ich resigniert und erwartete nun mit Spannung die Rückkehr meiner Jagdkameraden; das heißt weniger mit Spannung, eher mit Neugierde, da am Morgen ein Schuß, weit entfernt, gewiß im Nachbarrevier, gefallen war. Im Gebirge ist es schwer, die Entfernung zu schätzen. Manchmal klingt ein Schuß im Tal dumpf und verstummt sehr schnell, manchmal fängt sich das Echo an den Hängen und kann nicht verstummen. Um die Mittagszeit klärte sich der Fall auf. Es besuchte uns der im Nachbarrevier jagende Władysław K., der, noch unter dem Eindruck des morgendlichen Erlebnisses stehend, mit jagdlichem Eifer berichtete und noch einmal alles durchlebte:

Der Weg zu der Stelle, wo die Jäger und der Forstmann einem kapitalen Hirsch zu begegnen hofften, führte über den San. Das Jahr, besser gesagt der September, war trocken gewesen. Das Wasser war seicht, und man konnte den San an den Förstern bekannten Stellen in Gummistiefeln überqueren, indem man von Stein zu Stein sprang. Wie es die jagdliche Gewohnheit gebietet, schaut man nach rechts, schaut man nach links. Der Blick des Forstmannes blieb plötzlich auf einem Hirsch haften, der in einer Entfernung von 300 Metern in der Mitte des San stand.

„Ein Hirsch und zwei Tiere", sagte er zu Władysław, der sofort eilig, über ein viel besseres Fernglas verfügend, das Wild beobachtete. Er jedoch korrigierte schnell die Feststellung des Forstmannes und sagte: „Ein Hirsch und zwei Wölfe." Der Forstmann bat um das Glas, den Worten Władysławs nicht trauend. Aber so schnell, wie er das Glas ergriff, so schnell gab er es zurück. Nur mit einem Kopfnicken zog er sich an das Ufer des San zurück, hinter ihm her die Jäger. Und so pirschten sie schweigend am Waldrand und am Ufer des San entlang, um die Entfernung zu diesem ungewöhnlichen Anblick zu verkürzen. Die Wölfe waren mit irgend etwas beschäftigt, sie kümmerten sich nicht um den Hirsch, der einige Meter abseits stand, als ob er der unmittelbaren Nachbarschaft der Räuber keine Aufmerksamkeit schenken würde. Als die Entfernung sich auf 200 Meter verkürzt hatte, beschloß Władysław zu schießen. Er war nervlich diesem außergewöhnlichen Anblick nicht gewachsen und befürchtete, daß etwas geschehen könnte, was die Ausnutzung der Chance nicht mehr zuließe. Da bewegte sich der Hirsch und schob sich vor einen der Wölfe.

Das Warten steigerte die Unruhe. Einige Schritte – wieder zeigten sich die Wölfe, die mit etwas beschäftigt waren und weder den

Hirsch beachteten, noch die Jäger sahen. Als der größere Wolf das Blatt zeigte, fiel der Schuß. Der Wolf zeichnete, richtete sich auf, sackte immer wieder zusammen, stand dreimal auf und verschwand schließlich im Walde. Der Schuß hatte gesessen. Hieran gab es keinen Zweifel.

Im San stand immer noch der Hirsch und wollte sich nicht trollen; und dies trotz des Schusses und des Anblicks von Menschen, die sich dem Anschuß näherten. Die Jäger betrachteten den Hirsch mit Ferngläsern. Sie dachten nicht einmal daran, ihn zu erlegen. „Vielleicht ist er gerade der erste Hirsch, der den Kampf mit den Wölfen um die Erhaltung seiner Art aufnehmen wird... Vielleicht ist er der erste mutige..."

Als sie so ihren Gedanken nachhingen, fiel ihr Blick auf etwas, das im San bewegungslos lag.

„Das ist ein Tier", rief der Forstmann. – „Ja, ein Tier", bestätigte Władysław, und sie näherten sich mit immer schnelleren Schritten der Stelle, wo sich vor einer Weile eine der vielen Tragödien des Hirschgeschlechtes abgespielt hatte.

Als sie schon ganz nahe waren, bewegte sich der Geweihte langsam, jedoch ohne Panik. Am Waldrand verharrte er noch einmal, wandte das Haupt zu den Jägern zurück. Es schien, als ob er sich bedanken wollte.

An Ort und Stelle stellten sie fest, daß das Tier vom Wolf gerissen war. Es war ganz frisch, die Bauchhöhle war aufgerissen, die Keulen zerfetzt. In den lebhaften feuchten Augen spiegelte sich noch die Angst, welche die Wölfe unter den Hirschen hervorrufen.

„Nun, wir können nicht mehr helfen, suchen wir also den Wolf nach!" Reichlicher Schweiß auf Steinen kennzeichnete den Fluchtweg. Im Walde war die Nachsuche mühseliger, nach 200 bis 300 Metern wurde der Schweiß immer seltener. Man heuerte Hilfe an. Zuletzt gingen dem angebleiten Wolf drei Forstmänner nach – Pepera, Kazimierczyk und Chmurski, die Creme der Jäger von Bieszczady. Hier endete der Bericht Władysławs.

Lange diskutierten wir über dieses nicht alltägliche Ereignis, besonders über die ungewöhnliche, seltene Reaktion des Hirsches.

Wir folgerten, daß es nur zwei Erklärungen für das Verhalten des Hirsches gäbe: Das gerissene Stück war das einzige Tier gewesen, welches er mit großer Mühe gefunden hatte und während der Brunftzeit nicht verlassen wollte. Er wollte das Tier den Wölfen nicht zum Fraß überlassen, mußte es jedoch tun. Oder es war ein Reflex eines gleichaltrigen Tieres, das nicht helfen kann, jedoch bei der sterbenden Kreatur bleibt. So versammeln sich Krähen bei einem toten Vogel, obwohl sie ihm nicht mehr helfen können, und wollen ihn trotzdem nicht verlassen. Die erste Erklärung kommt jedoch vermutlich der Wahrheit näher.

Am nächsten Tag erfuhren wir, daß man den Wolf gefunden hatte. Er lag eineinhalb Kilometer vom Anschuß entfernt. Der Schuß saß zwischen Stich und Blatt. Das Geschoß hatte die Brustmuskulatur, die Luft- und Speiseröhre verletzt.

Wir konnten nicht behaupten, daß der Gerechtigkeit Genüge getan wurde. Allzuviele Wölfe sind geblieben, immer wieder eine Gefahr für den Karpatenhirsch bildend, der nicht nur bei uns etwas Besonderes ist.

Rivalen

Wieder war eine Hirschbrunft vorbei. Im Gedächtnis blieben jagdliche Erlebnisse, Erfolge und Mißerfolge.

Hirschbrunft – gewiß das größte Erlebnis eines Jagdjahres! Kein Wunder, daß am Ende des Sommers im Hirschrevier heiße Diskussionen zu diesem Thema entstehen. Ich kenne Jäger, die gleich nach der Brunftzeit die Monate zu zählen beginnen, die sie von der nächsten trennen... Vielleicht ist es gut, daß die Brunft nur einmal jährlich stattfindet, nicht auszudenken, wenn sie sich quartalsmäßig wiederholen würde. Bei der Passion unserer Jäger würden weder ihre Gesundheit noch die Hirsche ausreichen.

Ich selbst war in der dritten Septemberdekade nach Masuren gefahren, da der Höhepunkt der Hirschbrunft auf die letzten sechs Tage dieses Monats fiel. Der Herbst zeigte sich dieses Jahr in Masuren herrlich und sonnig. Die Hirsche in der Piszer Heide röhrten von abends bis zum hellen Morgen.

Ich habe schon oft in der Nähe des Niedersees gejagt und bin Zeuge der Brunft gewesen, muß aber feststellen, daß sie immer besser wird. Dazu trägt wahrscheinlich eine Ruhezone bei, die man dort errichtet hat. Man hört keine heulenden Motorboote mehr von Sonnenaufgang bis Sonnenuntergang. Der Revierverwalter, Adjunkt der Oberförsterei Maskulińskie Władysław M., stellte mir eine Kanzel zur Verfügung, die an einem Kiefernwald stand und Ausblick auf eine große, wellenförmige Kultur bot, hinter der sich ein riesiger Kiefernjungwald – der Brunfteinstand der Hirsche – befand.

Als wir auf der Kanzel Platz nahmen, neigte sich bereits die Sonne im Westen. Nach einigen Minuten meldete ein Hirsch im Kiefernwald, etwas später ein zweiter und ein dritter. Der Brunftschrei erschütterte die Luft und füllte mit seinem Echo die Heide. Voller Wonne vernahmen wir dieses Orgelkonzert, kündigte es doch eine erfolgreiche Jagd an. Am Rande des Kiefernbestandes erschien ein Alttier. Es stand einen Augenblick, beobachtete die Kultur und begann zu äsen. Etwas später erschien schon ein ganzes Rudel: sechs

Tiere und zwei Kälber. Sie ästen ruhig, nur das Leittier hob ab und zu das Haupt und vernahm. Der Hirsch zeigte sich noch nicht. Władek behauptete, daß er bald aus dem Wald heraustreten würde. Ich fragte ihn: „Was für einer?" Er lächelte und sagte: „Gleich werden sie sehen."

Und tatsächlich! Wie ein Geist erschien er am Waldrand und stand unbeweglich. Ich schaute durchs Fernglas und war fassungslos. Solch einen Hirsch hatte ich noch nie gesehen. Ich wollte Władek fragen, ob ich ihn schießen dürfe, gab mir aber selbst die Antwort: „Nie."

Der Hirsch, als wollte er sein Geweih präsentieren, drehte das Haupt nach links. Von diesem Anblick ergriffen, konnte ich nicht einmal die Enden zählen. Bestimmt hatte er an jeder Stange acht, es konnten aber auch neun oder zehn sein. Ich beneide Jäger, die sofort wissen, ob ein Hirsch ein unregelmäßiger Achtzehnender, Sechzehnender oder Zwölfender ist.

Der Hirsch war jedenfalls kapital – die Augsprossen waren lang, starke Kronen, weiße Enden, das Geweih mußte etwa zehn Kilogramm wiegen. Er konnte eine silberne, vielleicht eine goldene Medaille bekommen. Jetzt zählte ich die Enden – neun an jeder Stange.

Das Kahlwild zog weiter, der Hirsch folgte ihm schreiend.

Es fing an zu dämmern. Der erste Jagdtag ging zu Ende. Ich war nicht traurig, im Gegenteil, ich war glücklich, daß ich diesen kapitalen Hirsch nicht gestreckt hatte.

Wir beschlossen, in der Frühe dieselbe Kanzel aufzusuchen. Wir wollten feststellen, an welcher Stelle der Kapitale in den Wald wechselte. Vielleicht würden wir auch anderes Wild zu Gesicht bekommen? Während der Brunftzeit ist alles möglich.

Als wir an der Kanzel ankamen, war es noch stockdunkel. Im Kiefernwald röhrten die Hirsche. Auch „unser" Hirsch röhrte und zog in unsere Richtung.

Die Kälte machte uns zu schaffen. Władek ging zum Wagen zurück und holte eine Wolldecke. Während der Brunftzeit weiß man nie, was man anziehen soll; die Nächte sind kalt, tagsüber wird es heiß, besonders dann, wenn man einem Hirsch folgt. Die Jäger lassen dann die Kleidung irgendwo liegen, um sie auf dem Rückweg wieder mitzunehmen.

Es wurde hell, auf der Kultur konnte man schon die einzelnen kleinen Kiefern sehen. Aus dem Walde zog das Kahlwild, hinter ihm 'unser' Hirsch.

Plötzlich meldete ein anderer. Er hatte eine gewaltige, weittragende Stimme. „Unser" Hirsch schwieg. Eine Zeitlang stand er reglos da und vernahm, doch dann schrie er laut, aber kurz und begann, mit dem Geweih den Boden zu schlagen. Der andere Hirsch antwortete ihm nicht mehr, näherte sich aber mit entschlossenen Schritten dem Rivalen. Er war groß und stark, hatte jedoch ein helles und dünnes Geweih. Nach einigen Schritten blieb er stehen und schrie. „Unser" Hirsch unterbrach das Schlagen mit dem Geweih und schob sich vor sein Rudel, als ob er dem Eindringling den Weg zu ihm versperren wollte.

„Es wird einen Kampf geben", sagten wir fast gleichzeitig. Die Hirsche stellten sich einander gegenüber auf und beäugten sich gegenseitig. Dann rückten sie langsam aufeinander los. Die letzten Meter gingen sie vom Trollen in hohe Fluchten über, und schon hörte man das Krachen der Geweihstangen. Der Neuankömmling war schwächer, obwohl gewichts- und wuchsmäßig „unserem" Hirsch ebenbürtig. Ich hatte schon einige Brunftkämpfe gesehen, solch einen verbissenen aber noch nie.

Kraftvoll stürzten sie aufeinander. Mit der Brust pflügten sie förmlich die Kultur, und nur die angehobenen Kruppen und die festverschlungenen Geweihe gaben ihnen Halt. Nach einigen Minuten, wieder wie auf das Kommando „break", lösten sie sich. Sekundenlang standen sie regungslos und atmeten schwer. Dann begann der Kampf erneut.

„Den Schwächeren können wir schießen", sagte Władek, „er hat ein dünnes, obwohl hohes Geweih, und auf einer Stange nur eine ganz tief eingeschnittene Gabel."

„Warten wir noch etwas", antwortete ich. „Lassen sie uns sehen, welcher von ihnen tatsächlich schwächer ist."

Władek schaute mich erstaunt an.

„Der im Geweih Schwächere wird der Stärkere sein. Schauen sie, er ist aggressiver, und 'unser' Hirsch greift nicht mehr an, sondern verteidigt sich nur noch. Der andere gewinnt an Boden."

100

Die Übermacht des Ankömmlings war augenscheinlich. Er schlug seinen Gegner mit einer nicht nachlassenden Wut. Jeden Augenblick mußte „unser" Hirsch zu Boden gehen.

„Schießen sie, sonst schlägt er ihn tot!" rief Władek.

Ich griff zum Repetierer und wartete, bis der Eindringling das Blatt zeigte. Endlich war es soweit, und ich schoß. Die beiden Rivalen aber kämpften weiter. Das überraschte mich. Ein Blick durchs Fernglas bestätigte mir, daß der Schuß gut saß. Das sagte ich Władek, der aber drängte mich zum zweiten Schuß. Ich wollte nicht und konnte nicht. Einen zweiten Schuß einem so tapfer kämpfenden Tier antragen, das so am Leben hing? Nie! Wir waren ratlos und wußten nicht, was wir tun sollten, denn hier erfuhren wir, daß der Kampf um die Alttiere, um die Arterhaltung wichtiger ist als der Schuß ins Leben. Schließlich war der Tod doch stärker.

Der „Sieger" stand beim Rivalen und schaute auf ihn hinab, verwundert darüber, was wohl mit ihm geschehen war. Nach einiger Zeit tippte er ihn mit dem Geweih an, schlug jedoch nicht zu. Es schien, als ob er sagen wollte: „So steh doch auf, ich wollte dich doch gar nicht töten."

Der eigensinnige Keiler

Im Herbst 1969 fuhr ich mit Michał zur Hirschbrunft nach Bieszczady, in die Gegend von Sanok. Ich blieb in Zagórze, im gastlichen Haus des Jägers Hubert Kaszycki, Michał aber fuhr weiter nach Komańcza.

Das Wetter änderte sich dauernd. Am wolkenlosen, blauen Himmel erschienen schnell dunkle Wolken, die kurze, aber ergiebige Regenschauer zur Folge hatten. Nach dem Regen schien wieder die Sonne, und man konnte annehmen, daß das Wetter herrlich werden würde. Diese Hoffnung währte aber nur bis zur nächsten Wolke, zum nächsten Schauer.

Unbeeindruckt vom Wetter, rückten wir nachmittags in den Wald. Die Hirsche schwiegen, obwohl wir schon den 20. September hatten. Zwar drang von Zeit zu Zeit ein einzelner Ruf ans Ohr, aber wir erwarteten etwas anderes – die richtige Hirschbrunft der Beskiden, wenn fast von jedem Berg ein gewaltiger Hirschruf ertönt, den das Echo von Berg zu Berg trägt.

„Einen Hirsch anzutreffen, dazu haben wir keine Chance", verkündete Hubert, ein Kenner dieser Gegend und der Verhaltensweisen des Wildes. „Wir wollen auf Schwarzwild gehen. Unweit vom Dorf Skwirtne steht noch Roggen in Hocken. Der Bauer hat die Ernte noch nicht eingefahren."

Solchen Vorschlag nahm ich gern an, zumal ich viel von den kapitalen Keilern dieser Gegend gehört hatte. Vielleicht hatte ich Erfolg? Ich fühlte, wie sich meine Jagdpassion zu steigern begann. Meine Müdigkeit war plötzlich verflogen.

In der Abenddämmerung setzten wir uns in einen Heuschober, der etwa dreißig bis vierzig Meter vom Stoppelfeld entfernt war. Sicherlich kamen Sauen und Hirsche hierher. Frische Fährten waren im aufgeweichten Boden vorhanden und weckten trotz des miserablen Wetters Hoffnungen.

Der Mond ging an diesem Abend etwas später auf, aber schon um 20 Uhr wurde es etwas heller, und dann übergoß er alles vor uns mit seinem hellen Schein. Zwischendurch kamen aber Wolken mit Regenschauern, bis sich schließlich der Himmel vollständig bewölkte. Mit Lodenumhängen bekleidet, mit zwei teegefüllten Thermosflaschen versorgt, warteten wir auf Schwarzwild.

Insgeheim wollten wir beide den Ansitz aufgeben, aber keiner mochte der erste sein, der dies eingestand. Die Jägerehre ließ es nicht zu. Wir warteten weiter, vielleicht würde der Himmel wieder blank? Auf dem Stoppelfeld tat sich nichts, trotzdem benutzte ich ab und zu das Fernglas. Plötzlich stieß mich Hubert leicht an – ich wußte, daß er etwas gesehen oder gehört haben mußte.

„Sau", flüsterte er und legte einen Finger an den Mund, um mir Ruhe zu gebieten. Durch das Fernglas sah ich jetzt den Schwarzkittel. Er zog langsam, aber entschlossen zu einer der auseinandergefallenen Hocken. An dieser blieb er stehen, und wir hörten sein Schmatzen. Er stand lange, fraß und änderte seine Körperhaltung nicht. Vorsichtig schob ich meinen Repetierer nach vorn, blickte durchs Zielfernrohr und konnte den Schwarzkittel nur schemenhaft ausmachen. Dann schaute ich auf Hubert, und der nickte zustimmend. Ich hielt den Atem an und betätigte den Abzug. Der metallische Ton des Verschlusses durchdrang uns wie ein elektrischer Schlag. Kein Schuß! Aus Sicherheitsgründen hatte ich die Patrone unterladen und nun vergessen, die Waffe ganz durchzuladen.

Ich lauschte, wartete auf das Abspringen des Schwarzkittels, nahm jedoch nichts wahr. Abermals schaute ich durchs Zielfernrohr – er war noch da. Er stand an gleicher Stelle und tat sich am Roggen gütlich.

Das überraschte mich und machte mich noch nervöser. Langsam, vorsichtig lud ich durch, und als ich das Stück wiederum im Fadenkreuz hatte, schoß ich. Schüsse im Gebirge sind sehr laut und verstummen nicht gleich, sie erzeugen ein vielfaches Echo. So war es auch jetzt. Der Schwarzkittel wurde hochflüchtig. Einen zweiten Schuß konnte ich nicht anbringen, ich mußte ihn passieren lassen, zumal ich auch überzeugt war, daß ein zweiter Schuß nicht nötig sei…

Mit Hilfe der Taschenlampe fanden wir die Eingriffe, die sich im aufgeweichten Boden abzeichneten. Schweiß fanden wir jedoch nicht.

„Wenn das Geschoß im Wildkörper verblieben ist, dann schweißt ein grobes Schwein nicht. Der Keiler liegt bestimmt", tröstete mich Hubert.

„Morgen früh werden wir alles überprüfen", entgegnete ich. „Bis zum Wald waren es gut 300 Meter, wenn ich gut getroffen hätte, müßte er liegen", dachte ich bei mir.

In der Frühe untersuchten wir das Feld und den Waldrand – kein Resultat. Der Keiler war weg, nicht die kleinste Spur, daß ich ihn getroffen hätte.

„Schade, ein kapitales Stück" – auf diese Weise trösten meistens Jagdkameraden, wenn man vorbeigeschossen hat. Das ist bekannt. Aber diesmal war es wirklich ein hauendes Schwein und hatte gewiß über 100 Kilogramm.

Im Laufe des Tages kamen wir immer wieder in Gesprächen auf dieses nächtliche Erlebnis zurück. Am Spätnachmittag fiel die Entscheidung: Wir würden noch einmal hingehen, um an gleicher Stelle anzusitzen.

„Wir versuchen es", sagte Hubert, „wir haben ja nichts zu verlieren."

„Die Gesundheit", entgegnete ich, „wenn es weiter so regnen sollte."

Am Abend wurde das Wetter besser. Die Regenschauer hörten auf, und der Mond leuchtete hell, meinem Empfinden nach etwas traurig und verdrießlich; vielleicht deswegen, weil ich den Keiler nicht erlegt hatte? Natürlich setzten wir uns wieder im Heuschober an. Für den Repetierer nahm ich mir einen Zielstock mit. Die Waffe war diesmal durchgeladen und auf das Stoppelfeld gerichtet. Ungeduldig warteten wir, bis es 23 Uhr wurde, denn um diese Zeit war der Keiler gestern gekommen.

Die Wetterbesserung bewirkte, daß der Brunftbetrieb sich belebte. Um uns herum meldeten Hirsche, was uns hoffen ließ, daß wir einen erfolgreichen Morgen erleben würden. Zunächst aber hatten wir die Nacht vor uns und „Schwarzwildhoffnungen". Um 22 Uhr hörten wir einen Brunftschrei im nahen Walde. Nach ein paar Minuten war er noch näher zu hören, und es gab keinen Zweifel, daß der Hirsch in unsere Richtung zog. Zuerst kam ein Stück Kahlwild, dem ein Kalb folgte. Als das Tier in der Nähe der auseinandergefallenen Hocken war, sah ich am Waldrand zunächst ein Geweih, dann das Haupt und den Träger, dann den ganzen Hirsch. Jetzt stand er regungslos, näherte sich nicht, schaute nur zu, wie das Tier äste. Von Zeit zu Zeit hob er das Haupt, legte seinen Kopfschmuck auf den Rücken, röhrte aber nicht. Endlich ein Ruf, der als Echo von den Bergen schallte und sich mit den Rufen anderer Hirsche vermischte. Offensichtlich gefiel ihm dies, weil sich diese Gymnastik mit Haupt und Träger immer öfter wiederholte und mit einem Ruf endete. Dann begann er, mit dem Geweih den Boden zu schlagen, und als er feststellte, daß er ihn genügend gelockert hatte, legte er sich nieder. Sobald aber das Tier weiterzog, stand er schnell auf und folgte seiner Auserwählten. Das Stoppelfeld war wieder leer.

Es wurde langsam 23 Uhr. Die Zeit zog sich unerträglich in die Länge, und unsere Aufregung nahm zu. Wir gaben uns der Hoffnung hin, daß „unser" Keiler kommen würde, daß er ganz gewiß kommen würde, obwohl die Erfahrung anderes lehrt. Unsere Zweifel wurden schnell zerstreut.

Einige Minuten vor 23 Uhr kam aus derselben Richtung wie gestern ein Schwarzkittel. Die Zeit, die Richtung und die Größe zeugten davon, daß es derselbe Keiler war. Ich wartete noch, bis er an die Hocken herangekommen war. Dieses zweite Zusammentreffen wollte ich möglichst schnell beenden. Ich ging in Anschlag, zielte und betätigte ganz langsam den Abzug.

Nach dem Schuß sprang der Keiler aber in die entgegengesetzte Richtung ab. Gestern war er in den Wald geflüchtet. Ehe wir zum Anschuß kamen, sagte ich mit sicherer Stimme: „Heute habe ich getroffen."

„Ganz sicher", entgegnete Hubert ohne rechte Überzeugung. Wieder leuchteten wir mit der Taschenlampe. Wir fanden Schweiß, der aber nach dreißig Metern aufhörte. Der Keiler mußte in den Graben gefallen sein, der mit Schlehen und Brombeeren zugewachsen war. Wir suchten weiter – nichts. Und wieder kehrten wir zum Anschuß zurück. Ich entschied mich, den Graben der Länge nach abzusuchen. Auf Brombeerblättern fand ich Schweiß. Dies bestärkte mich darin, daß ich die richtige Richtung gefunden hatte...

Noch einige Schritte, und ich sah im Lichtkegel der Taschenlampe den Keiler. Er lag auf der linken Seite, auf der Seite, die ich beschossen hatte. Mein nächster Blick galt den Waffen. Er hatte hervorragende, solche besaß ich noch nicht.

Auf dem Heimweg scherzte Hubert: „Du hättest ja noch eine Nacht zur Verfügung, wenn du heute wieder nicht getroffen hättest, dann wäre er in der letzten Nacht gewiß noch einmal gekommen."

„Ja, du hast recht, er war außergewöhnlich eigensinnig", antwortete ich.

Das Rudel Kahlwild verhoffte kurz, bevor es ins dichte Holz einzog.

Der Rivale.

Ob das Ausharren in eisiger Kälte belohnt wird? Gut, daß es der Jäger nicht schon im voraus weiß.

Hinter dem dritten Gebirgsbach…

Es sind schon drei Jahre vergangen, seit mich mein Freund Jurek aus Uść Gorlicki zur Hirschbrunft ins Revier der gastfreundlichen Jagdgemeinschaft „Keiler" in Gorlice einlud. In diesem Jahr habe ich wieder eine Einladung erhalten, weiß aber leider nicht, ob es mir die Zeit erlauben wird, ihr Folge zu leisten. In Gedanken bin ich aber schon dort und kehre immer wieder zu einem Erlebnis zurück, welches sich vor drei Jahren ereignet hat. Das Wetter war launenhaft, Gebirgswetter. Der Dauerregen erschwerte die Bewegung auf den steilen Pfaden, die das Wild als Wechsel benutzte. Der Regen störte aber auch die Brunft, welche sich dem Höhepunkt näherte. Die Hirsche röhrten zwar trotz des Regens, aber nicht so stark wie an einem kühlen, frostigen Morgen. Nach einigen Tagen des Pirschens war ich müde und wollte beinahe unter solchen erschwerten Umständen und bei diesem Wetter resignieren, aber der immer lächelnde Jurek machte mir Mut und versprach mir einen Hirsch, der eine „Egge" auf seinem Haupte trüge. Man kann eben so gut reden, wenn man Lauftraining im Gebirge und die Silhouette eines Zwanzigjährigen hat, obwohl man auf die Fünfzig zugeht. Ich aber habe weder Training noch solch eine Silhouette. Ich bat, ich flehte, daß es für mich besser auf einer Kanzel oder vom Ansitz aus wäre… Jurek ließ nicht nach – hier könnte man einen Geweihten nur pirschend schießen. Es gab keinen Ausweg, zumal sich das Wetter zu bessern begann und um die Mittagszeit herum sich sogar die Sonne blicken ließ.
Herrlich hoben sich die Berge vom Hintergrund des tiefen, herbstlichen Blaus des Himmels ab, das nicht einmal von weißen, für diese Jahreszeit typischen Wölkchen bedeckt war. Wie sollte man da nicht wieder in die Berge gehen, in welchen – man mußte es hoffen – die Hirsche röhren würden. Etwa um 16 Uhr rückten wir in den Wald. Die Hirsche begannen tatsächlich früher zu rufen, aber wie gewöhnlich sehr weit weg und, wie es in den Bergen zu sein pflegt, hinter dem nächsten Gebirgsbach. Die Abendpirsch absolvierten wir recht lässig. Wir überquerten nur zwei Gebirgsbäche und

lauschten, wo die Hirsche am besten meldeten, um ganz früh dort zu sein.

„Hinter welchem Bach ist das?" fragte ich Jurek.

„Noch zwei bis drei Bäche."

„Zwei, drei Wildbäche in eine Richtung und drei Bäche wieder zurück, das sind schon sechs... Kann man nicht mit dem Wagen hinfahren?"

„Man kann nicht", antwortete Jurek kurz.

Noch vor dem Dunkelwerden traten wir den Heimweg an, zumal kein Hirsch in der Nähe meldete und der Nebel keine Chance für einen Schuß zuließ.

Jureks Entschluß, daß wir morgen um 3 Uhr früh aufstehen würden, nahm ich schweigend und ohne Begeisterung an. Ich dachte nur im stillen, daß er mir täglich eine weitere Stunde wegnahm und wir übermorgen gewiß schon um 2 Uhr aufstehen würden.

In der Frühe war es kalt. Ich zog einen Pullover und einen typischen Jagdparker, der den Militärparkern ähnelt, an. Angeblich darf man solche nicht tragen, aber fast alle tragen sie, nicht nur die Soldaten. Nach zwei Stunden Fußmarsch waren wir an Ort und Stelle. Es war noch dunkel. Der Weg war schnell und leicht geschafft, wahrscheinlich waren wir, besser gesagt ich, von den röhrenden Hirschen gedopt.

„Warten wir, bis es heller wird. Weiter gehst du alleine", entschied Jurek. „Auf den Hirsch ist schon einer zuviel, erst recht zwei."

„Gut", dachte ich. „Ich werde 200 Meter gehen, eine Stunde stehen und dann zurückkehren."

„Komm aber ja nicht ohne Hirsch zurück", kommandierte Jurek weiter. „Warte nach dem Schuß, ich komme gleich hin."

An der Stelle, auf die ich zustrebte, röhrten mindestens fünf Hirsche. Es war recht nah, ich hörte das Brechen der Zweige, sah aber nichts, obwohl es hell wurde und es bis dorthin nur noch 100 Schritt waren.

Ich machte noch einige Schritte und entdeckte auf dem „Knick", einem erhöhten Grat zwischen zwei Gebirgsbächen, die Umrisse eines geweihlosen Hirsches. Das Geweih wurde von einer Erle verdeckt, die in diesem Gebiet sehr häufig sind.

Der Hirsch schrie einmal, ein zweites Mal und trollte sich, verschwand mir aus den Augen. Im Blickfeld erschien ein anderer Hirsch, er zog etwas tiefer, und ich sah nur die Rückenlinie und das Geweih: dunkel, stark, mit vielen Enden, weiter konnte ich nichts über den Hirsch und sein Geweih sagen. Ich beneide oft Jäger, die sofort ansprechen können und erzählen, daß sie einen Vierzehn- oder Sechzehnender gesehen hätten. Das ist vielleicht in der Ebene, auf einem Kahlschlag oder auf einem Felde möglich, nicht aber hier im Gebirge, in diesem Erlen-, Brombeer- und Brennesselgestrüpp. Ich machte noch einige Schritte, blieb wiederum stehen, da sich einer der Hirsche auf mich zubewegte, griff zum Glas und stellte fest, daß der Hirsch einem Tier gefolgt war, welches zu fliehen schien, jedoch nur so schnell, daß er es einholen konnte. Im ersten Augenblick dachte ich, daß es eine Ricke wäre, solch ein Größenmißverhältnis! Dies war aber nur eine Täuschung, die sich schell aufklärte. Es gelang mir nicht, den Hirsch anzusprechen, wieder schrien sie alle im Gestrüpp. Ich beschloß, nicht weiterzupirschen. Jetzt wußte ich, daß ich mitten in den Brunftplatz hineingeraten war und nun abwarten mußte. Ich merkte nicht einmal, wann die Sonne aufging.

Die Hirsche röhrten ohne Unterlaß mit immer gleicher Stärke. Einen Augenblick lang sah ich noch andere Silhouetten, vielleicht auch immer die gleichen, schwer zu sagen, denn die Hirsche waren dauernd in Bewegung. Ich achtete darauf, daß mich die Rottiere nicht eräugten, aber außer dem einen sah ich keine anderen. Ich wollte nicht glauben, daß dieses eine Alttier solch ein Rudel Geweihter um sich haben sollte – gewöhnlich ist es doch genau umgekehrt.

Plötzlich hörte ich von rechts ein Krachen. Ich schaute hin und sah die Umrisse eines Hirsches, welcher, so wie ich, neugierig den Brunftschreien lauschte, seinen Träger langmachte, um etwas zu sehen. Es war ein Hirsch von fünf bis sechs Jahren mit einem guten, regelmäßigen Geweih, der hier nur die Rolle eines Jünglings zu spielen hatte. Der Hirsch sah mich nicht und zog nach vorn. Ich glaubte, eine Chance zu haben, in der Tat!

Als der „Bengel" sich der erlauchten Gesellschaft zu sehr genähert hatte, jagte ihn ein Hirsch jäh in den Gebirgsbach neben mir. An einen Schuß war nicht zu denken. Ohne Glas, mit bloßem Auge stellte ich fest, daß der andere an der rechten Stange eine Gabel hatte. Ich beschloß, erst zu schießen, wenn er vom Abschlagen des Jünglings, der den älteren Herren beim Spiel hinderlich war, zurücktrollen würde. Intuition und jagdliche Erfahrung sagten mir, daß er langsamer ziehen würde, daß ich gewiß Schußgelegenheit haben würde. Dieses Bewußtsein machte mich noch nervöser; ich lehnte mich ganz fest an einen Stamm, um das Zittern der Hände auszuhalten. Etwas ließ mich das Zielfernrohr abnehmen. Ich konnte es nicht mehr in die Tasche stecken, ließ es fallen, da der Hirsch schon knörend zurückkehrte. Ich legte an, und als er auf fünfzehn Meter vorüberzog, schoß ich. Der Hirsch zeichnete nicht, zog weiter in der ursprünglichen Richtung. Ich schoß ein zweites Mal und verlor den Hirsch aus dem Auge. Ich glitt zur Erde, fühlte, daß ich am ganzen Körper zitterte. Ich machte einige kräftige Atemzüge, da ich plötzlich Atembeschwerden hatte. Und da behauptet man, daß die Gebirgsluft sauerstoffhaltiger sei und es sich leichter atmen lasse.

Irgendwie bin ich dann zum Normalzustand zurückgekehrt, da mich die Unruhe über den Sitz der Kugel quälte. Wie nützlich wäre mir jetzt Jurek gewesen! Bestimmt würde er bald kommen. Ich drehte mich in die Richtung, aus der ich ihn vermuten konnte, und sah ihn einige Meter weiter vor mir.

„Wie bist du so schnell hier?"

„Mitnichten schnell, ich ging die ganze Zeit hinter dir her. Der Hirsch ist tödlich getroffen. Ich habe gehört, wie er gefallen ist."

„Ich bin nicht so sicher – ich habe gar nichts gehört."

Wir sprechen leise. Zu meiner Verwunderung unterlassen die Hirsche das Röhren nicht. Einige Hundert Schritte entfernt findet die Brunft weiter statt.

Wir wollen mit der Nachsuche warten, um die Brunft nicht zu stören, aber wenigstens zur Fährte gehen und Schweiß suchen. Weder Fährte noch Schweiß! Der Boden ist von Tritten übersät und der Anschuß nicht feststellbar. Ich gehe an die Stelle, wo ich den Hirsch das letzte Mal gesehen habe. Mit den Augen suche ich das Gelände ab. Mit bloßem Auge kann ich nichts feststellen, aber als ich das Glas zu Hilfe nehme, bleibt mein Blick auf etwas ruhen, das einer Geweihstange sehr ähnelt. Ich reguliere die Sehschärfe ein und bin ganz sicher, daß dies kein Erlenzweig ist, sondern mein Hirsch.

Ich rufe Jurek herbei, der meine Feststellung bestätigt. Wir laufen zum Hirsch. Er ist ein regelmäßiger Zehner mit Gabelenden und einem Geweihgewicht von acht Kilogramm.

„Ein schwacher...", sagt Jurek. – „Gott gebe jedem solch einen schwachen", denke ich. „Aber wie werden wir ihn hier herausbringen?"

Ein durch nichts zu ersetzendes Pferdchen beantwortet diese Frage. Schlimmer ist es mit unserer, besser gesagt, mit meiner Rückkehr. Die Bäche sind jetzt irgendwie tiefer und schwieriger zu überqueren. Wir Jäger ertragen das alles aber irgendwie, zuerst angeregt von der Möglichkeit des Wildanblicks, später vom Erfolg beflügelt.

Trotz der Müdigkeit, die sich bei der Gebirgsjagd einstellt, möchte man dorthin wieder zurückkehren, und das so oft wie möglich.

Das Äxtchen

Wohl zwei Jahre nach dem Sturz von der Kanzel, als ich den „L 7" gebrochen hatte – denn so nennen die Ärzte in der Kurzform den siebten Lendenwirbel –, erhielt ich die Nachricht von Chrobak, daß ein großer Keiler den Hafer aufsuche und man ihn „leicht bekommen könne". Das sollte mich zur schnellen Anreise anregen, vor allem durch Formulierungen wie „ein Sonntag genügt, man braucht keinen Urlaub" und ähnliche.

Freilich wartete ich nicht auf weitere Nachrichten. Am nächsten Sonntag, lange vor Sonnenuntergang, war ich bei Chrobak, und wir fuhren mit einem kleinen Traktor bergauf, nicht einmal die Reibekuchen aus neuen Kartoffeln abwartend, die, wie ich aus eigener Erfahrung wußte, gewiß lecker gewesen wären. Das waren noch Jahre, wo die Jagdpassion den Vorrang vor den Gaumenfreuden hatte! Jetzt würde ich wohl erst die Reibekuchen abwarten.

Als wir am weiträumigen Haferschlag anlangten, stand die Sonne noch am Himmel, sollte aber bald hinter dem nächsten Berg verschwinden. Wir nahmen Platz zu ebener Erde, etwa 100 Meter vom Waldrand entfernt, aus dem der Keiler zu kommen pflegte. Ich grübelte immer noch darüber nach, ob wir nicht etwa zu früh gekommen wären, man hätte doch noch die Reibekuchen essen können, und machte es mir auf einer Wolldecke bequem, wobei ich die Waffe noch nicht geladen hatte – wozu auch?

Plötzlich beugte sich Chrobak zur Erde und sagte: „Der Keiler!", und in ihm erstarb jede Bewegung. Tatsächlich, am Waldrand stand kein Keiler, sondern geradezu eine Statue von einem Keiler. Solch einen habe ich ein zweites Mal nur auf dem Schießstand vor dem Jagdpavillon in Zielona Góra gesehen.

Schnell baute ich meine Gewehrauflage auf, etwas langsamer schob ich die Patrone in den Lauf, und mir schien dann, daß ich gut im Ziel war. Der Schuß fiel, der Keiler sprang blitzartig in den Wald ab, aus dem er vorher langsam und majestätisch herausgetreten war. „Fehlschuß", sagte Chrobak. – „Fehlschuß", wiederholte ich. Obwohl ich nicht wußte, ob ich den Keiler über- oder unterschossen hatte, wußte ich doch, daß ich gefehlt hatte. Es war eben alles zu schnell gegangen.

„Sie, ihnen paßt immer etwas nicht", quittierte Chrobak dieses Erlebnis, etwas böse, das unser Abenteuer solch einen Verlauf genommen hatte.

Aus Prinzip untersuchten wir zwar die Fährte, es erwies sich aber als überflüssig, denn der Keiler war noch lange im Wald zu vernehmen, wahrscheinlich auch nicht besonders von diesem Erlebnis angetan.

„Was tun wir nun?" fragte ich. „Vielleicht kommen noch andere?"

„Andere kommen nicht, ich weiß, was hier herauskommt. Sie können sich erst wieder ansetzen, wenn ich in Erfahrung gebracht habe, wo er heraustritt. "

„Wegen solch eines Keilers komme ich gewiß wieder, bauen sie aber unbedingt irgendeine Kanzel. Sie kann provisorisch sein, denn vom Bodenansitz aus werden wir solch einen Keiler nicht erlegen. In zwei Wochen ist Vollmond, ich werde mir zwei Tage Urlaub nehmen. "

Nach einer Woche hatte ich bereits die Nachricht, daß der Keiler denselben Hafer annehme, nur später komme und an einer etwas anderen Stelle. „Ich habe auch ein Kanzelchen gebaut", lobte sich Chrobak selbst.

Und wieder das gleiche Manöver, der kleine Traktor und bergauf… Der Hafer war schon etwas reifer, aber, da im Gebirge das Getreide erst spät reift, immer noch nicht geerntet. Das war ein gutes Omen, „denn die Nacht hat ihre Macht", wie Marczak, ein anderer Forstmann aus der Gegend von Bydgoszcz, zu sagen pflegte.

„Das Kanzelchen ist auf der kleinen Tanne", sagte Chrobak. „Die Äste reichen bis zum Boden, sie können leicht hinaufsteigen. "

„Wie hoch?" fragte ich. – „Etwa acht Meter über dem Hafer, das ist gut, dann wird er gewiß keinen Wind bekommen. Da ist sie, die Tanne. " Ich hob den Kopf nach oben, konnte aber auf der Tanne nichts entdecken. Dann gab ich Chrobak meinen Repetierer, das Fernglas und beeilte mich, die Tanne zu besteigen, wobei ich feststellen mußte, daß sie tatsächlich überreich an Ästen war. Als ich mich etwa bis auf fünfzehn Meter Höhe hinaufgearbeitet hatte, endete der Stamm, den Hafer konnte man aber immer noch nicht sehen, da die Tanne in einem Geländeeinschnitt wuchs. Aus Angst, schwindlig zu werden, schaute ich nicht nach unten und fragte Chrobak, wie es weitergehen solle. „Sie müssen auf die Nebentanne umsteigen", antwortete er. Es gab wirklich keinen anderen Ausweg, also wechselte ich über und kletterte noch einige Meter höher. Chrobak stieg mir nach und murrte, daß ich zu langsam wäre. Als Junge beim Ausnehmen von Krähennestern war ich nie so hoch gestiegen, hier aber plötzlich diese Situation! Was konnte geschehen, wenn ich herunterfiel? Alle würden sagen, daß dies mein Hobby wäre – auf Bäume klettern, jedes zweite Jahr herunterfallen. Krampfhaft halte ich die Zweige fest und steige höher. Endlich der begehrte Sitz! Ein einziges Brettchen, auf zwei Zweige gelegt! Ich setze mich sehr vorsichtig, da ich befürchte, daß die Zweige nicht halten könnten. Chrobak dagegen setzt sich viel mutiger, rückt sich zurecht, so daß die Tannenspitze schwankt.

„Sitzen sie doch ruhig, sonst fallen wir hinunter!" – „Wir fallen nicht, ich habe alles überprüft, hier sitzt man ausgezeichnet."

„Soll ihn doch der Teufel…", denke ich und schnalle mich für alle Fälle mit dem Gürtel an. Ich werde hier nie mehr heraufsteigen, wenn mir nur der glückliche Abstieg gelingt – aber zunächst sitzen wir und warten. Nach einigen Minuten hört man im Graben Zweige brechen. Wir schauen uns kurz an und atmen schneller. Er kommt. Tatsächlich, der Keiler nähert sich stetig, bewegt sich direkt auf die Tanne zu. Als er schon unter uns ist, bläst er einmal, ein zweites Mal und springt dann in den Graben ab. Wieder schauen wir uns kurz an. Er ist auf unsere Fährte gestoßen. Wir warten. Nach einiger Zeit wiederholt der Keiler sein Vorgehen. Er vergewissert sich, daß unsere Fährte zu frisch ist, und verschwindet, unwillig blasend, im Walde.

Wir beschlossen zu warten. Nach drei Stunden war ich schon völlig erstarrt. Ich glaubte nicht, daß der Keiler noch kommen würde, blieb aber sitzen. Chrobak döste vor sich hin und wackelte auf dem Brett hin und her. Meine Beschäftigung bestand darin, ihn vor dem Herunterfallen zu bewahren. Dann wurde er wach und sagte: „Hören sie, ich kann mich auf einen Zweig legen und falle nicht hinunter – haben sie keine Angst!" Und so wartete ich, den Rückweg fürchtend, bis 23 Uhr. Der Mond beschien den Hafer, in welchem nur drei Hirsche ruhig ästen.

116

Der Rückweg war bedeutend schwieriger. Wieder übergab ich Chrobak die Waffe, das Fernglas und die Taschenlampe, die uns jetzt unschätzbare Dienste leistete. Ast für Ast stieg ich nach unten. Noch zehn, noch fünf Meter, die Erde hatte mich wieder! Als ich gesund neben der Tanne stand, fühlte ich mich so zufrieden, als ob ich zwei Keiler erlegt hätte. Wie bestürzt war ich aber, als ich feststellte, daß Chrobak weder Waffe noch Fernglas hatte, nur die Lampe hielt er in der Hand. „Wo ist die Waffe?" fragte ich. – „Ich habe sie oben gelassen, damit ich die Lampe besser bedienen konnte." – „Und was jetzt?" – „Jetzt werde ich alles holen."

Mit der Geschicklichkeit eines Eichhörnchens stieg Chrobak bei völliger Dunkelheit hoch bis zum Sitz und holte die dort liegengebliebenen Sachen. „Ein harter Brocken", dachte ich. „Macht nichts, wir haben noch zwei Nächte vor uns und haben Kontakt mit einem Keiler. Wir werden keine Hochsitze mehr besteigen, werden bei Mondschein den Hafer aufsuchen. Mag der Keiler heraustreten und sich ruhig mästen, wir versuchen es mit der Pirsch, das habe ich endgültig beschlossen."

Den nächsten Abend konnte ich kaum erwarten, irgendwie ist aber die Zeit doch vergangen. Wieder warten wir unweit des Hafers, bis der Mond etwas höher steht und uns besseres Licht spendet, dann gehen wir los. Ich gehe als erster, langsam, vorsichtig, die Fläche mit dem Glas absuchend, gleichzeitig horchend. Plötzlich stößt mich Chrobak an und zeigt aufs Ohr, was bedeuten soll, daß er etwas hört. Ich strenge mich an, höre aber nichts. Chrobak fuchtelt mit den Armen und macht mir klar, daß er ein in der Mast stehendes Stück hört. Ich bestätige es mit einem Kopfnicken, lasse Chrobak hinter mir stehen und bewege mich mit doppelter Vorsicht nach vorne.

Während ich die Fläche mit dem Glas betrachte, entdecke ich im Hafer einen dunklen Rücken. Noch ein paar Schritte, und ich habe die ganze Silhouette im Glas. Der Keiler ragt aus dem Hafer heraus. Ich benutze den Zielstock und schieße. Der Keiler springt ab und verschwindet in dem Graben, aus welchem er gekommen ist. Chrobak gratuliert mir.

Die Gratulation will ich nicht annehmen, aber Chrobak besteht darauf. Er sagt, daß er gehört habe, wie der Keiler umfiel. Immer mit der Ruhe! Wir gehen an den Anschuß, finden die Fluchtfährte und Schweiß. Heller Schweiß, das ist gut. Jetzt glaube ich auch, daß alles gelungen ist.

Im Graben war der Keiler an eine Tanne gestoßen und hatte deren Rinde in beträchtlicher Höhe mit Schweiß gefärbt. „Ein gutes Zeichen", dachte ich, und im selben Augenblick sah ich einen hellen, bewegungslosen Körper vor mir liegen. Jetzt nahm ich ein zweites Mal die Gratulation Chrobaks entgegen. Auch ich gratulierte ihm. Er hatte ihn gehegt, ich hatte ihn lediglich erlegt. Den aufgebrochenen Keiler, der unbeschädigte kapitale Waffen hatte, deckten wir auf dem Traktoranhänger mit einer Zeltbahn zu, denn der Himmel wurde dunkel, und Regen war im Anzug.

Auf dem Heimweg, als ich, mit einer Kotze geschützt, auf dem Traktor saß, dachte ich an meinen Keiler. Der Regen wurde stärker, ein Regen, der so nur im Gebirge fällt. Der kleine Traktor benahm sich im unwegsamen Gelände gut, bis er plötzlich verstummte.

Ich geriet in Panik, daran denkend, daß wir die Nacht nun bei diesem Regen im Walde verbringen müßten. Chrobak aber gab nicht auf. Er begann mit irgendwelchen Manipulationen, und der Traktor sprang an. Ich atmete auf, aber nur für kurze Zeit, denn nach 200 bis 300 Metern standen wir wieder. Chrobak kam zum Anhänger, fand unter dem Heu ein Äxtchen, da ja ein Bergbewohner ohne ein solches nicht in den Wald fährt, und erklärte, daß er den Traktor reparieren müsse. Danach schlug er mit der Axt einmal und ein zweites Mal auf eine nur ihm bekannte Stelle – und der Motor sprang an.

Glücklich kamen wir nach Hause.

Es erwies sich, daß eine Klemme auf diesen holprigen Wegen immer wieder heruntergefallen war, weswegen der Motor verstummte. Das Äxtchen, Universalgerät eines Bergbewohners, hatte geholfen. Man mußte nur wissen, wo man hinzuschlagen hatte.

Dieser dritte…

Jeder von uns bewahrt irgendein eigenes jagdliches Geheimnis, irgendein Abenteuer, zu dem er sich nicht bekennen und das er am liebsten verdrängen möchte, das aber trotzdem immer wiederkehrt, bis wir uns eines Tages entschließen, es demjenigen anzuvertrauen, der uns verstehen könnte, uns die Sünde vergibt und diese Last tragen hilft. Nachher ist es uns leichter, erst recht, wenn der Zuhörer uns gegenüber Verständnis zeigt und verspricht, das Geheimnis zu bewahren. Es ist aber auch wahr, daß der Zuhörer selten das Geheimnis für sich behält, es wieder „vertraulich" einem Vertrauten, manchmal anonym, ohne Namensangabe, weitererzählt, bis diese Erzählung, ausgeschmückt und übertrieben, zu uns selbst – aber immer noch vertraulich – zurückkehrt.

Es ist mir daher auch unangenehm, nach Jahren dem Leser ein Erlebnis zu schildern, das sich in einem gut geführten Revier ereignet hat, wo der Förster Jurek M. alles, oder fast alles wußte. Er kannte jeden Hirsch, gab sogar jedem einen Namen; vom Schwarzwild wußte er die einzelnen Gewichte und sogar die Länge der Waffen.

Es war Spätherbst, als Jurek mir schrieb, daß ein Kartoffelschlag, der weit in den Wald hineinreichte, vom Schwarzwild angenommen werde und er dort sogar eine Kanzel errichtet habe. Er riet mir zum baldigen Kommen, da schon die Rauschzeit angefangen habe und bei den im Gebräch stehenden Bachen ein älterer „bärtiger" Keiler dabeisei. Unter „bärtig" verstand Jurek einen Keiler mit gutem Gewaff. Jurek hatte eben so seine besonderen Bezeichnungen, die gelungen und zutreffend waren.

Ich fuhr in der Hoffnung zu ihm, daß mir diesmal Hubertus hold sein würde…

Nach kurzer, herzlicher Begrüßung wurde etwas Warmes gereicht – und ab ging's ins Revier, weil es schon spät wurde. Besser früher dort sein, damit das Wild nicht vergrämt würde!

Stefan, der Kraftfahrer der Försterei, startete den Geländewagen, mit dem man fast bis zur Kanzel fahren konnte. Thermosflaschen, Wolldecken – und los!

Um 17 Uhr befanden wir uns an Ort und Stelle. Es begann zu dämmern. Unten war es zwar naß und warm, oben auf der Kanzel jedoch wesentlich kälter, und die feuchte Luft bildete überall Reif. Der Wald stand weiß wie in einem Märchen. Das Kartoffelfeld war ebenfalls leicht mit Reif überzogen. Stille umgab uns, man konnte jedes Geräusch wahrnehmen.

Der Mond beleuchtete das vereinsamte Kartoffelfeld immer heller, und ich hoffte, bald den großen, von Jurek angekündigten Keiler zu sehen. Es verging eine Stunde, und langsam wurde uns kalt – uns, das heißt mir und meinem Begleiter Jurek, der zusehen wollte, wie ich den „bärtigen" Keiler streckte.

Pünktlich um 18 Uhr tauchten dicht am Waldrand zwei Schwarzkittel auf. Sie kamen! Schon fühlte ich keine Kälte mehr, nur der Hals wurde mir trocken. Ich hatte Hustenreiz, Speichelschlucken half nicht. Ich nahm meinen ganzen Willen zusammen – er mußte jetzt stärker als der Hustenreiz sein. Es gelang, ich hustete nicht.

Die zwei Schwarzkittel zogen zum Acker; im Hintergrund stand jetzt ein dritter, ein kapitaler Keiler, der eine Zeitlang die zwei im Gebräch stehenden Bachen beobachtete, bis er müde wurde und sich niedertat. Es vergingen Minuten, der Keiler rührte sich nicht. Ich wußte genau, daß es ein Keiler war. Schon öfter hatte ich nämlich erlebt, daß sich in der Rauschzeit ein grobes Schwein drückte, den Rest der weiblichen Begleitung aber im Auge behielt. Als sich die Bachen recht weit entfernt hatten, stand der Keiler auf und zeigte sich in seiner ganzen Stattlichkeit. Er trat an die Bachen heran und überprüfte ihr Geschlecht. Diese, von seinem Wurf angestoßen, machten einen kleinen Satz, und der Keiler stand mit hocherhobenem Kopf – als ob er etwas gewittert hätte.

Ich entschloß mich zu schießen. Nach dem Schuß flüchteten die Schwarzkittel in den Wald. Dies wunderte mich, denn der beschossene hätte doch im Kartoffelfeld liegenbleiben müssen. Also Fehlschuß!

Ich teilte Jurek diese Feststellung mit, der aber unternahm nicht einmal den Versuch, mich zu trösten. Unzufrieden und nervös schob ich die Schuld meinem nicht richtig spannenden Stecher, der Kälte und dem langen Warten zu.

Na, aber das war ja erst der Anfang des Abends. Wir hatten ja noch die ganze Nacht vor uns und warteten weiter. Auf dem Kartoffelfeld tat sich nichts. Nach einer Stunde kamen wieder zwei Stücke aus demselben Wald. Offenbar hatte ich doch das dritte erlegt. Leider freute mich dieser Gedanke nicht lange, weil gleich ein drittes Stück folgte, das sich ähnlich wie das vorhin beschossene verhielt. Das bedeutete, daß ich doch gefehlt hatte.

So ist das eben mit den Schwarzkitteln. Wenn man nach dem Schuß ruhig sitzen bleibt, dann kommen sie wieder. Sie haben keine Angst vor dem Knall, denn ein sonst noch so vorsichtiger Keiler verliert den Kopf während der Rauschzeit und folgt der Bache wie ein Frischling.

Flüsternd wechselten Jurek und ich unsere Ansichten und kamen beide zu dem Schluß, daß dieselben Stücke zurückgekehrt seien und man das dritte Stück, aber diesmal genauer zielend, schießen müsse. Ein drittes Mal würden die Schwarzkittel trotz Rauschzeit nicht kommen. Ich wartete, bis der Keiler genau breit stand, stützte den rechten Ellenbogen aufs Knie, spannte den Stecher, zielte aufs Blatt und schoß. Er lag im Feuer. Blitzartig repetierte ich und faßte den liegenden Keiler wieder mit dem Zielfernrohr, denn schon manchem Jäger ist seine sicher geglaubte Beute noch entkommen. Dieser Basse hatte aber nicht die Absicht aufzustehen.

Die Bachen, überrascht von dem Verhalten des Keilers, verhofften am Waldrand und warteten auf ihren Gefährten. Dann verschwanden sie doch in den Wacholderbüschen des Unterholzes.

Ich schaute auf die Uhr, es war 19 Uhr. Stefan sollte uns um 20 Uhr abholen. Somit also noch eine Stunde Wartezeit. Wir saßen ruhig, vielleicht kam noch etwas? Immer noch kam dieser „Bärtige" nicht. Der von mir gestreckte Keiler mochte etwa 100 bis 120 Kilogramm wiegen, schon ein kleiner „bärtiger".

Die letzte Stunde auf der Kanzel verging eintönig, da es nichts Interessantes zu sehen gab. Vielleicht war es auch gut so. Die vereinbarte Zeit nicht abwartend, baumten wir ab und gingen zum Keiler. Im großen und ganzen erwies sich dieser als brav. Jurek legte ihn auf den Rücken und brach ihn auf. So mit erhobenen Läufen sah er ganz stattlich aus. Als Stefan kam, freute ihn dieser Anblick. Gut, daß dieser Jagdtag nicht ergebnislos gewesen war!

Stefan wollte schnell zum Auto zurück, weil er nach dem Verlassen des warmen Wagens am ganzen Körper zitterte. Später haben wir ihn dann wieder warm bekommen...

Früh am nächsten Tag wurde das Gewaff zurechtgemacht und ausgekocht. Die Haderer waren ziemlich stark, aber die Gewehre – nichts Besonderes! Gewicht 143 Kilogramm, eigentlich etwas mehr, aber in der Annahmestelle mußten sie von solch einem Keiler für sich etwas abzwacken.

Beim Abendessen diskutierten wir noch über den ersten Schuß. Warum ein Fehlschuß? Schade, jedoch nichts Außergewöhnliches bei der Jagd! Mehr wunderten wir uns darüber, daß die Stücke nach einer Stunde wiedergekommen und damit ein sicherer Beweis für einen Fehlschuß gewesen waren.

Als der nächste Vollmond herannahte, rief ich Jurek an und fragte: „Was hört man?"

„Nun, Schwarzwild ist immer noch zu sehen, aber nicht mehr am Kartoffelfeld, denn das ist abgeerntet. Aber es lohnt sich, auf derselben Kanzel anzusitzen, komm!"

„Was hast du dort Interessantes?"

„Komm, dann schießen wir Fuchs und Marder am ersten Keiler."

„Wie denn, am ersten Keiler?"

„Nun ja, er lag dreißig Meter im Walde mit einem sauberen Blattschuß. Ich fand ihn eine Woche später – eigentlich nicht ich, sondern die Füchse zeigten mir, wo er lag. Zu ihm führte ein ausgetretener Paß."

Ich war sprachlos. Zu viele Gedanken schossen mir durch den Kopf. Wie konnten erfahrene Jäger wie wir solch einen schwerwiegenden Fehler begehen!

Beeinflußt von den drei Stücken, hatten wir den ersten Schuß nicht überprüft, der Keiler war liegengeblieben und verludert.

122

Schuß bei Tagesanbruch

Die Hirschbrunft in der Johannisburger Heide erwartete ich immer mit Ungeduld. Ich fuhr dort nicht nur deswegen hin, weil die Jagd in dieser Gegend meistens erfolgreich war, sondern auch deswegen, weil ich dort in lustiger Gesellschaft interessanter Menschen weilen konnte, die nicht nur auf dem Gebiete der Literatur und der Journalistik, nein, auch im Waidwerk Meister waren.

Die ganze „Bande" – Bohdan, Roman, Dominik, Dasio, Zygmunt, Staszek, Michał, viele andere und mich – beköstigte Genia, die Frau des Försters Kaczmarczyk. Der Förster selbst reparierte ständig sein Motorrad, was Gegenstand abendlicher Witze und Sticheleien war. An Fröhlichkeit und Humor fehlte es uns nicht. Wir lachten über alles, auch über eigene jagdliche Mißerfolge.

Am Anfang unseres Aufenthaltes bot uns die Frau des Hauses Fleisch und Geflügel an, später aber, in dem Maße, wie die Vorräte zur Neige gingen – was bei unserem Appetit recht schnell erfolgte –, nur Quark; Quark in allen Variationen: Quarktaschen, mit Quark gefüllte Eierkuchen, Quarkpfannekuchen und selbsterfundene Quarkspeisen aller Art. Wir waren froh, denn angeblich soll man von Quark abnehmen. Wir komponierten sogar ein Quarkspeisenlied.

Die Jagd mit so vielen Personen machte es aus Sicherheitsgründen notwendig, das Jagdgebiet in kleinere Reviere aufzuteilen. Wir hatten aber den Verdacht, daß Zygmunt, unser Hegeringleiter, immer das beste Revier zugeteilt bekam. Das Jagdgebiet bestand aus Wäldern, die die Försterei umgaben. In dem mit Haselnußunterholz durchsetzten Forst befanden sich aber auch mit Schilf und Erlen bestandene ausgetrocknete Seen, die dem Rotwild guten Einstand boten.

Ich erfüllte in dieser Jägergruppe die „Ehrenfunktion eines stellvertretenden Vorsitzenden", und daher grenzte mein Revier an das des Hegeringleiters. Alle Jagdteilnehmer mußten den Grundsatz, während der Jagd die Reviergrenzen nicht zu überschreiten, gewissenhaft befolgen. Das Rotwild hielt sich glücklicherweise nicht daran, was die Zählung des Bestandes erleichterte.

Von der Jagd kamen wir nie mit leeren Händen zurück. Es geschah, daß zwei bis drei Hirsche an einem Morgen gestreckt wurden. Anschließend fanden das Auskochen und die Beurteilung der Trophäen statt, wobei unsere Hunde und die des Försters auf schmackhafte Häppchen von den ausgekochten Trophäen warteten. Auch für die Hühner waren diese Häppchen besondere Leckerbissen.

Während einmal Michał einen Hirschschädel von Fleischresten säuberte, legte er die Grandeln des Hirsches neben sich auf den Boden. Als sie plötzlich verschwunden waren, löste er Alarm aus. Er lief über den Hof in Richtung des Forsthauses und schrie aus vollem Halse: „Meinen Drilling, gebt mir meinen Drilling!" Es entstand allgemeine Verwirrung, alle Jäger rannten los, um ihre Waffen zu holen.

Keinem von uns fiel es ein, nach dem Grund für die Auslösung dieses Alarms zu fragen. Für uns war alles klar. Entweder war etwas Fürchterliches geschehen, oder Michał hatte irgendein gefährliches Tier entdeckt, das er erlegen mußte.

Einen Augenblick später hielt Michał die Waffe in der Hand und schlich sich langsam zwischen den Büschen, die den Hof umgaben, an ein Hühnervolk heran, das ruhig im Sande scharrte. Wir waren entsetzt. War unser Jagdkamerad plötzlich von Sinnen? Ein Schuß fiel, ein Huhn lag im Feuer, die anderen Hühner stoben vor Schreck auseinander.

Frau Genia begann zu lamentieren, aber Michał hob in aller Ruhe das Huhn auf. Der Frau des Hauses teilte er mit, daß er die doppelte Summe für das Huhn bezahlen wolle, wenn sich nach einer genauen Analyse des Verdauungstraktes herausstellen sollte, daß gerade dieses Huhn die Grandeln geklaut hatte. Mit Spannung erwarteten wir das Ergebnis der Sektion. Es erwies sich, daß dieses Huhn nur eine Grandel verschluckt hatte, die andere mußte im Magen eines anderen Huhnes stecken. So hatte Michał wenigstens eine Grandel, wir aber kamen zu einer ausgezeichneten Hühnerbrühe. Während des Mittagessens versuchten wir Michał zu überreden, alle Hühner aufzukaufen. Frau Genia lehnte dieses Angebot jedoch ab. Wir alten Herren hatten unseren Spaß daran.

Der September und die Hirschbrunft gingen zu Ende, und ich wartete immer noch auf einen lohnenden Abschußhirsch, denn ich

Nach dem Schuß auf dem kürzesten Weg in die nächste Deckung.

Der Schaum am Gebrech läßt auf einen Hochzeiter schließen, allerdings wohl noch nicht im Reifealter.

Pirsch im Bieszczady-Gebirge. Die wilde Landschaft läßt auf uriges Wild hoffen.

suchte einen ganz besonders interessanten. Zwar hatte ich schon mehrere Hirsche gesehen, sie waren aber weder alt noch originell. Ich hoffte auf einen starken, kapitalen, den ich schon einmal kurz zu Gesicht bekommen hatte, einen Zehner mit doppelter Krebsschere. Er war aber wie vom Boden verschwunden.

Eines Tages entschloß ich mich, die Hirschjagd zu unterbrechen, um mit Michał in Dorfnähe auf Schwarzwild zu jagen. Michał pirschte auf den Feldern eines Dorfes am Spirdingsee, das den schönen Namen Niedzwiedzi róg trug, ich auf den Feldern des Nachbardorfes Weissuhnen, wo zwischen dem Walde und einem Nebenarm des Warnoldsees ein riesiges Maisfeld lag.

Die am Tage durchgeführte Besichtigung der Felder brachte überraschende Aufschlüsse: Im Maisschlag, wie auch an dessen Rändern, waren mehr Hirsch- als Schwarzwildfährten. Unter den Hirschfährten fand sich eine besonders starke.

Der Abendansitz am Waldrand in der Nähe des Maisfeldes verlief ohne Erfolg. Die Hirsche röhrten, aber – in einem anderen Revier, in den Wäldern von Popiellen. Auch aus dem Maisfeld hörte ich Stimmen. Da ich die Ansitzstelle nicht gut gewählt hatte, beschloß ich, am nächsten Morgen näher am See anzusitzen.

Noch vor Sonnenaufgang, um 4 Uhr, war ich an Ort und Stelle. Überall hörte ich Hirsche. Sie orgelten im Mais und in Popiellen. So ist es aber, Hirsche rufen stets stärker in fremden Revieren. Am Seeufer entbrannte eine richtige Schlacht. Von dort vernahm ich das Brechen von Mais- und Schilfstengeln, Wasserplanschen und das Krachen von Geweihen.

Ich näherte mich dem Brunftplatz, konnte aber wegen des Nebels nichts sehen. Unterscheiden ließen sich in diesem „Orchester" die Stimmen zweier alter Hirsche. Einer röhrte im Mais, der andere im Schilf. Lange stand ich wie angewurzelt. Es war ein ungewöhnliches, mit nichts zu vergleichendes Hörspiel.

Ich hatte guten Wind und erwartete ungeduldig den Morgen. Die Zeit zog sich unerträglich in die Länge. Ungeduldig schaute ich auf die Uhr, näherte mich dem Schilf, kehrte zu meinem Stand zurück, schaute wieder auf die Uhr...

Endlich tauchten allmählich aus dem Nebel die am See wachsenden Erlen auf. Obwohl der Morgen schon angebrochen war, röhrten die Hirsche im Schilf und kämpften ohne Unterlaß. Im Nebel, der noch über dem See und dem Schilf lag, fühlten sie sich sicher. Wann würden sie ihren Kampfplatz verlassen? Da tauchte wie gerufen aus dem Schilf ein geringer Beihirsch auf, zog ein paar Gänge in meine Richtung und blieb stehen. Als er mich unverhofft eräugte, machte er kehrt und verschwand im Schilf, wobei er sich nicht beruhigen wollte.

Nun ja, er würde die Aufmerksamkeit der anderen Hirsche wecken und meine Bemühungen zunichte machen. Die Hirsche maßen aber diesem Randereignis keine Bedeutung bei, sie kämpften verbissen weiter.

Die ganze Zeit ließ mir die tiefe Stimme eines Hirsches keine Ruhe. Ich näherte mich leise dem Schilf, bog es mit den Händen auseinander und sah ihn vor mir. Er stand bis zu den Knien im Wasser und gab nur ab und zu einen Ruf von sich. Am Kampf nahm er nicht teil, dazu war er wohl zu alt. Sein Geweih war hoch und dünn, es hatte lange Augsprossen. Ich entschied mich zu schießen.

Den Repetierer lehnte ich an den Zielstock, entsicherte, betätigte den Stecher, überprüfte noch einmal, ob der Zielstachel auf dem Blatt ruhte, und betätigte langsam den Abzug. Der Schuß hallte vom Waldrand wider.

Der Hirsch rückte nicht, wie ich vermutet hatte, zum Seeufer, sondern ins Wasser; hinter ihm, mit großem Getöse, die anderen Hirsche. Nach einigen Metern begannen die Hirsche zu rinnen. In meinem Blickfeld hatte ich drei Geweihte. In dieser Gruppe war auch der angeschweißte Hirsch. Woher nahm er die Kraft? Es war unmöglich, daß ich ihn auf dreißig Schritt gefehlt hatte. Plötzlich konnte ich beobachten, daß „mein" Hirsch zurückblieb. Er wurde schwächer. Also doch getroffen! Meine Augen ruhten auf dem Geweih, das noch aus dem Wasser ragte, während der Hirsch zu sinken begann. Jetzt neigte sich das Geweih zur Seite, es war nur noch eine Stange sichtbar.

Leider hatte ich Nackenwind, die Wellen würden also den Hirsch nicht zum Ufer treiben. Was tun? Zu einem Boot war es zu weit. Bis ich damit ankäme, wäre der Hirsch gesunken, und die Wellen hätten ihn fortgetragen. Einen Augenblick zögerte ich, dann zog ich schnell meine Kleidung aus und – hinein ins Wasser.

Das Wasser war äußerst kalt, darauf achtete ich aber nicht. Ich schwamm schnell in Richtung der sichtbaren Geweihstange. Jetzt ergriff ich sie mit der Hand und bugsierte den Hirsch zum Ufer. Ich schwamm etwa fünfzig Meter. Im flachen Wasser vermochte ich den Hirsch nicht mehr zu ziehen, er war zu schwer. Darum ließ ich ihn liegen und schlug eine Geweihstange in den Seegrund. Ich zitterte vor Kälte. Hemd und Pullover, die ich beide sofort überzog, erschienen mir so warm, als ob sie am Ofen angewärmt worden wären.

Nun lief ich schnellstens zum mit Michał vereinbarten Treffpunkt. Er kam mir bereits entgegen, da er den Schuß gehört hatte und neugierig war, was ich erlegt hatte. Die Geschichte vom Hirsch glaubte er mir erst, als er diesen und die aus dem Wasser herausragende Stange sah. Nun mußte er, genau wie ich, die Hosen ausziehen und mit mir gemeinsam den Hirsch aus dem eisigen Wasser bergen.

Als ich abends im Forsthaus mein Erlebnis zum besten gab, stellten wir einmütig fest, daß die Hirsche von Popiellen im Mais nur „Gastspiele" gaben. Der See war an dieser Stelle recht schmal, hatte flaches Wasser, flache Ufer und gab den Hirschen die Möglichkeit der Wanderung.

Der gestreckte Hirsch war ein zehnjähriger unregelmäßiger Zwölfender. Nach Hause kehrte ich mit einer Nervenwurzelentzündung, aber auch mit einem zwar nicht medaillenverdächtigen, jedoch unter besonderen, nicht alltäglichen Bedingungen erbeuteten Geweih zurück.

Der Wisent

Anfang Oktober beschloß ich, die Johannisburger Heide zu besuchen. Vollmond war schon vorüber, der Mond ging jetzt spät auf, schien jedoch nach Mitternacht noch ziemlich hell.

Von meinem letzten Aufenthalt während der Brunftzeit hatte ich noch die aufgebrochenen Wiesen im Forstbereich Lipnik – unweit des Spirdingsees – in Erinnerung. Kurz vor Sonnenuntergang stand ich auf einer hohen Böschung – in unmittelbarer Nähe der Wiesen – und wartete auf Schwarzwild.

Die Abenddämmerung brach an, nichts geschah. Ich kehrte daher ins Forsthaus zurück, um vor dem Nachtansitz noch etwas zu schlafen. Auf der Wiese verblieb nur die Kuh des Försters, die dort über Nacht angebunden war. Weil sie eine gewisse Rolle bei meinem Abenteuer spielen sollte, erwähne ich sie.

Um 1 Uhr rückte ich, wieder ausgeruht, zu dieser Wiese.

Die Nacht war hell, obwohl die vom Wind getriebenen Wolken ab und zu den Mond verdeckten. Als ich die Stelle meines abendlichen Anstands erreichte, bemerkte ich, daß in einigem Abstand von der Kuh am Waldrand ein Pferd weidete. Ein Pferd, hier, nachts? Der Förster hatte mir nichts davon gesagt. Er wußte aber doch, daß ich noch einmal die Wiese aufsuchen wollte, und hätte mich doch gewiß darauf aufmerksam gemacht.

Unwillkürlich, aus jagdlicher Gewohnheit, schaute ich durchs Fernglas und – erstarrte.

War das vermeintliche Pferd wohl ein Keiler? Nein, es konnte kein Keiler sein – zu groß! Ich stellte Größenvergleiche mit der unweit grasenden Kuh an. Er war größer als sie.

Ich wischte die Gläser des Fernglases sauber und schaute, wischte noch einmal und schaute abermals – alles wies auf einen Keiler hin, aber die Größe...

Es mußte ein Wisent sein.

Ich lachte mich selbst aus – ein Wisent in der Johannisburger Heide? Hier gibt es keine.

Freilich, es gibt hier keine, vielleicht aber war er aus einem weiter entfernten Urwald zugewechselt? Die Jagdpassion drängte mich: „Schieß, überlege nicht lange, das ist kein Wisent, das ist ein Keiler, gewiß ein Keiler!"

Ich ging stehend in Anschlag, benutzte den Zielstock, führte den Zielstachel aufs Blatt des Stückes. Jetzt nur noch den Abzug betätigen! „Nein, schieß nicht", befahl die Vernunft, „das kann kein Schwarzkittel sein."

Ich kämpfte einige Minuten mit mir. Die Vernunft siegte – ich senkte die Waffe. Ich beschloß zu warten, bis das Stück sich bewegte, einen Ton von sich gab, damit ich endlich wußte, was es eigentlich war – Wisent, Keiler, Pferd?

Wie zum Trotz keine Bewegung, das Stück stand immer noch still. „Nun, dann soll es stehen bleiben, dieses gemeine Luder!"

Ich schulterte die Waffe, betrachtete es wiederum durchs Fernglas, sah aber nur noch verwischte Umrisse, da Wolken mittlerweile den Himmel bedeckten und nur noch ein Restlicht vorhanden war, das der schwindende Mond spendete.

Da traten überraschend aus dem Wald drei „normale" Schwarzkittel aus, nach Augenmaß jeder etwa siebzig bis achtzig Kilogramm schwer. „Nun, jetzt wird wohl diese Gesellschaft endlich das rätselhafte Objekt in Bewegung bringen!" jubelte ich innerlich.

Der „Wisent" bewegte sich tatsächlich, leider auf den Wald zu. Gerade noch konnte ich ihn mit dem Zielfernrohr erfassen, als er verschwand. Ich vermutete aber, daß er noch einmal in dieser Nacht zurückkehren würde, und wartete bis zum Morgengrauen. Er kam nicht zurück.

Ich war richtig sauer – solch eine Chance, solch ein Keiler, Mensch... Aber er würde mir nicht entgehen, beschloß ich.

Leider mußte ich nach Warschau zurückkehren. Der Gedanke an den Keiler ließ mich aber nicht los. Ungeduldig wartete ich auf den nächsten Vollmond, auf Schnee, hoffte auf einen glücklichen Umstand... Er mußte noch einmal kommen!

Ich erzählte dieses Erlebnis Jagdkameraden des Hegeringes, auch dem Oberförster Ludwik Śliwka – sie lachten ungläubig. Noch vor der Abreise bat ich Ludwik, sich – wenn Schnee fiele – für die Fährten des rätselhaften Stückes zu interessieren. Wohlgemerkt – für die Fährten, nicht für das Stück...

Ich hielt es nicht aus und fuhr am nächsten Sonntag wieder dorthin. Wieder wartete ich an der Wiese bis zum hellen Morgen. Es kam nichts.

Anfang Dezember fiel der erste Schnee, obwohl es schon viel früher Frost gegeben hatte.

Ein drittes Mal wartete ich an gleicher Stelle erfolglos. Der Oberförster behauptete jetzt schon ganz offen, daß ich wohl Opfer einer Sinnestäuschung gewesen sei. Ich gab aber nicht auf, sondern erkundigte mich bei allen Förstern wegen solch einer Fährte. Nein, sie wußten nichts. Wir suchten mit Ludwik die Fährte „meines" Keilers in benachbarten Wäldern, auf den Feldern der Dörfer Koncewo und Głodowo – keine Spur!

Aber eines Tages sprach uns ein nach Głodowo heimkehrender Fischer an: „Was suchen die Herren denn?" Ich erzählte ihm in Kürze, welches Rätsel ich zu lösen hätte. Er lächelte vielsagend, als ob er etwas wüßte, und schaute auf uns, überlegend, mit einem leichten Spott in den Augen. „Er labt sich daran, was er im Gegensatz zu uns weiß", dachte ich.

„Im Wald werden sie ihn nicht finden, er ist bei uns am Spirdingsee", sagte er schließlich. „Die Fischer kennen ihn seit vielen Jahren", fuhr er fort, „solange man zurückdenken kann, war er immer so groß. Er macht sich sein mannshohes Lager aus Schilf und schlüpft hinein. Er schläft auf Schilf, mit Schilf zugedeckt. Im größten Frost hat er es warm wie in einem Bienenstock."

„Nun gut, aber wo kommt er heraus?" fragte ich ungeduldig.

„Er kommt dort, wo wir Fische fangen und die Netze aus dem See ziehen", entgegnete er ruhig. „Immer findet er etwas Schmackhaftes, seien es Kleinigkeiten, Stengel. Er macht sogar selbst am Ufer das Eis frei, um Muscheln, Schnecken und Wasserpflanzen zu suchen. Wozu soll er in den Wald gehen? Um eine Kugel zu bekommen?" beendete der Fischer seine Schilderung.

Wir fuhren zum Spirdingsee an die Stelle, wo gestern gefischt worden war. Tatsächlich, auf dem Eis, neben menschlichen Fährten, fanden wir auch die seinen. Es bestand kein Zweifel, daß er sie hinterlassen hatte. „Jetzt hab' ich dich", dachte ich. Der Plan war einfach – warme Kleidung, Winterstiefel, Sitzstock, und ich würde abends mit gutem Wind am See warten.

„Du hast verspielt, Bruder", sprach ich zu ihm in Gedanken, als ich dort bereits Platz genommen hatte. „Zeig dich nur auf dem Eis bei diesem Mondlicht, schon hab' ich dich!" Der helle Mond beleuchtete den See ausgezeichnet. Es war hell wie am Tage, aber leider sehr kalt. Bis Mitternacht harrte ich aus, war aber starr vor Kälte. Es fiel mir ein, daß er vielleicht erst spät nachts käme, nach 24 Uhr, und ich ging zu einem bekannten Fischer, um mich aufzuwärmen. Mit schmackhaftem, gebratenen Fisch bewirtet, wurde mir so warm, daß ich – einschlief. In der Frühe suchte ich am See seine Fährte – sie war da. Also kam er nach Mitternacht.

In der nächsten Nacht beschloß ich, bis Mitternacht zu schlafen, ansitzen wollte ich von 0 Uhr bis zum Morgen. Leider konnte ich nicht einschlafen, die Ungeduld peinigte mich, ich wollte ihn möglichst schnell sehen. Den Schuß auf solch ein Stück sah ich nur als eine Formalität an. So denkt wohl manch ein Waidmann vor dem Schuß.

Ich saß von Mitternacht bis frühmorgens und – nichts! In der Frühe fand ich wiederum Fährten; diesmal hatte er hier vor Mitternacht gastiert. Das war nun meine letzte Nacht gewesen. Ich mußte nach Hause und kam krank zurück. Nein, ich war nicht erkältet, Jäger wissen, warum ich krank war.

Ich gab aber immer noch nicht auf und schmiedete Pläne für den nächsten Vollmond im Januar. Die Pläne verwirklichten sich jedoch nicht. Ende Dezember benachrichtigte mich Ludwik, daß „mein" Keiler nicht mehr am Leben sei. Am ersten Weihnachtsfeiertag war er von einem Förster der benachbarten Oberförsterei gestreckt worden.

Nach dem Aufbrechen und dem Abschärfen des Wurfs hatte er 205 Kilogramm gewogen. Die Haderer waren geborsten und beschädigt, aber die Gewehre waren breit, obwohl kurz. Ich fuhr hin, um sie anzuschauen. Als ich dem Förster Stanisław Sroczyński aus Ruciany erzählte, wieviel Zeit ich diesem Keiler geopfert und wie verbissen ich auf ihn gejagt hatte, schenkte er mir die Keilerwaffen. Sollten sie mir etwa tatsächlich zustehen?

Ansitz

Der Dezember war im Gebirge wie gewöhnlich schneereich und kalt. Der täglich fallende Schnee schuf günstige Bedingungen zum Fährten, aber was sollte es – es waren schon zwei Tage vergangen, und wir blieben ohne Jagderfolg. Die unermüdlichen Jäger von Bieszczady gaben nicht auf, und obwohl der Frost anhielt, fährteten sie weiter und lappten Bestände ein.

In optimistischer Stimmung rückten wir jeden Morgen zur Jagd aus, aber schon mittags ließ die Passion nach, und unsere Hoffnungen schmolzen dahin. Am dritten Tag wiederholte sich diese Situation. Müde vom vielstündigen Marsch, standen wir am Geländewagen auf der Landstraße, tranken Tee und beratschlagten, was wir tun sollten. Wir waren geneigt, zur Försterei zurückzukehren, nur unser unermüdlicher Kollege Zając aus Lutowisko war als einziger bereit, weitere Waldstücke abzufährten. Wir wollten ihn davon abbringen und erklärten ihm, wenn wir auch heute Erfolg dabei hätten, so kämen wir doch nicht damit zurecht, den Bestand einzulappen. Nichts zu machen, wir mußten bis morgen warten... Vielleicht klappte es dann.

In einer Gruppe stehend, versperrten wir den schmalen Gebirgspfad, deswegen gab uns ein in unserer Richtung fahrender Geländewagen Lichtzeichen, damit wir zur Seite traten. Wir taten es, aber der Wagen fuhr nicht weiter, sondern blieb seitlich stehen. Ihm entstiegen eiligst der Oberförster aus Stuposiany und ein Fahrer. Ungestüm, sich gegenseitig unterbrechend, begannen sie zu berichten, daß ein Luchs da sei, besser gesagt – war, daß sie ihn gesehen hatten, unweit, am Fuße des Berges, daß er gewiß hungrig sei, denn er hatte Fallwild angenommen.

„Ruhig, nicht beide gleichzeitig", forderte Pepera, obwohl sich auch auf ihn wie auf uns die Aufregung übertrug.

Jetzt erzählten sie schon geordneter, daß sie unweit von hier am Wege einen Luchs bemerkt hätten, der beim Anblick des Wagens langsam fortholzte. Sie hielten an, und es zeigte sich, daß der Luchs ein am Weg gelegenes Stück Fallwild – ein Rotwildkalb – gefunden, den Schnee entfernt und eine Keule angeschnitten hatte. Wir wunderten uns: ein am Weg fressender Luchs, mitten am Tage? Unwahrscheinlich! Wir bestiegen die Fahrzeuge und fuhren zum Ort des nicht alltäglichen Geschehens.

Tatsächlich, einige Meter von der Landstraße entfernt lag das Kalb, und drumherum fanden sich lauter frische Fährten. Was tun? Es wurden verschiedene Vorschläge gemacht: Ein Hund mußte her, denn der Luchs war nicht weit, und der Hund würde ihn zum Aufbaumen zwingen. Die Methode war gut, aber wer hatte solch einen Hund? Einen solchen Hund gab es nicht, daher wurde das Projekt fallengelassen. Nichts fiel uns ein, und so kehrten wir zur Oberförsterei zurück, konnten uns aber nicht beruhigen und diskutierten weiter. Bedauerlich, der Luchs war so nahe, warum hatten wir ihn nicht angetroffen?

In der Oberförsterei wurden Beschlüsse gefaßt: Die Fährtenjäger sollten nach Hause fahren, ich konnte im Forsthaus bleiben, und der Gast sollte sich gleich nach Mitternacht unweit der Stelle ansetzen, wo der Luchs gesichtet worden war. Alles wies darauf hin, daß er zum Fallwild zurückkehren mußte, denn er war hungrig und alleine, und alleine etwas zu erbeuten, ist schwierig.

Pepera sagte dies so überzeugend, daß alle an den von ihm geschilderten Ablauf der Ereignisse glaubten und zum Gast eilten, um ihm im voraus zu gratulieren. Aber der Gast, ein ernster und erfahrener Jäger, wollte die Gratulationen nicht annehmen.

Die Förster fuhren nach Hause, und auch ich hatte die Jagd satt und blieb beim Oberförster Wójcik, dessen Frau uns mit einem schmackhaften Essen beköstigte.

Pepera fuhr mit dem Gast zum Ansitz.

Ihren Stand wählten sie an einer Tanne, die etwa sechzig Meter von der Stelle entfernt war, an welcher sie die Rückkehr des Luchses vermuteten. Der Gast saß alleine an, Pepera sollte ihn, falls ein Schuß fallen würde, oder spätestens um 20 Uhr abholen. Dem Jäger verging die Zeit langsam, um so mehr, als sich nichts tat und das Warten an dieser Stelle keinen Erfolg versprach. Nur Elstern taten sich an dem Fallwild gütlich. Die Nacht versprach kalt zu werden,

135

da der Himmel klar und wolkenlos war. Über dem Horizont hing die große rote Scheibe der untergehenden Sonne. Bald mußte die Nacht hereinbrechen. Der Jäger fror und wartete. Und gerade in dieser beginnenden Dämmerung, die im Wald schon vor dem Sonnenuntergang einsetzt, erschien wie ein Geist der Luchs. Er kam langsam, fortwährend verhoffend. Als er wieder einmal stehenblieb und das Blatt zeigte, schoß der Jäger. Der Luchs kehrte um und wurde hochflüchtig.

Als Pepera kam, war der Jäger schon am Anschuß. Er fand etwas Schweiß und den Eingriff der Kugel im Schnee. Beide Männer folgten der Schweißspur. In der dritten Flucht war schon reichlicher Schweiß zu finden. Sie schauten sich gegenseitig an und lächelten vielsagend – beide dachten das gleiche, sagten jedoch nichts, um es nicht zu beschreien. Endlich erblickten sie in einiger Entfernung auf dem Schnee den rötlichgelben Fleck des gestreckten Luchses, der ruhig und majestätisch dalag, so wie es sich für ein Tier dieser Klasse gehört.

Einen Bruch in Bieszczady zu finden, war nicht schwer, und so geizte Pepera auch nicht mit Tannengrün und zierte die Mütze des Jägers damit so reichlich, daß er wie ein Weihnachtsbaum aussah. So etwas könnte sich auch als Tarnung vor dem wachsamen Auge des Wildes bewähren.

Der Luchs war zwar jung und nicht allzu groß, aber für den Jäger der schönste aller Luchse.

Alles, was Pepera vorausgesagt hatte, war eingetreten. Der Luchs, jung, hungrig, alleine jagend, mußte zurückkehren. Ja, aber auf all das muß man sich verstehen – Donnerwetter!

Pech

Zwischen Weihnachten und Neujahr war Vollmond. Eine hohe
Zeit für Jäger! Wer sich seines Lebens freute und wem der Wald lieber war als sein Heim, der rückte zur Jagd aus. Nach langen Bera-
tungen mit meinem treuen Jagdkameraden Heniek S. entschlossen
wir uns, ins Gebirge zu fahren, um auf Wölfe zu jagen. Weder die
lange und ermüdende Reise noch das voraussichtlich stundenlange
Sitzen auf Kanzeln hatten Bedeutung oder konnten uns entmutigen. Die Wolfsjagd ist ein großes jagdliches Erlebnis, und da lohnt
es sich, solche Strapazen auf sich zu nehmen.

Im Forsthaus – Enttäuschung: das Telegramm, das unsere Ankunft
ankündigen sollte, war nicht angekommen, und der Förster hatte
keinerlei Vorbereitungen für unsere Jagd getroffen. Aber weil gerade sein ältester Sohn, Jan, heiratete, lud er uns zur Hochzeitsfeier
ein.

Wir befanden uns in einem Zwiespalt: Es zog uns in den Wald, aber
dem Hausherrn konnten wir die Einladung nicht ausschlagen. Zum
Glück schlug der Förster selbst uns vor, in den Wald zu fahren. Die
Hochzeit würde uns nicht fortlaufen, denn sie sollte mindestens
drei Tage dauern...

Wie sollten wir aber in die Berge kommen, wenn die Pferde- und
Wagenbesitzer an der Hochzeit teilnahmen? Da kam uns der Leiter der Landwirtschaftlichen Genossenschaft zu Hilfe, er stellte
Pferd und Wagen zur Verfügung. Eine Stunde Fahrt über verworre-
ne Wege, und schon waren wir in den Bergen, in einem alten, ver-
lassenen Gebäude, das als Jagdhütte eingerichtet war.

Eilige Vorbereitungen für den nächtlichen Ansitz – heißen Tee in
die Thermosflasche, die zerlegten Waffen zusammensetzen, warme
Sachen einpacken –, und los ging's!

Unter der Kanzel waren wenige frische Fährten, meist von Hirsch
und Schwarzwild, Spuren von Füchsen. Wolfsfährten – keine! Kein
guter Anfang – wir trösteten uns jedoch damit, daß die vom Schnee
bedeckten Fährten gewiß Wolfsfährten waren.

Die erste Kanzel nahm Heniek in Besitz, er behauptete, sie sei „sicher" und gut. Ich fuhr weiter. Henieks Kanzel war wärmer als meine, aber auch besser? Man weiß ja, wie das mit den „guten" Kanzeln ist. Heniek meinte, die Wölfe würden zu seiner Kanzel kommen, ich dagegen war überzeugt, daß meine am besseren Ort stand. Wölfe kamen aber weder zu der einen noch zu der anderen. Es wurde dunkler. Die Dämmerung verwischte die vorher scharf erkennbaren Umrisse der Sträucher und Baumstümpfe, die sich vom weißen Schneehintergrund abhoben. Ich bemühte mich, mir ihre Gestalt einzuprägen, um dann, wenn der begehrte dunkle Fleck – die Silhouette des Wolfes – erschien, diesen nicht als Strauch oder Baumstumpf anzusprechen. So etwas ist leicht möglich.

Auf Wild brauchte ich nicht besonders lange zu warten. Gleichzeitig mit dem Mondaufgang erschien ein Schwarzkittel unter meiner Kanzel, ein Einzelgänger, mittelgroß, ein Gebirgskeiler. Er verhielt sich sehr vorsichtig – fortwährend unterbrach er das Fressen und venahm. Man sah, daß er sich nicht als Eigentümer des ausgelegten Luders fühlte, auch nicht als Herr dieses Luderplatzes.

Nach einigen Stunden des Wartens erliegt ein Jäger bekanntlich der Versuchung. Am Anfang hatte ich nicht die Absicht, den Keiler zu strecken. Jetzt war ich „mürbe" – und schoß. Der Keiler rückte in die Erlen, ich hörte nicht das charakteristische Brechen der Zweige und Büsche. Ob er schlecht getroffen war?

Ich hätte eigentlich die Kanzel verlassen müssen, um nachzusehen, was mit dem Keiler geschehen war. Das wäre aber unvernünftig gewesen, da meine frischen Fährten im Schnee den Wolf vom Luderplatz ferngehalten hätten. Der Schuß, den ich abgegeben hatte, war schnell verhallt, weswegen ich hoffte, daß bald ein Wolf erscheinen würde.

Unüberwindliche Schläfrigkeit befiel mich. Vergebens versuchte ich, sie zu bekämpfen. Ich schlief den Schlaf des Gerechten – zwei Stunden lang, bis 1 Uhr. Als ich erwachte, herrschte überall Stille. Am Luderplatz tat sich nichts.

Seit Abgabe des Schusses waren bereits drei Stunden vergangen, und wenn der Keiler zur Strecke gekommen war, mußte er aufgebrochen werden.

Ich zog meine Jacke aus, ergriff den Repetierer und die Taschenlampe und ging zum Anschuß. Sofort erblickte ich Schnitthaare, nach einigen Metern Schweiß und etwas weiter am Waldrand neben den tiefen Fährten des geflüchteten Keilers – frische Wolfsfährten!

Gewiß folgten die Wölfe dem Keiler. Ich zwickte mich in die Wange, um festzustellen, ob ich wach sei, und kehrte sofort zur Kanzel zurück.

Aufgeregt durch die Anwesenheit der Wölfe, die in der Nähe waren, machte ich mir bittere Vorwürfe. Der Teufel hatte mir diesen Keiler geschickt! Wozu, zum Teufel, hatte ich geschossen? Warum war ich eingeschlafen? Warum hatte ich nicht jemanden mitgenommen, der im Wechsel mit mir hätte wachen können? Jetzt war mir der Schlaf vergangen. Aufmerksam wachte ich am Fenster der Kanzel. Bis zum Morgen tat sich nichts. Die Wölfe kamen nicht.

Während der ganzen Zeit des Wachens am Kanzelfenster ließ mir der Gedanke an den Keiler keine Ruhe. Wenn auch Schnee lag und Frost herrschte und einige Stunden seit dem Schuß verstrichen waren, hoffte ich doch, daß der Keiler nicht verhitzte. Irgendwie war es aber nicht waidmännisch – schießen und nicht weiter darum kümmern, nicht nachsehen, nicht aufbrechen, und all das wegen eines Wolfes.

Beim ersten Morgengrauen suchten Raben, Elstern und Häher das Luder auf. Es waren aber weniger Rabenvögel als sonst. Ich beachtete sie nicht. Dagegen weckte mein Interesse lauter Lärm, der aus dem Erlenbestand am Wildbach kam, also aus der Fluchtrichtung des Keilers. Sollte sich die Vogelgesellschaft etwa an ihm gütlich tun? Ich entschloß mich, dies zu überprüfen, und verfolgte die Fährte des Keilers.

Weit vor mich schauend, wie dies gewöhnlich Jäger bei der Nachsuche zu tun pflegen, und zwar deswegen, um möglichst schnell das erlegte Wild zu entdecken, bemerkte ich plötzlich etwa dreißig Meter vor mir einen großen roten Fleck, der, wie ich später feststellte, aus einem Gemisch von Schnee und Schweiß bestand. Was war dort geschehen?

Ich wollte mich nicht mit dem Gedanken abfinden, daß die Wölfe meinen Keiler gefressen hatten, da der Wolf kein frisches Fleisch anrührt. Und doch!

Ich ging schneller, und plötzlich lag vor mir ein Schlachtfeld: In der Mitte einer dichten, blutigen Masse lagen Kopf und Wirbelsäule des Schwarzkittels; etwas abseits – seine Läufe. Überall lagen mit Schweiß und Deckenfetzen vermischte Knochenteile des unglückseligen Stückes. Es gab keinen Zweifel, daß sich hier Wölfe zu einem Schmaus versammelt hatten. Und zu was für einem! Zum Schmaus eines ganzen Keilers. Die durch meine Anwesenheit verscheuchten Vögel baumten unweit auf und schimpften, da ich ihr Gastmahl gestört hatte. Sie warteten darauf, daß ich wegging und sie zurückkehren konnten. Ich verließ aber das Schlachtfeld nicht. Mich interessierte, wieviel Wölfe hier gewesen waren. Bestimmt mehr als zwei! Zwei könnten ja keinen Keiler fressen, der mindestens achtzig Kilogramm gewogen hat. Also wieviel waren es gewesen? Die Fährten am gerissenen Stück gaben keine Auskunft, da diese Stelle vollkommen vertreten war. Als ich aber weiter entfernt suchte, fand ich nicht nur Fährten, sondern auch Lager im Schnee. Es waren fünf Wölfe gewesen. Als ich die Keilerfährte aufgenommen hatte, waren die Räuber verscheucht worden. Sie wurden hoch, dann schlichen sie sich heran und bewachten liegend die Reste der Mahlzeit.

Vor Aufregung wurde mir ganz heiß. Eine zweite Chance hatte ich also verpaßt! Wäre ich vorsichtig gegangen und hätte das Fernglas benutzt, wären mir die Wölfe gewiß nicht entgangen. Außerdem waren die Schußbedingungen gut. Aber Pech ist eben Pech. Ich tröstete mich damit, daß die Wölfe gewiß zum Luder, welches sie als ihr Eigentum ansahen, zurückkehren würden. Folglich mußte man in der nächsten Nacht ansitzen, natürlich auf der Kanzel, nicht hier. Hier war es zu kalt. Das hielte ich nicht aus. Die Reste des Keilers würden wir zur Kanzel schleppen, die Wölfe würden der Schleppe gewiß folgen. Mit diesem Vorsatz kehrte ich in die Jagdhütte zurück, wo Heniek schon wartete. Ich freute mich, daß er im Küchenofen bereits Feuer gemacht hatte, um den Raum zu erwärmen und Tee aufzukochen. Wie üblich kam die Frage: „Na, hast du was?", darauf die kurze Antwort: „Nichts." Wir wußten Bescheid.

Es dauerte nicht lange, bis wir uns unsere nächtlichen Abenteuer erzählt hatten. Dann nahmen wir von weitem Musik, fröhliche Ru-

fe und Peitschengeknall wahr. Wir liefen vor die Jagdhütte und erblickten eine Schlittenkolonne. Auf dem ersten Schlitten thronten
Chrobak, das junge Paar und das Orchester, auf den folgenden die
Hochzeitsgäste. Die letzten Schlitten waren mit Imbiß und Kästen
beladen – nicht nur mit Bierkästen... Gleich wurde es in der Stube
laut, heiß und ausgelassen. Die Musikanten spielten ohne Unterlaß, übrigens immer wieder die gleiche Melodie, und jemand sang
hochzeitliche Kehrreime. Nur getanzt wurde nicht, dazu war die
Hütte zu klein.

Nach einigen Stunden machte sich der fröhliche Schlittenzug auf
den Rückweg zum Hochzeitshaus. In die Jagdhütte kehrte wieder
Ruhe ein.

Chrobak, dem ich erzählt hatte, was ich in der Nacht erlebt hatte,
schleppte mit Hilfe eines Pferdes die Reste des Keilers in die Nähe
der Kanzel. Freudig, in guter Stimmung und mit vollem Magen begaben wir uns wiederum auf unsere Kanzeln. Am frühen Abend er-
laubte ich mir bewußt ein kleines Nickerchen, aber von 19 Uhr an
hielt ich Ausschau.

Etwa um 22 Uhr schlich am Rande der Lichtung ein Wolf wie ein
Geist vorbei. Diesmal hatte ich meinen Drilling bei mir. Rechts lud
ich Schrot, links Posten und natürlich eine Kugel. Obwohl ich den
Wolf deutlich sah, schoß ich nicht. Ich wollte abwarten, bis er sich
dem Luder näherte.

Erst stand er einige Minuten, dann rückte er langsam in Richtung
auf die Lichtung vor. Er hielt an, grub aus dem Schnee irgendeinen
Knochen aus und verschwand wieder im Walde. Ich wußte, daß er
wiederkommen würde – mit einem alten Knochen würde er sich
nicht zufriedengeben. Er mußte hungrig sein, gehörte gewiß nicht
zu jenem Quintett.

Er war nahe, denn ich hörte, wie er seine Beute, diesen alten Knochen, zermalmte. Bald verließ er den Wald und schnürte entschlossen zum Luder. Die Waffe schußbereit, wartete ich nur auf einen
günstigen Augenblick. Als er vor dem Luder anhielt, stach ich erst,
dann betätigte ich den Abzug. Der Schlagbolzen schnellte nach
vorn, der Schuß brach jedoch nicht. Der Wolf hörte das Klicken des
Schlagbolzens, hielt inne und beobachtete aufmerksam die Umgebung. Es gelang mir gerade noch, den linken Lauf mit Posten abzu-
feuern. Nach dem Schuß verschwand der Wolf im Wald.

Ich bebte am ganzen Leibe, die Hände zitterten, und aus Nervosität, ich weiß nicht, warum, lud ich eiligst nach.

Mit Hilfe der Taschenlampe schaute ich mir die Kugelpatrone an. Auf dem Zündhütchen war kaum eine Spur des Schlagbolzens zu erkennen. Klar, ein Schuß konnte nicht erfolgen. So etwas kann mit einem Drilling passieren. Ein gefrorener Wassertropfen hatte wohl den Schloßmechanismus gestört.

Schade, aber geschehen ist geschehen. Geduldig wartete ich weiter. Um 1 Uhr hörte ich irgendwo in der Ferne das Heulen eines Wolfsrudels.

Früh am Morgen ging ich zum Anschuß. Ich fand dort Schnitthaare und Spuren von dreizehn Posten im Schnee. In der Patrone waren einundzwanzig gewesen, also steckten die übrigen im Körper des Wolfes. „Ein Lichtblick", dachte ich.

Ich folgte der Fährte und konnte bald Schweiß und etwas weiter den liegenden Wolf erkennen. Er war im Schnee steckengeblieben und steifgefroren, wobei er den Kopf nach hinten gerichtet hatte.

Von der Nachbarkanzel war ebenfalls ein Schuß gefallen. Heniek hatte einen Keiler mit gutem Gewaff gestreckt.

„Somit haben wir die Pechsträhne durchbrochen", sagte ich, als wir uns in der Jagdhütte trafen. „Eine Kanzel wollen wir aber bei dieser Kälte nicht mehr besteigen, sondern nach Hause fahren, um unsere strapazierten Nerven zu beruhigen."

Schießen in einem solchen Stangenholz bedeutet immer ein Wagnis.

Die Wisente trotzen auch den härtesten Kältegraden.

**Der Jagderfolg bringt meistens Arbeit mit sich, vorwiegend jedoch ange-
nehme.**

Ein Winterkeiler, wie ihn sich jeder Jäger erträumt.

144

Silvesternacht

Wenn sich das Jahresende nähert, wohnen zwei Seelen in des Jägers Brust: zu Hause bleiben, fröhlich Silvester und Neujahr feiern, tanzen, am vollgedeckten Tisch sitzen oder – zur Jagd gehen. Man sagt nämlich, wenn am 1. Januar die Jagd erfolgreich ist, wird das ganze Jahr für den Jäger glücklich sein.

Ich wählte im Jahre 1972 die Jagd.

In der Silvesternacht saßen wir mit dem Förster Misiuda auf der Kanzel und erwarteten Wölfe. Es war eine besondere Nacht, eine zauberhafte, ereignisreiche, die mir immer in Erinnerung bleiben wird. Überall feierte man, Sektkorken flogen, und wir warteten eingeschlossen in einer Kanzel und dachten nur an eines: Würde ein Wolf kommen?

Vor dem Aufbruch zur Jagd hatte uns Władek Pepera gesagt, daß ein Wolf kommen könnte, da es ein Wetterhoch gebe. Zumindest würden wir einen Bären zu sehen bekommen, denn Pepera hatte vor kurzem Bärenfährten in eben diesem Jagdgebiet gesehen. Er gab auch zu, daß sie mit Bären großen Kummer hätten. So war unlängst in eine Hütte, die aus groben Fichtenstämmen gezimmert war, ein Bär eingebrochen. Dort wurde Pferdefleisch aufbewahrt, das man für die Wölfe als Köder verwendete. Dieses Fleisch eben verführte den Bären zu seinem „Verbrechen".

Diese Schilderungen vom Bären hörte ich wie das Märchen vom eisernen Wolf, und ich rechnete weder mit einer Begegnung mit dem Bären, noch glaubte ich an seine geschilderten Untaten.

Als ich aber Spuren von Fuchs, Fährten von Wolf und Sau und zwischen ihnen Bärenfährten sah, nahm ich Władeks Schilderungen etwas ernster.

„Interessant, wann war der Bär hier wohl zu Besuch; ob er heute kommen wird?" überlegte ich. Die Fährten waren undeutlich, der Schnee bereits vor drei Tagen gefallen, und das Wild hatte ihn derart vertreten, daß wir nicht feststellen konnten, ob die Fährten von der letzten oder vorletzten Nacht stammten. Der Luderplatz selbst – eine graue Masse, die Fährten verwischt und durchgemischt!

Man konnte schlecht ergründen, was für Tiere sich dort gütlich getan hatten.

Eins konnten wir feststellen: am meisten Wolfsfährten und – der Einbrecherbär. Aber wann sie sich hier aufgehalten hatten, war nicht feststellbar.

Die Dämmerung brach ein. Die Nacht, von der ich mir so viel versprach, näherte sich langsam und träge. Ich schlummerte. Dies dauerte wohl sehr lange, denn als ich erwachte, herrschte schon völlige Dunkelheit, die nur hie und da vom blassen Mondlicht aufgehellt wurde. Es war kalt: –24°C!

Zuerst kamen Schwarzkittel ans Luder, eine starke Rotte. Fast lauter erwachsene Stücke, nur einige Frischlinge!

„Das Resultat der Wolfstätigkeit", brummte Misiuda. „Sie vernichten fast den ganzen Zuwachs."

Ich schaute ihn erstaunt an. Misiuda, der sonst nie auf der Kanzel einen Ton von sich gab, meldete sich! Die Wölfe hatten ihn wohl aus dem Gleichgewicht gebracht. Er war sonst, wie es sich für einen Bieszczadytrapper gehörte, ein äußerst schweigsamer Mensch.

Ich beobachtete die Rotte durchs Fernglas und taxierte den Keiler nur so zum Sport und zur Übung, denn schießen wollte ich ihn nicht. Das Schwarzwild stand lange im Gebräch am Luder. Ich fürchtete, daß alles aufgefressen und nichts für die Wölfe übrigbleiben würde.

„Macht nichts", beruhigte mich Misiuda. „Die Wölfe werden sogar zu den Knochen kommen. Außerdem sind es fast zwei ganze Pferde. Es reicht für Sauen und Wölfe."

Inzwischen tat sich etwas am Luderplatz. Die Schwarzkittel flüchteten nacheinander in den Wald. Wölfe? Nein, es herrschte Stille, nichts war zu sehen. Und doch waren die Sauen nicht grundlos geflohen. Wir warteten also gespannt und versuchten, jedes Geräusch aufzunehmen.

Schließlich erschien links von der Kanzel ein großer, dunkler Fleck.

„Ein Keiler", dachte ich und hob das Fernglas. Ich war wie gelähmt – es war ein Bär, wirklich ein Bär!

„Der Petz", flüsterte ich Misiuda zu. Er schaute mir über die Schulter und bestätigte dies mit Kopfnicken.

146

Schweigend betrachtete ich den Bären. Langsam näherte er sich dem Pferd, setzte sich bequem hin und begann, sein Abendbrot einzunehmen. Die Mahlzeit dauerte lange, vielleicht eine Stunde. „Man sollte ihn verjagen", sagte ich. „Der Nimmersatt wird das ganze Luder verzehren!"

„Er wird es nicht, und wenn auch, das macht nichts", antwortete Misiuda. „Schlimmer ist, daß der Bär die Wölfe vergrämen wird, denn sie lassen ihm den Vortritt. Besser wäre, wenn er abhaute." Ich beleuchtete den Bären mit der Taschenlampe. Das Licht irritierte ihn. Er floh aber nicht, was ich gehofft hatte, sondern unterbrach nur seine Mahlzeit und schaute zur Kanzel. Zwei Bärenäuglein spiegelten sich grünlich im Lichtkegel.

„Er ist gar nicht erschrocken und denkt nicht daran wegzulaufen", sagte ich. „Wir müssen es anders versuchen." Ich beugte mich aus dem Kanzelfenster und rief: „He, Petz! Reiß aus!" Natürlich rief ich dies viel derber, kraftvoller, unanständiger...

Der Bär reagierte auf meine Stimme; leider ganz anders, als ich mir das dachte. Er begann Laute von sich zu geben und drehte den Kopf hin und her, als ob er sagen wollte, daß er nicht daran denke, seine Mahlzeit zu unterbrechen. Ich schaltete die Taschenlampe aus, zog den Kopf zurück und fragte: „Was wollen wir noch tun? Irgendwie muß man ihn doch vertreiben." Keine Antwort abwartend, schlug ich vor: „Ich werde ihnen leuchten, sie gehen zum Bären und vertreiben ihn."

„Nein", entgegnete Misiuda kopfschüttelnd. „Gehen sie zu ihm, ich werde ihnen leuchten."

Der Petz spürte wohl, daß wir ihn fürchteten, vielleicht gefielen ihm auch unsere erregten Stimmen nicht, denn er wurde immer dreister. Böses Brummen und das Brechen von Zweigen und irgendwelche undefinierbaren Laute waren die Antwort.

Nach Misiudas Meinung sollte man in dieser Situation den Bären nicht weiter reizen, sondern ihn in Ruhe lassen. Andernfalls würde er uns angreifen, nicht wir ihn... Und was dann? Misiuda hatte recht. Die Zeit zog sich unerträglich in die Länge, wieder steckte ich den Kopf aus dem Fenster, um zu sehen, was unser Gast so zu tun pflegte.

Die Frechheit des Bären kannte keine Grenzen. Ganz ruhig, unsere Anwesenheit nicht beachtend, zog er seine Beute in den Wald. Nun ja, jetzt kamen die Wölfe nicht mehr. Das Luder war weg, den Luderplatz beherrschte der Bär. Was weiter?

Uns blieb zunächst nichts anderes übrig, als zuzuhören, was der Bär in einiger Entfernung trieb. Er lärmte noch einige Stunden. Schließlich hatten wir alles satt, außerdem überfiel uns der Schlaf. In dieser Lage konnten wir allerdings nur im Wechsel schlafen, einer mußte am Fenster wachen.

Ich legte mich als erster auf die Pritsche und war in Gedanken im hell leuchtenden Ballsaal, sah tanzende Paare und reichgedeckte Tische...

Als ich aufwachte, schlief mein Jagdbegleiter schnarchend mit an die Kanzelwand angelehntem Kopf. Ich machte die Pritsche frei und setzte mich selbst ans Fenster. Wir wechselten so noch einige Male.

Um 1 Uhr hörte der Bär zu lärmen auf. Endlich war Ruhe. Sie wurde aber von einem leisen Geräusch unterbrochen – ein Fuchs! Er trabte eilig am Luderplatz vorbei und verschwand im Wald, um einen Augenblick später wieder zu erscheinen. Jetzt schnappte er sich einen Knochen, versteckte ihn im Gebüsch und holte den nächsten. Dies wiederholte sich mehrmals.

Ich weckte Misiuda, er schnarchte so laut, daß ein Wolf, auf dessen Ankunft ich hoffte, taub sein mußte, um diese Geräusche nicht wahrzunehmen.

Heißer Tee, belegte Brote – und wir warteten weiter. Mein Leidensgenosse tröstete mich, indem er bemerkte, daß die Wölfe gern in der Frühe zu kommen pflegen. Freilich, ich glaubte nicht daran – so sagt man immer, wenn nach Mitternacht lange Zeit kein Wild erscheint.

Erfahrene Wolfsjäger behaupten zuerst, daß es sich am besten abends jage, wenn der Wolf hungrig sei, dann komme er nämlich zum Luder. Später sagen sie, die Mitternacht sei gut. Nach Mitternacht sind sie der Meinung, daß der Morgen gut sei. Die Hoffnung verkürzt bekanntlich das Warten.

Die Morgendämmerung sickerte schon durchs Kanzelfenster. Man sah und hörte nichts. Gleichgültigkeit überfiel mich, müde schaute

148

ich auf die weiße, tote Schneefläche wie auf das Bild eines Fernsehkontrollmonitors. Plötzlich belebte sich das Bild – in der Ferne bewegte sich ein dunkler Punkt. Eine schnelle Handbewegung, Fernglas hoch, und ein Gemütsschauer durchdrang mich – unweit, vielleicht achtzig Meter von mir entfernt, stand er jetzt, der lange erwartete Wolf, und betrachtete die restlichen Knochen auf dem Luderplatz.

Ich griff nach dem Drilling und schoß, ohne zu überlegen. Der Wolf strauchelte einmal, ein zweites Mal, dann verschwand er, wie er gekommen war. Schlecht!

„Ich hätte ihn näher herankommen lassen müssen, ich hätte warten müssen, bis er breit stand, ich hätte nicht auf den Stich schießen sollen. Wenn ich gut getroffen hätte, wäre er auf der Stelle geblieben", sagte ich mit trauriger Stimme zu Misiuda.

Misiuda widersprach nicht – all das, was geschehen war, schätzte er ähnlich ein wie ich, gleichzeitig aber versuchte er mich zu trösten. Er meinte, daß nicht alles verloren sei, da der Wolf doch die Kugel bekommen habe.

„Wenn es noch heller wird, werden wir nachsuchen. Er wird nicht weit kommen, um so mehr, als man den Schweiß auf dem Schnee sehen kann."

Und wieder das Warten! Jeden Augenblick schaute ich auf die Uhr, deren Zeiger aber schienen sich nicht zu bewegen. Als ich glaubte, eine halbe Stunde sei vergangen, waren es kaum fünf Minuten.

Um 7 Uhr ertönte irgendwo in der Ferne eine Fabriksirene. Mittlerweile war es ganz hell, wir ließen also unsere Sachen auf der Kanzel und rückten zum Anschuß.

Am Anschuß – Schweiß, kaum nennenswert! Wir folgten der Fährte, der Schweiß wurde üppiger, die Wolfsfährte ging weiter. Schon nach 100 Metern wußte ich, daß wir den Wolf nicht bekommen würden. Um sicher zu gehen, gingen wir noch einige Kilometer. Nach der Rückkehr zur Kanzel taten mir die Beine mehr weh, als wenn ich die Nacht auf einem Silvesterball verbracht hätte.

Seitdem sind viele Jahre vergangen. Zu Silvester erinnere ich mich immer an diese Nacht, verbringe sie aber, wie die Mehrheit der Jäger, im Bett. Zur Jagd gehe ich nun lieber am Neujahrstag.

Schießen sie doch!

Der Winter 1972 brach ausnahmsweise früh an und war frostig, dies besonders im Gebirge, wo schon in den ersten Herbstmonaten Schnee gefallen war. So erhielt ich Ende November die Nachricht, daß Wölfe die Luderplätze aufsuchten, wie wir Jäger Abfallplätze nennen, da wir dorthin all das bringen, was an Tierresten anfällt: eine eingegangene Kuh, ein totes Pferd, Reste von Wild, das Wölfe gerissen haben. Dies hat zweierlei Nutzen: einmal, daß Wölfe ihre Mägen füllen können und gesättigt weniger Schäden im Wildbestand anrichten, zweitens die Chance, Wölfe, die das Rotwild und Schwarzwild dezimieren, strecken zu können.

Nach dieser verlockenden Nachricht machte ich mich für drei Tage auf den Weg, besser gesagt, für drei Nächte, denn nur die letzteren zählen eben bei der Wolfsjagd. Die Tage selbst, obwohl kalt und kurz, scheinen dem Jäger sehr lang zu sein. Der örtliche Waldhüter, Wincent Chrobak, der aus Witowo bei Zakopane stammte, hatte bereits im Sommer Vorbereitungen für die Winterwolfsjagd getroffen. Unter anderem baute er eine sehr hohe Kanzel, damit die Räuber, die noch bessere Nasen als Schwarzwild haben, keinen Wind bekämen.

Nach einer kurzen und herzlichen Begrüßung und dem Verzehr von Kartoffelpuffern, deren Geheimrezept nur Frau Chrobak kennt, begaben wir uns, eingehüllt in Pelze und Decken, auf eben diese neuerbaute Kanzel.

Wir begaben uns – das klingt einfach, der Leser wird gewiß denken, daß wir es mit dem Auto oder spazierend getan haben. Nein, nicht unter diesen Gebirgsbedingungen! Dort kommen nur die Pferde von Magusiak in Frage; zwei Stunden Fahrt, und wir gelangten an Ort und Stelle. Es war 15 Uhr, höchste Zeit, um auf der Kanzel Platz zu nehmen.

Die Kanzel war wirklich unheimlich hoch und bequem. Hier konnte man die Nacht ertragen. Die Nacht, das heißt sechzehn Stunden, eine Kleinigkeit, wer es noch nicht versucht hat, der sollte es…

Die Kanzeltür war mit einem Eisenstab gesichert, über dem die Aufschrift prangte: „Das Beschädigen der Kanzel wird strafrechtlich verfolgt", da hier ein unsicheres Gebiet war und verschiedene „Langhaarige" sich herumtrieben. Auf der Stange selbst der polnische Jägergruß. Ich las ihn und lobte Chrobak, bemerkte aber mit keinem Wort den Rechtschreibfehler. Dieses Thema griff aber Chrobak selbst auf, indem er mir mitteilte, daß er mit der Fertigstellung der Kanzel Schwierigkeiten gehabt habe und, damit es schneller ging, den Jägergruß um einen Buchstaben verkürzt habe. „Regen sie sich nicht auf, Herr Wincent, hier findet keine Prüfung in Rechtschreibung statt, sondern die Jägerprüfung, und die bestanden sie stets mit einer Eins", sagte ich, als wir in der gut abgedichteten, winterfesten Kanzel Platz nahmen.

Die Sonne neigte sich schnell gen Westen und warf lange, immer schwächer werdende Strahlen auf den Luderplatz, auf dem ein totes Pferd lag. Um den Kadaver kreuzten sich zahlreiche mit Schnee bedeckte Fährten und Spuren. Schon nach einigen Minuten erschien am Luder ein Baummarder. Er lief zum Pferd, riß einen Leckerbissen ab und eilte in den Wald, um nach einigen Sekunden wieder zu erscheinen. Dieses Spiel wiederholte sich mehrmals.

Als der Marder wieder einmal erschien, gab mir Chrobak die Anweisung: „Schießen sie doch!" Ich widersetzte mich und erklärte ihm, daß ich nicht so viele Kilometer zurückgelegt hätte, um einen Marder zu strecken, während wir auf Wölfe warteten...

„Das tut dem Wolf nichts", antwortete er. „Es ist noch hell, und die Wölfe sind weit weg."

Dieses Argument überzeugte mich, und ich benutzte einen Schrotlauf meines Drillings. Der Baummarder rutschte vom Pferdekadaver und hob sich dunkel von der Schneefläche ab. Im Fernglas schien er mir noch größer als in Wirklichkeit. Jetzt war ich froh, daß Chrobak mich überredet hatte, besonders deswegen, weil es „dem Wolf nichts tat".

Nach einigen Minuten blockte auf dem Pferd ein Hühnerhabicht auf. Ich überlegte, ob ich mit seinem Abschuß einige Haselhühner retten könnte, die hier immer seltener auftraten, sagte jedoch nichts. Chrobak schaute mich an und sagte erneut: „Schießen sie doch!"

„Herr Chrobak, wir warten auf Wölfe, und ich soll auf einen Habicht schießen?" entgegnete ich jetzt ziemlich entschlossen. Nach einer Weile nickte Chrobak vielsagend mit dem Kopf, und ich fragte: „Warum soll ich eigentlich schießen?"

„Ich würde ihn ausstopfen", antwortete Chrobak.

„Können sie Vögel präparieren?" fragte ich.

Hier zögerte Chrobak und sagte mit unsicherer Stimme: „Wissen sie, ich habe es noch nicht versucht."

„Na sehen sie, wozu sollen wir denn dann schießen?"

Inzwischen machte der Habicht einen Satz vom Pferdeluder auf die Erde, wo der Marder lag, und strich mit dem Marder in den Fängen ab. Wir waren sprachlos und schauten uns gegenseitig an – schade um den Marder!

„Sehen sie", meldete sich als erster Chrobak. „Sie wollten keinen Habicht, jetzt haben sie auch keinen Marder…"

Weiter warteten wir wortlos auf den Wolf.

Draußen wurde es dunkler, und schließlich brach eine tiefe, stille Nacht an. Vor uns sahen wir auf der Schneefläche einen dunklen Fleck, und die aus dem Schnee herausragenden Gras- und Strauchbüschel nahmen immer geheimnisvollere Gestalten an. In jedem dunklen Punkt vermuteten wir einen Wolf, erst ein Blick durchs Fernglas zerstreute unsere Hoffnung, denn der Fleck blieb ein Grasbüschel, ein Strauch oder ein Baumstumpf. Es war schon eine Woche nach Vollmond, und der Mond ging etwa um 18 Uhr auf, im Gebirge später. Erst wurde es etwas heller, dann, nach zwei Stunden, erleuchtete der Mond die ganze Lichtung und verlieh den Büschen wieder andere Gestalten, die wiederum in unseren Augen wolfsähnlich waren. So vergingen Minuten, Viertelstunden, Stunden…

Immer noch kam kein Wolf. Um 22 Uhr zeigte sich unweit des Luders ein Fuchs… Gerade machte ich ein Nickerchen. Chrobak weckte mich, redete mir aber zu einem Schuß nicht zu. Jetzt war es fast Mitternacht – klare Sache. Das Füchslein näherte sich dem Luder, nahm etwas davon und verschwand im dunklen Walde. Wir trösteten uns damit, daß gewiß in der Nähe Wölfe seien, denn der Fuchs hatte Angst zu fressen. „Gewiß werden sie gleich kommen", dachten wir, und mit solch tröstlichen Gedanken vergingen wieder einige Stunden. Der Morgen kam, und die Wölfe zeigten sich nicht. Um 8 Uhr erschien Magusiak mit dem Schlitten und sagte deutlich, was er über den Wolf und über uns dachte: „Mich stört das nicht, ich kann euch abends oder in der Mittagspause herbringen, einen Wolf werdet ihr bekommen, aber am A... vom Sitzen bei dieser Kälte. Mensch, wer hat schon so etwas erlebt, sechzehn Stunden in solch einem Kasten – freiwillig!" – zuckte die Schultern und trieb die Pferde mit der Peitsche an...

Tagsüber, nach einem kurzen Schläfchen, redeten wir über Marder und Habichte und kamen übereinstimmend zu dem Schluß, daß, wenn abends der Habicht wiederkommen sollte, er geschossen werden müsse – gewissermaßen zur Strafe für den geraubten Marder. Nachmittags fuhren wir erneut mit dem Schlitten in die Berge. Eine Thermosflasche, belegte Brote, Pelze, Wolldecken – und wieder waren wir auf der Kanzel. In der Abenddämmerung kam der Habicht, und wir taten, was wir vorher beschlossen hatten. Jetzt lag er an der Stelle im Schnee, wo gestern der Marder gelegen hatte. Der Habicht war nicht groß, gewiß ein Terzel. Wir legten fest, wohin wir ihn zum Ausstopfen bringen würden, und meinten, daß er ein Andenken an diese Wolfsnacht sein werde.

Noch vor Eintritt der Nacht begann es zu schneien. Der Schnee deckte alles zu: das Luder und den Habicht. Wieder lange Nachtstunden, wieder Hoffnungen, wieder Wachwechsel an der Kanzelluke und – wieder nichts! Nur das Füchslein kam gegen 22 Uhr, umkreiste das Pferd, überquerte einmal und ein zweites Mal die Lichtung und verschwand wie ein Geist.

In der Frühe, müde und enttäuscht, begannen wir an der Erlegung eines Wolfes zu zweifeln; es vergingen zwei Nächte, es blieb uns noch eine. Die Chance wurde immer geringer, kleiner, aber – sie war noch da. Wir baumten ab, gingen zu unserem Habicht und – was stellte sich heraus? Am Abend war er noch dagewesen, nun war er weg! Ja, hier war es gewesen, hier hatte er gelegen – geholt hatte ihn der Fuchs. Wir beschlossen, dies niemandem zu erzählen, denn es war zu dumm – zwei bewaffnete Männer jagen zwei Nächte, erlegen einen Marder und einen Habicht, aber beide sind weg. Besser war es da, zu schweigen, nichts zu diesem Thema zu sagen, sich zu entschuldigen. Aber der in der dritten Nacht gestreckte

Wolf würde uns Jagdruhm einbringen, warum sollte man da an solch kleine Beute erinnern, es lohnte sich nicht.

In der dritten Nacht, als Chrobak Wachdienst hatte, kam der Fuchs. Es war Mitternacht. Chrobak stieß mich an und sagte: „Schießen sie! Wenn bis jetzt kein Wolf gekommen ist, dann wird er auch später nicht kommen, unseren Habicht müssen wir aber rächen."

Dieses Mal ließ ich es mir nicht zweimal sagen. Ich hatte schon das Warten auf den Wolf satt, langte zur Waffe, wartete auf einen günstigen Augenblick, als der Fuchs breit stand, und drückte ab...

Nach dem Schuß trat unheimliche Stille ein. Wir schliefen jetzt beide. In der Frühe gingen wir zum Fuchs. Wir glaubten unseren eigenen Augen nicht. Der Fuchs war weg. Auf dem Schnee waren deutliche Fährten des Wolfes zu sehen...

Diana

Wie jeder Jäger wollte auch ich einen guten Hund haben, einen Hund, der alle Bedingungen erfüllen sollte: Jagdpassion und eine gute Nase haben, Schweißarbeit verrichten, Schwarzwild verbellen, kein Schalenwild hetzen. Klein sollte er sein, gehorsam, sich in der Stadtwohnung artig verhalten.

Viele Bedingungen, wobei ich nur die wichtigsten nenne.

Eines Tages, als ich in den Wäldern bei Susz jagte, sah ich beim Oberförster, Herrn Filip Latos, eine kleine Hündin. Sie hieß Diana. Unter vielen Hunden, die Herr Filip hatte (seiner Meinung nach waren alle schlecht), zog nur diese kleine, glatthaarige Foxterrierhündin meine Aufmerksamkeit auf sich. Ich hatte den Wunsch, sie mein eigen zu nennen.

Als Herr Filip erfuhr, daß ich einen Hund suchte – wobei ich vorher dies mit meiner Frau beraten hatte – und daß mich Diana so sehr interessierte, schenkte er sie mir. Aber wir machten ab, daß, wenn Diana Welpen haben und sich jagdlich als nützlich erweisen sollte, dann Frau und Herr Latos einen „Abkömmling" von ihr bekämen.

Das Hündchen war ausnehmend lieb, sauber, intelligent und hatte kluge Augen. Bald eroberte es sich die Sympathie seiner Umwelt und wurde zum Liebling der ganzen Familie.

Eines Sonntags ging ich mit Diana auf Schwarzwild. Während der Jagd zeichnete sie sich durch ihre Kenntnisse aus und fand die Anerkennung der Treiberwehr. Sie verließ nicht das Treiben, um zu Herrchen zu laufen, machte eine planmäßige Suche und lief nicht ins nächste Treiben. „Sie versteht etwas von der Jagd", erklärte einer der Treiber.

Diese Bemerkung war durchaus zutreffend, die Hündin bewies dies auch vielfach, und meine Jagdkameraden, die mit mir waidwerkten, teilten diese Meinung. Vom kynologischen Standpunkt aus hatte sie jedoch einen wesentlichen Mangel, es fehlten die Stammtafel und das Exterieur.

Ihre Mutter nämlich, eine Adlige, war eine unstandesgemäße Verbindung mit einem Promenadenmischling eingegangen. Dieser Mischling war aber, wie Diana, von etwas besserer Herkunft und klug. Mit Diana jagte ich auf alles – angefangen bei Rebhühnern und endend bei Hirschen. Ihre Spezialität aber war Schwarzwild. Sie apportierte, suchte Hühner und Enten, war wasserfreudig, war Totverbeller. Nur Hasen interessierten sie nicht, auch kein gesundes Schalenwild. Begabt, schnell, ehrgeizig, machte sie eine blitzartige Karriere, fand sie die Anerkennung aller Jäger. Es lohnte sich, sie weiter auszubilden. Darum schickte ich Diana auf einen kurzen Lehrgang in das Schulungszentrum für Jagdhunde in Rębowla.

Das „Studium" machte Diana noch berühmter, nicht wegen der erworbenen Kenntnisse, sondern wegen – ihrer Herkunft.

Eine in Rębowla sich gerade aufhaltende Funktionärin, Expertin auf dem Gebiet der Jagdkynologie, die in Jägerkreisen bekannt war, erachtete den Aufenthalt eines nicht reinrassigen Hundes in der „Lehranstalt" des Polnischen Jagdverbandes zusammen mit adelig geborenen Hunden als „Hundeskandal". Unverzüglich intervenierte sie beim Vorsitzenden des Jagdverbandes, Franciszek Rawa, damit er eine Entlassung dieses Hundes wegen dessen Herkunft anordnete.

Der Vorsitzende versuchte anfänglich, diesen Einspruch als Scherz zu betrachten, und erläuterte der hitzigen Funktionärin, daß die Herkunft Dianas gar nicht so übel sei und daß das Prestige der „Lehranstalt" nicht darunter leiden würde, wenn ein einziges nicht reinrassiges Hündchen dort Jagdkenntnisse erwürbe. Er konnte nichts ausrichten – die Sache kam in einer Vorstandssitzung zur Sprache. Der Vorstand beschloß, daß der Hund innerhalb von zwei Wochen das Schulungszentrum verlassen müsse.

Diana kam mit nichtbeendetem „Studium" nach Hause zurück.

Dem Postulat, die „Lehranstalt" sauber zu halten, war Genüge getan worden.

Die Hündin war eine unentbehrliche Begleiterin auf meinen Jagdzügen, wir hatten viele gemeinsame Erlebnisse, die übrigens nicht immer gut endeten.

Eines Sonntags im Winter jagte ich mit Jagdkameraden in der Gegend von Johannisburg. Gleich im ersten Treiben, unweit der Försterei, in der wir untergebracht waren, fand Diana einen Schwarzkittel und trieb ihn in meine Richtung. Rechts war Roman mein Nachbar. Dessen Benehmen verriet mir, daß er bereits das Stück erblickt hatte: Er neigte sich mal nach links, mal nach rechts und nahm Maß. Dann knallte es, und gleich danach hörte ich das entsetzliche Klagen Dianas. Außer Atem liefen wir durch den Wald dorthin, woher das Klagen kam. Verwundet schleppte sich Diana zu der Stelle, wo Bogdan stand, der das arme Hündchen auf den Arm nahm und den Verursacher des Schmerzes mit gänzlich unparlamentarischen Worten verwünschte.

Es erwies sich, daß die Kugel den Schwarzkittel durchschlagen und Diana am Genick und an der rechten Vorderpfote verletzt hatte. Der Knochen war heil, die Wunde jedoch recht tief. Mich interessierte der Schwarzkittel nicht, der am Anschuß verendet lag. Vor allem mußte Diana geholfen, die Schmerzen mußten gelindert werden. Auf dem Weg zur Veterinärstation begleitete mich Roman. Ihm war es sehr peinlich, und er versuchte die ganze Zeit über, seine natürlich ungewollte Tat zu erklären. Aber was sollte es!

In der Veterinärstation wurde Diana auf den Operationstisch gelegt. Sie wartete auf den behandelnden Tierarzt. Anfänglich hielten wir sie fest, da wir befürchteten, daß ihr Zustand sich durch eine plötzliche Bewegung verschlechtern könnte. Sie lag aber ganz ruhig, wir konnten uns hinsetzen und ausruhen.

Inzwischen erschien im Zimmer ein großer, fetter Hauskater und sprang auf den Operationstisch. Diana wäre keine Diana gewesen, wenn sie nicht entsprechend reagiert hätte: Ehe wir es verhindern konnten, verfolgte sie den Kater. Das Jagdblut erwachte in ihr. Nach einer Weile, wiederum von uns festgehalten, lag sie erneut auf dem Operationstisch. Den Kater brachten wir in einen Nebenraum, damit die Ärzte nicht erfuhren, was hier vorgefallen war.

Auf dem Rückweg war unsere Stimmung besser, wir machten bezüglich des Katers und unserer Diana Späße. Roman erklärte, daß er Diana in den Kurort Zakopane zur Rehabilitation schicken wolle.

„Zusammen mit dem Besitzer, ja", sagte ich.

Als Dianas Wunden nach einem Monat verheilt waren, gingen wir wieder gemeinsam zur Jagd.

Ein andermal nahm ich Diana mit zur Jagd nach Gierloza. Leider hatte der Förster einen Rüden, einen jungen, hübschen... Eine schöne Geschichte! In dieser Situation ließen wir Diana nicht einmal aus dem Auto, was sie nicht daran hinderte, mit Morle, so hieß der „Kavalier", Kontakt durch die Scheibe aufzunehmen.

Wir rückten mit Diana in den Wald. Morle blieb natürlich in der Försterei. Das erste Treiben fand in etwa zwei Kilometer Entfernung statt. Es war leer. Diana war plötzlich verschwunden, was mir gleich verdächtig vorkam, wahrscheinlich war sie zur Försterei gelaufen. Auf der Linie erschienen schon die ersten Treiber, aber Diana blieb verschwunden. Als meine Hündin am Treffpunkt der Jäger immer noch fehlte, war die Sache zumindest für mich klar. Darum bekam der Fuhrmann die Anweisung, unverzüglich ins Forsthaus zu fahren, um meine Vermutungen zu überprüfen.

Das zweite Treiben fand ohne Hündin statt. Im Treiben waren Schwarzkittel, sie verschwanden aber aus unserem Gesichtsfeld. Beim Sammelpunkt nach dem zweiten Treiben kam der Fuhrmann mit Diana auf den Knien gefahren. Ohne einleitende Erklärung sagte er: „Sie ist da, aber als ich hinkam, waren sie schon fertig."

Die Rückkehr von dieser unglückseligen Jagd war unerfreulich. Schnellstens begab ich mich mit Diana zum Tierarzt mit der Frage – was tun? Er beriet mich und gab ihr irgendwelche Spritzen. Diana wurde immer dicker, wahrscheinlich hatten die Spritzen nichts genützt. Es war eine Jagd mit Schwangerschaftsfolgen..., so dachte ich. Der nächste Besuch beim Arzt machte mich unruhig: Der Arzt stellte fest, daß Diana nicht tragend, sondern sehr krank war. Weder Medikamente noch ein Arztwechsel konnten ihren Zustand ändern.

Am 15. Januar 1969 ging Diana nachts ein. Ich trug sie in die Garage.

Am nächsten Tag fuhren wir mit meinem Kollegen Stanislaw Szostak nach Lekow, um Diana zu beerdigen. Eingewickelt in ein Bettlaken und Decken, legte ich sie in eine Munitionskiste. Ich beschloß, ein Loch in der Kiesgrube zwischen zwei Jungpflanzungen zu graben, wo sich ein bekannter Schwarzwildwechsel, Modelka genannt, befand und wo mit Hilfe Dianas so mancher Schwarzkittel gestreckt worden war. Der zuständige Förster, Kazimierz Libert, spannte die Pferde an, und so fuhren wir drei, vorsichtshalber die Waffen mitnehmend, zur Ruhestätte Dianas.

In einer der Vertiefungen, aus denen Kies entnommen war, begann ich ein Loch zu buddeln. Ich wollte es alleine tun, ohne fremde Hilfe. Szostak, der gesehen hatte, daß seine angebotene Hilfe von mir abgelehnt wurde, ging mit seiner Waffe in den Wald. Das Treiben war uns Jägern gut bekannt. Der dichte Wacholderbewuchs bot den Sauen einen vortrefflichen Schutz, andererseits ermöglichte er gute Pirsch.

Nach einigen Minuten hörte ich einen gedämpften Schuß. Der auf dem Schlitten sitzende Libert erhob sich, brachte mir meinen Repetierer und sagte: „Nehmen sie die Waffe und erholen sich bei der Jagd von all dem. Szostak hat die Schwarzkittel in Bewegung gebracht, gleich werden sie auf dem Wechsel kommen. Sie wissen, daß sie nur hier kommen können."

Ich gehorchte. Ich kroch aus dem Loch und stellte mich neben die Munitionskiste mit Diana hin. Unverhofft sprang aus dem Treiben, aus dem der Schuß kam, ein Schwarzkittel. Ich wartete einen Augenblick, bis sich das Tier an günstiger Stelle befand, und schoß. Der dunkle Fleck auf dem Schnee zeigte, daß das Stück lag. Alles geschah irgendwie schnell und einfach – überhaupt nicht so, wie es sonst mit Sauen zu sein pflegt.

Mit diesem Schuß, mit dieser gestreckten Sau, beendete ich die gemeinsamen Jagden mit Diana. Irgend etwas schnürte mir die Kehle zu: Ich hatte meine Begleiterin nicht mehr, ich hatte einen treuen Jagdkameraden verloren.

Im Treiben fielen noch zwei Schüsse.

„Das ist gewiß wieder Szostak", sagte Libert.

„Bestimmt", bekräftigte ich – und begann wieder zu graben.

Aus dem Walde trat Szostak, müde und mit Schnee bedeckt. Zwei Sauen hatte er gestreckt. Er sagte uns dies mit einem gewissen Zögern, als ob er fühlte, daß heute mein Schuß der wichtigere gewesen war.

In die von mir ausgehobene Grube legten wir die Kiste mit Diana und bedeckten sie mit Kies.

„Wenn der Boden auftaut, wird man die Kiste woanders hinbringen müssen", sagte Libert. „Hier in der Kiesgrube kann sie nicht bleiben, die Bauern werden sie ausgraben und mitnehmen."

Im Frühjahr machte ich mich erneut nach Modelka auf, um die Kiste auf eine andere Stelle umzusetzen. So wie das vorige Mal fuhr ich mit Szostak und noch einem anderen Jäger, Szczepan Ch., der für Diana einen Gedenkstein gestiftet hatte und bei dessen Errichtung dabeisein wollte. Auf dem Stein war eingemeißelt: „Diana" sowie das Wurf- und Todesdatum.

So hat ein Jäger, den viele Jagderlebnisse mit Diana verbanden und der mehr Sauen vorbeigeschossen als erlegt hatte, Diana geehrt.

Der Schnee war schon weggetaut, und wir fuhren mit dem Auto, nachdem wir aus Cheruchy Libert abgeholt hatten, bis zur Kiesgrube.

Die Kiste fanden wir nicht mehr. Jemand hatte sie wohl gestohlen.

Das Rätsel löste sich erst nach einem Jahr, als ein Bauer im Vertrauen Libert seine Entdeckung mitteilte. Beim Kiesaufladen war der Bauer plötzlich auf etwas Hartes gestoßen. Er glaubte einen „Schatz" entdeckt zu haben, der bestimmt während des Krieges vergraben worden war. Nachdem er sich vergewissert hatte, daß ihn niemand beobachtete, stellte er die Kiste auf den Wagen, schnitt einige Wacholderzweige ab und verblendete sie. Vom Kiesholen nahm er Abstand und eilte nach Hause.

Den Kindern befahl er, auf den Hof zu gehen, zog die Fenster zu und öffnete zusammen mit seiner Frau die zugenagelte Kiste. Dann wickelte er die Decke und das Bettuch auf...

Die Kiste behielt er, er brauchte sie für Nägel.

An der Stelle, wo Diana ruhen sollte, steht heute nur der Gedenkstein. Neben ihm verläuft, wie früher, der Schwarzwildwechsel.

Die Vorbereitungen für Lappjagden sind groß und bedürfen vieler unermüdlicher Helfer.

Ein Waldarbeiter fuhr mich mit einem Pferdeschlitten, als unsere Autos im Schnee steckengeblieben waren.

Der Untermieter

Die Nacht brachte ich mit Andrzej auf dem „Buchenstand" zu. Für Eingeweihte war das eine überdachte Wolfskanzel, die man mit eigener Körperwärme beheizen mußte. Wölfe kommen in dieser Gegend zahlreich, aber unregelmäßig vor. Es handelt sich um internationale Wölfe. Sie fährten sich in die Tschechoslowakei, in die Sowjetunion, aber manchmal – und das sogar ziemlich oft – sind sie bei uns, mitten in Bieszczady, am Ende Polens. Hier haben sie Ruhe und reiche Beute, da es noch ziemlich viel Hirsche und Sauen gibt. Der Mensch stört sie recht selten, denn der Weg nach Sianki ist seit langem eine einzige Baustelle, und die Lastwagen, welche Steine für den Wegebau fahren, machen den Weg kurz nach Litmierz unpassierbar. Früher existierte einmal das Dorf Sianki, jetzt ist nur noch der Name geblieben und natürlich das Problem der Versorgung dieser Gebiete, eine Schwierigkeit, mit der die Förster der Oberförsterei Stuposiany kämpfen sowie die Arbeiter, die im Hotel Muczno untergebracht sind, und das bei der Bodenkultivierung tätige Militär. Sie alle behindert das strenge Klima, ruhig und konsequent. Im Winter schneit es fast ununterbrochen, so daß meterhohe Schneewehen alle Zugänge versperren. Dasselbe bewirken im Frühjahr Schneeschmelze und Schlamm, im Sommer Platzregen und im Herbst die Stürme. Das sei die Kraft des Bösen gegen das Individuum, sagt Andrzej, der sich mit der Jagdbewirtschaftung in diesem Gebiet beschäftigt. Aber Andrzej hat auch die Augen für alles andere offen. Er lebt mit den Hotelinsassen und den Menschen der wenigen Waldsiedlungen. Sie nehmen ihn mit dem Wagen mit, er nimmt sie mit, so helfen sie sich gegenseitig. Die Menschen hier sind gefällig und wohlwollend, sie lassen keinen Fußgänger am Wege stehen. Jeder hilft jedem und erwartet auch Hilfe von den anderen.
Um das Unglück vollzumachen, trat in diesem Jahr Wind- und Schneebruch auf, der Borkenkäfer tat das Seine. Der Mensch konnte nicht rechtzeitig eingreifen. Das Herz blutete, wenn man sah, wie tragisch das alles aussah. Millionen von Festmetern – und

der schier zwecklose Kampf mit den Elementen. Man hätte die Parole ausgeben müssen: Helft uns! Rettet den Wald! Die Menschen halfen auch wirklich, so gut sie konnten. Der aus Kielce stammende Waldarbeiter Kandela fuhr mich zum Beispiel eines Tages mit einem Pferdeschlitten, als unsere Autos im Schnee steckengeblieben waren.

Auf die Frage, was man höre, winkte er nur mit Hand und Peitsche und sagte: „Sie sind gewiß auch aus Warschau vom Ministerium, dann wissen sie ja alles."

Kandela erläuterte mir die Schwierigkeiten. Seit eineinhalb Jahren wohnte er in Sianki bei den Pferden im Stall, um es wärmer zu haben und zum Holzrücken direkt an der Arbeitsstelle zu sein. Er rückte Holz von Sonnenaufgang bis -untergang; er und zwei Pferde, vielmehr zwei Pferde und er. Er leistete Großartiges. Nur sonntags, aber auch dies nur selten, fuhr er ins Hotel, wusch sich ordentlich, badete, trank ein Gläschen, vervollständigte die Vorräte, und dann ging es wieder ans Holzrücken. Er hatte wenigstens die Genugtuung, daß er gut verdiente und die Vorgesetzten ihn lobten. Sie sagten: „Solche Kandelas brauchen wir."

Er verdiente nicht schlecht, bis 80.000 Złoty im Monat. Anfang der achtziger Jahre war das viel Geld, sogar sehr viel Geld. Er hatte aber auch ehrgeizige Pläne, denn er wollte einen Bauernhof kaufen, etwas leichter arbeiten und endlich ein Zuhause haben. Leider wurde nichts daraus. Das Finanzministerium führte nämlich eine Ausgleichsteuer ein. Wer zuviel verdient hatte, mußte zurückzahlen, weil man eine neue Kapitalistengeneration nicht brauchen konnte. Und Kandela zahlte, fluchte und zahlte. Der Fiskus verdiente gut an ihm. Der Staat sollte reich werden, nicht Kandela. Und jetzt wohnt Kandela im Hotel, ißt täglich regelmäßig Mittag, badet täglich, sieht fern und hört sich Sendungen über die Wirtschaftsreform an. Er arbeitet zwar, aber nur so viel und so lange, daß es fürs Leben reicht und er keine Steuern wegen „übermäßiger Einkünfte" zu zahlen braucht. Haben etwa die Bürokraten, denen diese Regelung eingefallen ist, auch an die Waldarbeiter im fernen Bieszczady gedacht? Wenn ja, dann kann man ihnen gratulieren, sie würden ihre Befriedigung haben. Sollen sie herkommen, sich ihr Werk ansehen! Vielleicht kommen sie auch tatsächlich. Es ist nämlich geplant, den Bieszczady-Nationalpark zu erweitern. Man wird Täfelchen mit dem weißen Adler auf rotem Grund anbringen, alles in der Presse bekanntgeben, und das Volk wird befriedigt sein, daß die Natur von Bieszczady für unsere Nachkommen erhalten bleibt und man endlich aufhört, sinnlos Bäume zu fällen. Man wird Wanderwege anlegen und die noch vorhandenen Bäume mit blauen Ringen markieren. Und Kandela soll der Schlag treffen, weil er das Volkseigentum verwüstete.

Inzwischen bemerkte Andrzej auf der „19", so nennt man den Weg, auf dem wir zurückkehrten, Fährten eines starken Wolfsrudels. Dort hatten wir angesessen, und hier liefen sie auf dem Wege. Aber was war das? Ein Wolf schweißte, obwohl man keinen Schuß gehört hatte. Wir hielten an. Ja, es waren frische Fährten und frischer Schweiß. Während wir der Fährte folgten, nahm der Schweiß zunächst ab, um dann plötzlich wieder stark zuzunehmen. Hier hatte sich der Wolf gelegt.

„Seine Kräfte müssen nachgelassen haben", sagte ich. Andrzej lachte: „Er ist nicht schwächer geworden, vielleicht sie. Er hat nur den Schweiß im Schnee abgestreift, jetzt wird er nicht mehr schweißen. Der Schweiß stammt nicht von ihm, sondern von einem Hirsch, den das Rudel gerissen hat. Der 'schweißende' Wolf war der aktivste und hat sich am meisten mit Schweiß besudelt."
Und wieder hatte Andrzej recht.
„Wir müssen die Fährte zurückgehen, und wir werden das Stück finden, das die Wölfe gerissen haben."
Aber wir hatten keine Zeit, wir mußten weiter. Wir würden Józek mit den Studenten herschicken. Józek war Kraftfahrer in der Oberförsterei Stuposiany und vertraut mit dem Wald. Er würde das Rätsel lösen. Die Studenten wohnten im Hotel in Muczno. Sie verbrachten hier ihre Winterferien, um Bieszczady kennenzulernen und vielleicht einen Wolf zu schießen. Gerade eine gute Gelegenheit!
Gegen Mittag kam Józek mit den Studenten und dem Hirschgeweih zurück. Es war ein schwacher Zehnender vom dritten Kopf, ein Zukunftshirsch, wie Kenner ihn einstuften. Die Wölfe hatten ihn verfolgt und nach 200 Metern gestellt. Zuerst waren an der Fährte des Hirsches die großen Fluchten aufgefallen, dann die na-

he daneben verlaufenden Wolfsfährten, dann Schnitthaare und dann – etwas weiter – der erste Schweiß, bis Józek schließlich im Wildbach den Hirsch fand, der sich dort hatte einschieben wollen. Er war nicht ganz gefressen worden: Träger zerfetzt, Keulen angeschnitten, Bauchhöhle geöffnet. Die Leber war nicht angerührt, der Hirsch noch warm, er dampfte.

Die Wölfe würden gewiß zurückkehren, sagten alle einstimmig. Man mußte ansitzen. In der ersten Nacht saß Andrzej an, er nahm einen mit Heu gefüllten Sack mit und errichtete auf der Böschung einen Fichtenschirm. Einen zweiten Sack benutzte er als Rückenlehne und wartete. Bis 2 Uhr nachts harrte er aus. Von 16 Uhr bis 2 Uhr, zehn Stunden – eine reife Leistung! Der Ansitz war schwierig, da es regnete und stürmte. Die Wölfe kamen leider nicht. In der nächsten Nacht saßen zwei Forststudenten an, einer bis 24 Uhr, der andere ab 24 Uhr, jeder nur sieben Stunden; diese Ermäßigung hatten sie erhalten, weil sie noch junge Leute waren, aber Andrzej war Profi.

Am Morgen sagte Józek, der sich um den Wachwechsel kümmerte, daß die Studenten angesessen hätten, aber die Wölfe wiederum nicht gekommen wären. Sie wollten auch nicht mehr ansitzen, weil sie steifgefroren waren, sie waren zu dünn angezogen und zu mager.

„Sie müssen heute ansitzen", sagte Józek zu mir.

„Wenn ich muß, dann muß ich", erwiderte ich, „aber bessere bitte etwas den Sitz aus, damit man sich anlehnen kann und es nicht so zieht."

„Ich habe schon alles ausgebessert", antwortete Józek schnell. „Andrzejs Ansitz habe ich etwas zurückgesetzt, aber den Hirsch sieht man gut, es ist Vollmond, sollen die Wölfe nur kommen – sie werden schon treffen."

Ich zog mich warm an, hatte aber nicht die Absicht, die ganze Nacht zu sitzen. Nur bis Mitternacht!

„Nein", protestierte Józek, „bis 24 Uhr galt nur für Studenten, sie müssen zumindest so lange wie Andrzej sitzen – oder länger."

„Nun, dann! Wir werden dies an Ort und Stelle festlegen."

Kurz vor der Abenddämmerung war ich am Ansitz. Józek schaute auf mich, ich auf ihn, und er lächelte.

„Nun, wie, kann man es hier aushalten?" fragte er.

„Ja, man kann", antwortete ich, angenehm überrascht. Er hatte eine richtige Hütte aus Fichtenzweigen gebaut. Kein Zweifel, sie war winddicht und mußte sogar wasserdicht sein. Innen war sie zwar etwas eng, aber auf dem Heusack konnte man bequem sitzen. Ein eingeschlagener Stab diente als Zielstock. Nun konnten die Wölfe kommen!

„Hol mich um 2 Uhr ab!"

„Gut, ich werde da sein."

„Schaft- und Laufbruch!" wünschte er mir nach polnischer Jägersitte und ging.

Ein ordentlicher Kerl, dieser Józek, dachte ich, daß er Lust hatte, so viele Äste zusammenzutragen! Zwar lagen zwei große Fichten in der Nähe, die das Material für die Hütte liefern konnten, aber er hatte doch sehr viel arbeiten müssen, um solch eine Hütte zu bauen. Dieser Gedanke ließ mir keine Ruhe. Womit hatte er nur diese Äste abgeschnitten? Er hatte doch keine Säge bei sich – aber vielleicht eine Axt? Wenn er mit der Axt entastet hatte, dann hatte er doch Lärm verursacht, den die in der Nähe befindlichen Wölfe übelnehmen mußten. Obwohl solche Gedanken in meinem Kopf kreisten, war ich doch voller Bewunderung für Józek.

Im Wald wurde es schnell dunkel, aber am Wildbach, wo der Hirsch lag, war es hell. Die Sicht war wirklich sehr gut und die Entfernung für die Kugelwaffe nicht zu groß – etwa 100 Meter. Wind konnten die Wölfe auch nicht bekommen, sie sollten sich nur zeigen! Nach einer gewissen Zeit begann ich zu schlummern. Als ich aufwachte, dachte ich daran, daß ich nicht schlafen durfte, weil ich sonst die Wölfe verpaßte. Wach bleiben! Aber wie soll man wach bleiben, wenn man schlafen möchte? „Wenn sie kommen, dann werden sie laut sein", redete ich mir ein. „Ich werde sie hören." Wieder schlief ich ein. Als ich diesmal erwachte, schaute ich auf die Uhr. Es war erst 21 Uhr. Um mich herum war es ruhig. Der Himmel war klar, der Mond beleuchtete die Reste des Hirsches, nur die Wölfe fehlten. Aber sie würden schon noch kommen, tröstete ich mich, um leichter warten zu können. Plötzlich hörte ich die Schritte des sich nähernden Józek. Er kam so unvorsichtig, brach Zweige. „Gewiß ist etwas Besonderes vorgefallen, weil er so früh kommt", dachte ich.

Ich legte die Waffe weg, nahm die Taschenlampe und beugte mich aus der Hütte hinaus, um ihm zu leuchten. „Józek", rief ich und leuchtete. Zehn Meter vor mir stand im Lichtkegel der Taschenlampe ein Bär, nicht minder überrascht als ich, nur weniger erschrocken. Ich rief nicht mehr, ich wußte auch nicht, was ich rufen und was ich tun sollte. Die Situation klärte der Petz, er brummte einmal, ein zweites Mal und begab sich nicht allzu schnell talabwärts. Ich schaltete die Taschenlampe aus, und mir wurde ganz warm. Ein Blick auf die Uhr verriet mir, daß es 21.30 Uhr war, und ich wünschte mir, daß Józek käme.

Ich war hellwach. Bei jedem kleinsten Geräusch hörte und sah ich den wiederkehrenden Bären. Die Zeit wurde lang. Die Wölfe kamen nicht.

Erst jetzt begriff ich, daß ich in der Wohnung des Bären saß. Nun bedauerte ich nicht mehr, daß Józek so viel hatte arbeiten müssen. Er hatte nur die Säcke gebracht und einen Stab als Zielstock eingeschlagen.

Als Józek später kam, sagte ich ihm dies. Er versicherte mir, nicht gewußt zu haben, daß es sich um eine Bärenbehausung handelte und redete sich damit heraus, daß er geglaubt habe, Andrzej hätte die Hütte für sich gebaut.

Als ich am Morgen diese Geschichte im Forsthaus zum besten gab, meldeten sich keine Freiwilligen zum Ansitz auf Wölfe. Früh fuhr Józek hinaus, um die Lage zu überprüfen, und es zeigte sich, daß die Wölfe dagewesen waren. Sie hatten den Hirsch gänzlich aufgefressen. Es waren nur Deckenreste und einige Knochen übriggeblieben.

Mit Fuchs – auf Teckel

Der Förster Janowski aus Teresin ist in der ganzen Gegend als Wild-heger und Hundezüchter bekannt. Er wohnt mitten im herrlichen Walde, beschäftigt sich seit vielen Jahren mit der Jagdwirtschaft und überrascht alle mit seinen Wildkenntnissen und damit, daß er selbst kein Jäger ist. Er besitzt nicht einmal eine Flinte, die sich für die Raubwildbejagung eignen würde; denn das Schießen sagt ihm irgendwie nicht zu, obwohl man ihm öfter nahegelegt hat, in den Jagdverband einzutreten und Jäger zu werden. Er pflegt dann den Kopf zu schütteln oder nickend zuzustimmen, und so vergingen die Jahre. Über Jahrzehnte zog er Wild auf und rettete verwaiste Frischlinge und anderes Schalenwild. Die Bauern dieser Gegend kennen ihn und melden ihm schutzloses Wild, wenn die Mutter während der Heu- oder Grünfuttermahd getötet worden ist. So hat er schon Hirschkälber, einige Rehkitze, Frischlinge – und sogar ei-nen Fuchs großgezogen. Letzterer war ihm von einem Bauern, der ihn im Feld verwaist gefunden hatte, gebracht worden. Ich persön-lich glaube aber, daß es nicht so war, sondern daß sich der Jung-fuchs, der sich schon recht selbständig fühlte, zu weit vom Bau ent-fernt hatte – und dann gefangen wurde. Das Füchslein hatte noch Glück, daß es nicht für gerissene Hühner verantwortlich gemacht wurde und ausgerechnet zu Janowski kam. Hier wurde es gefüttert und in einem Käfig untergebracht, in dem der Förster früher einen Edelmarder großgezogen hatte.

Eingeschüchtert durch die veränderten Bedingungen, wollte das Füchslein anfänglich im Käfig weder fressen noch trinken. Aber der Hunger war stärker als die Angst. Schon am zweiten Tage ergab es sich in sein Schicksal und begann ein vorgeworfenes Hühnchen zu verzehren. Eine Milchflasche wollte und mochte es nicht anneh-men.

Zu dieser Zeit hatte Janowskis Teckelhündin Welpen, und das brachte den Förster auf den Gedanken, das Füchslein zu den Wel-pen zu geben. Die Teckelhündin bewindete den Neuankömmling zunächst lange, der sich erschrocken in eine Ecke der Wurfkiste drängte, die weitere Entwicklung der Dinge abwartend. Dann aber leckte die Hündin das neue Kind und nahm es an. Und schon nach einigen Wochen überragte es die „Mutter" und seine „Geschwister" an Größe. Das Füchslein wurde sogar frech, ging als erstes zum Futter, biß die „Geschwister" weg und fletschte sogar gegen die „Mutter" die Zähne.

Janowski erkannte, daß die Zeit gekommen war, eine Trennung vorzunehmen, und bald fand sich der Jungfuchs in einem eigenen Käfig und schaute sehnsüchtig auf seine frühere Gesellschaft, sein Benehmen, das die Isolation zur Folge gehabt hatte, bedauernd.

Als ich dort Anfang November hinkam, war aus dem Jungfuchs schon ein richtiger Fuchs geworden. Fremde beobachtete er mißtrauisch, aber die Pfleger kannte er, und wenn sie kamen, näherte er sich der Käfigtür, auf irgendwelche Leckerbissen hoffend, die er auch manchmal erhielt. Schnell hatte sich auch herausgestellt, daß der bereits schön ausgefärbte Fuchs eine Fähe war.

Nach der Besichtigung des vorhandenen Wildes, eines Keilers mit herrlichem Gewaff und einiger Frischlinge, rückten wir in den Wald, um mit der Teckelhündin auf Füchse zu jagen. Nie hatte ich früher Gelegenheit gehabt, die Baujagd zu erleben und ihre Wirksamkeit zu erproben. Der Förster erklärte aber mit der ihm eigenen Ruhe, daß er Stellen kenne, wo befahrene Baue seien, die die Hündin sprengen werde.

Bald langten wir an den weitverzweigten Bauen an, die sich auf einer Anhöhe befanden. Viele Spuren bewiesen, daß sie befahren waren. Das nährte Hoffnungen. Eine kurze Beratung, wo die Stände einzunehmen seien, um gutes Schußfeld zu haben – wir warteten. Die Teckelhündin schliefte sofort in eine Röhre, kam aber bald wieder heraus. Sie schüttelte den Sand aus ihrem Fell und schliefte in eine andere Röhre ein. Janowski legte ein Ohr an den Boden und sagte leise: „… sie bellt." Ich hörte nichts, aber ich glaubte dem Förster und zog meine Flinte noch besser ein, um schußbereit zu sein. Es vergingen Minuten – der Fuchs kam nicht. Das Bellen verstummte, die Hoffnung erlosch, und ich entspannte mich, aber wir warteten – wenn nicht auf den Fuchs, so zumindest auf den Teckel. Wir konnten doch den Hund nicht im Bau lassen.

„Wahrscheinlich ist er auf einen Dachs gestoßen", sagte Janowski. „Möglich", sagte ich mit der Stimme des Fachmanns.

Und da sprang plötzlich der Fuchs, wie aus einer Schleuder geschossen, aus dem Bau und verschwand hinter dem Stamm einer stattlichen Buche. Als ich den Fuchs gerade noch sah, schoß ich zweimal, wußte aber gleich, daß ich gefehlt hatte.
Fehlschuß! Weder Fuchs, noch Schweiß!
„Schade, er kam gut", sagte der Förster. Ich begann mich zu entschuldigen, ich sei überrascht gewesen und hätte das erste Mal an einer Baujagd teilgenommen usw. Irgendwie wollte ich meinen Fehlschuß rechtfertigen.
„Wir gehen an eine andere Stelle, dort müßte auch etwas sein. Aber wir müssen auf den Hund warten", meinte Janowski.
„Natürlich müssen wir", antwortete ich.
Inzwischen war bereits eine halbe Stunde vergangen und von dem Teckel immer noch keine Spur. Nach einer Stunde befürchteten wir, daß ein Dachs der Hündin den Rückweg abgeschnitten und sie verklüftet habe. So etwas pflegt ein Dachs zu machen. Es gab keine andere Möglichkeit, wir mußten Gerät holen und graben. Kollege Janowski ging, ich blieb am Bau. Vielleicht kam etwas heraus, vielleicht zeigte sich die Hündin… Aber nichts tat sich. Nach einer Viertelstunde erschien Janowski mit Spaten und – Fuchs. Ja, er brachte im Korb die von der Hündin großgezogene Fähe.
„Wissen sie, wir werden sie in die Röhre schliefen lassen, in die Sunia [so hieß die Hündin] vorher eingeschlieft ist, und dann werden wir sehen, was geschieht."
Die Fähe verschwand in der Röhre. Die Röhrenöffnung verstellten wir mit dem Korb und saßen und warteten. Meine Waffe legte ich zur Seite, denn jetzt jagten wir nicht auf Fuchs, sondern mit dem Fuchs auf den Teckel. Schade um den Hund! Wir konnten ihn nicht sitzenlassen. Man sah nichts, man hörte nichts, und wir stellten Vermutungen an, was sich wohl unter der Erde tat, aber von dem, was wirklich geschehen war, wußten wir gar nichts. Die mit dem Korb verstellte Eingangsröhre deckten wir ab, damit wenigstens die Füchsin zurückkehren konnte. Nach einer Stunde kam aus einer Nachbarröhre, ohne Vorsicht walten zu lassen, die Fähe heraus. Sie blieb stehen, schaute uns an und entfernte sich in Richtung auf den Wald. Einen Augenblick später zeigte sich am selben Röhrenausgang Sunia. Müde und blutig schloß sie immer wieder die mit Sand

verklebten Augen. Die Fähe verharrte einige Schritte entfernt und beobachtete uns und Sunia. In den Korb zurückkehren wollte sie offenbar nicht. Sie erkannte wohl, daß sie sich Janowski und Sunia gegenüber revanchiert und die Teckelhündin aus dem Erdlabyrinth herausgeführt hatte. Als wir zu Hause angekommen waren, erörterten wir diesen Fall. Wir stellten die Hypothese auf, daß Sunia wohl doch verklüftet gewesen war und die Fähe sie befreit hatte. Wie es wirklich gewesen ist, läßt sich kaum feststellen. Schade, daß die Fähe abgerückt war. Sehr schade! Im Februar hatte der Förster sie freilassen wollen. Nun sollte sie also jetzt schon ihre Freiheit genießen. Am nächsten Morgen kehrte die Fähe heim, umkreiste ihren Käfig und ließ sich einschließen. Sie hatte wohl erkannt, daß hier ihr Zuhause war. Im Februar wurde sie, wie geplant, in die Freiheit entlassen. Nach einigen Tagen zeigte sie sich ab und zu, mochte aber nicht mehr in den Käfig gehen. Sie war wohl gekommen, um Abschied zu nehmen. So besiegte die Natur wohl doch die Gewohnheit.

Die irrtümliche Kanzel

Wer von uns Schwarzwildjägern wartet nicht auf die Milchreife des Hafers oder auf den Vollmond. Jeder verbindet damit irgendwelche Jagdpläne, denkt an Jagderlebnisse, an einen Keiler, den man gestreckt hätte, wenn man anders angesessen hätte; dann hätte er nämlich keinen Wind bekommen. Weil es aber anders ist, weil man falsch angesessen hat, muß man eben auf eine nächste Gelegenheit warten. Wir vergessen aber in solchen Fällen, daß, wenn wir anders angesessen hätten, der Basse dann auch anders gekommen wäre. Wir jagen viele Jahre, begehen immer neue Fehler, unterschätzen oft die Vorsicht und die Schlauheit des Schwarzwildes, ziehen Schlüsse für die Zukunft und machen in der Zukunft wieder neue Fehler, uns tröstend, daß dies das letzte Mal gewesen sei.

Vor einigen Jahren jagte ich oft in den Wäldern um Olsztyn (Allenstein), besser gesagt, auf den Feldern, die zwischen diesen herrlichen Wäldern liegen. Hier ragen riesige Kiefern wie Schiffsmasten in den Himmel, und das üppige Unterholz gibt dem Wild, besonders dem Schwarzwild, reichlich Deckung. Die Sauen warten ebenfalls – wie die Jäger – auf die Milchreife des Hafers. Wir Jäger überlegen, wie wir die Schwarzkittel antreffen könnten, die Schwarzkittel, wie sie uns meiden könnten.

Auf den Feldern der Staatlichen Genossenschaft Bożęcin, die in einer tiefen und ausgedehnten Waldenklave liegen, stand der Hafer in der Milch. Ein riesiger Haferschlag breitete sich vor den Augen aus und im Hafer Schwarzwild, das wohl aus der ganzen Gegend zusammengeströmt war. Der Förster Jan Kulpa bemühte sich, neben der Waldwirtschaft noch Zeit für die Jagdwirtschaft zu finden, und umstellte dieses Feld mit Kanzeln. Dorthin fuhr ich Ende Juli mit meinem in diesen Erzählungen oft erwähnten Jagdkameraden Heniek S., und wir beeilten uns, um noch vor dem Abend auf einer der Kanzeln Platz zu nehmen. Uns freute die Tatsache, daß man einen Teil des Hafers bereits geerntet hatte, was das Beobachten und Ansprechen erleichterte. Auf das Ansprechen mußten wir besonderen Wert legen, weil es, wie ich bereits erwähnte, Ende Juli war.

Der Abendansitz brachte jedoch kein Ergebnis. Das Schwarzwild, wohl durch die im Gang befindliche Hafermahd vergrämt, zeigte sich nicht vor Morgengrauen.

Schlaf gab es fast gar nicht, um 22 Uhr wurde es erst dunkel und um 2 Uhr schon wieder hell. In diesen vier Stunden sollten wir in die Försterei kommen, gebratene Rotaugen, hergerichtet von Frau Nella, essen und um 2 Uhr wieder auf der Kanzel sitzen – wirklich keine Zeit zum Schlafen...

Auf einer der Kanzeln, an der kürzeren Seite des Haferfeldes, saßen Heniek und Herr Jan, ich selbst saß auf einer Kanzel an der Längsseite des Schlages. Ich bezeichne die Kanzeln so umständlich, weil sie neu errichtet waren und noch keine Namen hatten. Namen geben wir den Kanzeln erst, wenn von ihnen aus schon etwas gestreckt worden ist, wenn dort schon etwas los gewesen ist. Übrigens erleichtern die Namen der Kanzeln nicht nur das Schreiben von Erzählungen, sondern auch die Verständigung unter den Jägern, zum Beispiel beim Ansetzen eines Jägers auf einer bestimmten Kanzel oder wenn man das Abholen von dort vereinbart. Die Namen verleihen Mut, nähren Hoffnung oder entmutigen. Auf der Rekord-, Keiler- oder Hirschkanzel nimmt jeder gern Platz, dagegen auf der Fehlschuß- oder Schwachkanzel weniger gern. Was Suggestion doch ausmacht!

Hier muß vermerkt werden, daß der Förster Jan K. die Namen nach einem gewissen Schlüssel aussucht, der sich folgendermaßen erklären läßt: je besser die Kanzel, um so mieser ihr Name. Wenn er einem Jäger die Wahl zwischen Keiler- und Fehlschußkanzel überläßt, dann wählt fast jeder die Keilerkanzel, ohne zu wissen, daß der Keiler eben unter der Fehlschußkanzel wechselt.

Kehren wir aber zum Haferschlag zurück, auf welchem es langsam hell wurde und wo man hie und da Rücken von Schwarzkitteln erkennen konnte. Sie tummelten sich im Hafer bis zum hellen Morgen. Aufmerksam beobachtete ich diese Rücken und wartete darauf, daß ein Stück auf den Stoppelteil austrat. Weibliches Rehwild hatte die Szenerie schon verlassen, auf dem Stoppelfeld äste nur ein einzelnes Böckchen, aber die Sauen steckten immer noch im Hafer.

Plötzlich erkannte ich die ganze Rotte genau. Sie war auf das Stoppelfeld ausgetreten und bewegte sich in breiter Front auf die Kanzel zu, in der meine beiden Kollegen saßen. Ich wartete darauf, daß endlich ein Schuß fiel...

„Aus solch einer Rotte ist es nicht leicht, etwas Besonderes auszuwählen", dachte ich, weil dreimal so viele Frischlinge wie ausgewachsene Stücke darunter waren. Aus 300 Meter Entfernung konnte ich die Anzahl der Stücke nicht feststellen. Außerdem richtete sich meine Aufmerksamkeit auf ein Stück der Herde (ich weiß, daß es Rotte heißen müßte), das schon ganz verfärbt war und kurzes Sommerhaar ohne Reste des Winterhaares hatte, was sonst bei führenden Bachen noch der Fall ist und als Ansprechmerkmal dient. Die Rotte war nun 100 Meter von der anderen Kanzel entfernt, ein Schuß fiel aber nicht. „Sie haben es verschlafen", dachte ich. „Wenn sie die Rotte noch näher kommen lassen, werden die Sauen Wind bekommen, weil sie Stirnwind haben." So kam es auch. Die Rotte verhoffte plötzlich, alle Stücke hoben den Wurf und rückten scharf in den Hafer, aus dem sie gekommen waren. Jetzt hatte ich eine Chance. „Sie könnten zu mir kommen", dachte ich – und so geschah es auch. Eine Zeitlang trollten sie durch den Hafer, kamen dann an meiner Kanzel vorbei und gingen im rechten Winkel ab, um sich in Fluchten auf den Wald zuzubewegen. Das helle Stück fesselte mich immer noch. Ich glaubte, es sei ein Überläufer, der sich ständig bei der Rotte aufhalte, weshalb ich das Fernglas herunternahm und zum Repetierer griff.

Als die Schwarzkittel verhofften, womit ich gerechnet hatte, war ich schon im Anschlag und schoß auf das helle Stück. Nach dem Schuß sprangen die Sauen ab, jetzt direkt auf den Wald zu, der etwa fünfzig Meter entfernt war. Den Repetierer stellte ich weg und griff zum Fernglas. Das beschossene Stück trennte sich etwas von der Rotte und verschwand als letztes im Wald. Da wußte ich, daß ich getroffen hatte. Neben dem charakteristischen Verhalten des Schwarzkittels hatte ich im Zielfernrohr das Auftreffen des Geschosses gesehen. Es war ein Kammerschuß.

Jetzt schaute ich auf die Kanzel der Nachbarn. Sie baumten ab und kamen. Auch ich verließ die Kanzel und ging ihnen entgegen, die Nachsuche aufschiebend. Als wir uns schon einander genähert hatten, meldete sich als erster Heniek: „Hast du etwa die helle Bache geschossen?" – „Nein, nicht die helle Bache, sondern den hellen Keiler. – „Die Bache, die Bache", wiederholte Heniek. „Bei uns war sie ganz nahe, es ist die Bache von den größeren Frischlingen." – „Unmöglich", sagte ich, aber schon weniger überzeugend.' – „Janek meinte sofort nach dem Schuß, daß du gewiß auf dieses Stück geschossen habest – ich hätte es auch beinahe getan", fügte Heniek hinzu.

Und so gingen wir schnell zum Anschuß. Ich hatte nur noch die Hoffnung, daß meine beiden Jagdkollegen das Stück falsch angesprochen hatten, daß diese Aufregung, die uns alle ansteckte, gleich vorbei sein würde. Dabei erklärte ich ihnen meinen Gedankengang. Sie gaben mir zwar recht, sagten jedoch zum Schluß: „Leider ist es aber eine Bache."

Die Entscheidung fiel schnell. Gleich am Waldrand lag das helle Stück. Ich hoffte noch, daß es keine führende Bache sei, aber meine Hoffnung trog.

Die nähere Betrachtung brachte den Beweis, daß die Bache vier Frischlinge gehabt hatte. Gesäugt hatte sie diese jedoch nicht mehr, da es sich um früh gesetzte Frischlinge handelte. Deswegen war das Stück in so guter Verfassung.

„Schade, es ist geschehen. Was tun? Bis zum Beginn der Schußzeit auf Bachen sind es noch zwei Tage. Aber selbst wenn die Schonzeit zu Ende gewesen wäre, wäre es um das Stück schade gewesen. Was geschehen ist, kann man nicht rückgängig machen. Ich habe noch eine Lehre mehr bekommen, bin noch um eine Erfahrung reicher geworden."

Die Kollegen griffen meine Äußerung auf: „Wieso noch eine?"

„Weil ich mich schon früher einmal geirrt habe."

„Wann denn?"

„Nun, im Februar! Auf einem ehemaligen Kartoffelacker waren Schwarzkittel: Überläufer und ein größeres Stück. Das größere Stück vertrieb die Überläufer von einem Haufen Kartoffelkraut, mit dem man früher Kartoffeln abgedeckt hatte. Solch ein Verhalten findet man bei Keilern, die ihre väterlichen Gefühle eingebüßt haben und alle Nahrung zuerst für sich in Anspruch nehmen. Nachdem ich das Stück zur Strecke gebracht hatte, erwies es sich jedoch, daß auch dies eine Bache war. Aber damals durfte man auf alles Schwarzwild bis zum 10. Februar jagen. Mein neuerliches Erlebnis ist wiederum ein Beweis dafür, daß man Verhalten und Aussehen nicht als Erkennungsmerkmal heranziehen darf. Man muß die Brunftrute sehen, um zu erfahren, daß man schießen darf."

Das gestreckte Stück behielten wir bis zum nächsten Tag, in der Ablieferungsstelle würde es noch einen Tag später eintreffen, dann hatte die Schußzeit auf Bachen schon begonnen.

„Es gibt keinen Grund zur Aufregung, die Überläufer sind schon selbständig. Wenn man als Jäger nur solche Fehler machen würde!" – so tröstete man mich. Man überreichte mir sogar einen Bruch, den ich aber nicht an den Hut steckte. Ich überließ ihn dem gestreckten Wild.

Seit diesem Morgen erhielt auch diese Kanzel einen Namen. Janek nannte sie „die irrtümliche". Die Jäger aber, die dort jagen und auf dieser Kanzel sitzen, wissen heute noch nicht, warum sie so heißt.

Der kugelfeste Wolf

Gewiß habe ich mehr Geschichten über Wölfe geschrieben, als ich Wölfe gestreckt habe, aber dieses Thema ist unerschöpflich und hoffentlich nicht nur für polnische Jäger interessant. Zwar hat das Jagdjahr 1987/88 mehrere Erlebnisse und Abenteuer mit dieser Wildart gebracht, aber einen bestimmten Wolf habe ich im Gedächtnis behalten.

In der Oberförsterei Stuposiany nahm der Oberförster, Władek P., vor der Vollmondzeit immer besorgt Telefongespräche entgegen, ob nicht Warschau etwa wieder irgendeinen Wolfsjäger ankündigte. Seine Besorgnis war begründet, denn alle Vollmondnächte ab November waren vergeben, und der Förster Andrzej P. konnte sogar nachweisen, daß er seit zwei Wochen keine Nacht mehr zu Hause verbracht hatte.

Machte nichts! Er hatte bereits zwei stattliche Söhne, ein und zwei Jahre alt, sollte also seine Frau etwas ausruhen, obwohl Nachkommen für die Wachablösung auf den Wolfskanzeln immer erwünscht waren.

Ich glaube aber, der flexible Andrzej sollte diese Situation schon irgendwie auf seine eigene Art bewältigen und in den kommenden Monaten den Beweis dafür liefern.

Alle Wolfskanzeln haben ihre Namen. Seit Jahren gilt die „Tarnawa" als sicherste Kanzel, obwohl sie gegenwärtig mehr von Jägern als von Wölfen aufgesucht wird.

Ein alter Wolf, ein besonders starker mit rötlichem Anflug, hielt sich ziemlich regelmäßig im Gebiet dieser Kanzel auf. Gesehen worden war er vielfach von Forstarbeitern, die zur Arbeit fuhren, von Józek, dem Fahrer der Oberförsterei, von Bauern und einigen Jägern.

Ganz unverhofft pflegte er bei vollem Tageslicht auf die „russische Seite" zu gehen oder sich bei der Rückkehr auf der „polnischen Seite" einzuschieben. Als Józek einmal im Herbst mit mir von der „Tarnawakanzel" zurückkehrte, hielt er den Wagen an und sagte mit erregter Stimme: „Der Wolf!"

Die Jagd, das sind unauslöschliche Eindrücke: Pirschen mit geschulterter Waffe über große Flächen...

Der Schnee verrät dem kundigen Jäger manchmal mehr als der bloße Anblick.

Müde vom vielstündigen Marsch, ruhten wir uns aus und beratschlagten, was wir tun sollten.

Weil wir in einem Dorf waren, erblickte ich ihn nicht gleich. Vor dem Hintergrund einiger Häuser schnürte er gegen 8 Uhr früh zur russischen Grenze. Ich bemerkte ihn einige Meter vom Weg entfernt, sprang aus dem Wagen, strich an einem Straßenbaum an und wartete einen Augenblick. Der Wolf überquerte den Weg, schnürte auf die Wintersaat zu und bewegte sich trotz des laufenden Motors langsam in die einmal eingeschlagene Richtung. Ich wollte warten, bis er stehenblieb, da mir die Entfernung zu weit schien. Wie es sich später herausstellte, waren es 320 Meter, und ich zog es trotz meines guten Kalibers 6,5 x 68 S vor, auf ein stehendes Ziel zu schießen. Als ich schon im Anschlag war und den Wolf im Fadenkreuz hatte, rief ich ihn ganz laut an.

Der Wolf verharrte. Ich zielte, die Waffe war schon eingestochen, und schoß, als der Zielstachel fünfzehn Zentimeter über den Wolf zeigte.

Der graue Räuber sprang ab und hinterließ auf der noch weichen Wintersaat lediglich eine deutliche Fährte, sonst nichts. Bis zur Staatsgrenze, die in etwa siebzig Meter Entfernung verlief, war kein Tropfen Schweiß zu sehen. Józek tröstete mich und meinte, daß er vielleicht getroffen sei, aber nur noch nicht schweißte. Doch einige Tage später sahen ihn Dorfbewohner wieder.

Im Dezember kam Olgierd nach Stuposiany, ein bekannter Jäger, fabelhafter Schütze, Olympiateilnehmer und sachkundiger Fachmann. Er war in diesem Monat der erste Gast, und Andrzej setzte ihn natürlich auf die „Tarnawakanzel". Die erste Nacht verlief ruhig, es kam nur ein Fuchs, der sich mehrere Male am Luder zeigte, aber nichts annahm. Er wollte wohl nur die Vorräte prüfen. Ein Wolf zeigte sich nicht, obwohl man eine einzelne Fährte unweit der Kanzel erkennen konnte. Eine Nacht ist auch zu wenig. „Ich werde noch eine Nacht sitzen", erklärte Olgierd. Am nächsten Abend gingen Olgierd und ein Begleiter zum Ansitz. Die Nacht war still, der Himmel hell. Der Mond – zwei Tage vor Vollmond – spendete fast zu viel Licht. Um 23 Uhr legte sich Olgierd im Schlafsack auf die Pritsche und schlief den Schlaf des Gerechten. Nun wachte der Begleiter gewissenhaft, aber, wie es sich später herausstellte, nicht ununterbrochen.

Greifen wir jedoch nicht vor! Um 3 Uhr legte sich der Begleiter auf die Pritsche, und am Kanzelfenster wachte nun wieder Olgierd. „Schlaf ruhig, Grzesiu [so hieß der Begleiter], ich werde bis zum Morgen wachen", dachte Olgierd.

Der Morgen dämmerte, es wurde fast hell, aber der Wolf kam immer noch nicht. Plötzlich belebte ein dunkler Fleck das triste Bild. Der Fleck war neu, war bisher nicht dagewesen. Im Fernglas zeigte sich der Wolf in seiner ganzen Stattlichkeit. Olgierd legte das Glas weg und griff nach seiner Büchse. Das Zielfernrohr war aber beschlagen, und darum mußte er es abnehmen. Kimme, Korn, Wolf – schnell, denn er strebte dem Walde zu... Als der Schuß fiel, winselte der Wolf und verschwand im Fichtenholz, das den Luderplatz umgab. Endlich getroffen! Ob er lag, war fraglich, getroffen war er. Als dann nach etwa einer Stunde Andrzej kam, gingen sie zum Anschuß. Auf dem Weg zum Luder fanden sie, dreißig Meter von der Kanzel entfernt, eine frische Fährte, die gestern noch nicht dagewesen war.

Der Wolf war also schon früher gekommen, und der wachende Begleiter hatte ihn nicht bemerkt oder gar verschlafen. „Mir wäre das nicht passiert", stellte Olgierd fest. Am Anschuß fanden sie Schnitthaare und auch Schweiß. „Schlecht", sagte Andrzej, „das Schnitthaar ist vom Widerrist, der Schweiß minimal und nachlassend." Trotzdem folgte Andrzej der Fährte etwa zwei Kilometer. Dem Wolf war es ein zweites Mal gelungen zu entkommen.

Ende Januar fragte Andrzej telefonisch an, ob nicht jemand zur „Korrektur" erscheinen könnte.

„Zu was für einer Korrektur?" fragte ich, da ich mich nicht sofort an jenes Ereignis im Dezember erinnerte.

„Nun, zur Korrektur des Krellschusses auf diesen Wolf – oder auf einen anderen, denn sie kommen dauernd, und bald werden das Fallwild und die Hirsche knapp."

„Gut, danke für die Benachrichtigung, und rechnen sie damit, daß wir kommen!"

„Werden sie selbst auch kommen?"

„Ich komme und setze mich auf die 'Tarnawakanzel'!"

„Wir werden sehen, ob man sie läßt."

„Was heißt lassen?"

„Na ja, wenn eine wichtigere Person kommen sollte, müßten sie ihr diese Kanzel abtreten."

„Gut, wir wollen uns nicht wegen dieser Kanzel zanken, wir kommen auf jeden Fall."

Es kam kein „Wichtigerer", und so saß ich auf der begehrten „Tarnawakanzel". Vielleicht war der „Wichtige" aber doch da und hatte sich mit Andrzej, der gewöhnlich mit mir ansaß, woanders hingesetzt.

Mit mir saß „Rexio", was der Königliche bedeutet. In seiner Art ist er auch König von Bieszczady. Er stammt aus Kielce, wiegt gut zwei Zentner, ist groß und fünfundzwanzig Jahre alt. Er arbeitet als Holzfäller, ist ein Universalmensch und verrichtet alle überhaupt anfallenden Waldarbeiten. Ein starker Kerl, ausdauernd, hält lange Wache, schnarcht und schnauft nicht. Auf die Kanzel schleppt er den ganzen Krempel, seinen und meinen und noch meine Waffe dazu. Ich gestatte es ihm gern, weil ich leider nur sein Gewicht, nicht seine Kraft habe.

Und wieder verging die Nacht ruhig. Außer dem schon bekannten Fuchs kam nichts. Es wurde schon hell, als ich unweit der Kanzel Schneeknirschen vernahm. Meine Hoffnung schwand aber, als jemand eiligst unsere Leiter emporstieg. Wir öffneten die Kanzeltür, und Józek wurde sichtbar. Hastig sagte er: „Ein Wolf sitzt im Felde." Ich griff zur Waffe, und wir eilten zum Wagen, mit dem Józek gekommen war, um uns abzuholen.

Der Wolf war leider nicht mehr da. Aber wir fuhren hinter den Wildbach und hofften, daß er sich uns dort vielleicht zeigte. Nachdem wir den Wildbach umfahren hatten, parkten wir den Wagen hinter Holzstapeln und suchten die ganze Umgebung mit dem Fernglas ab. Mit bloßem Auge sah Józek den Wolf als erster. Als er mir die Richtung zeigte, sah ich ihn auch. „Er ist tatsächlich da." Er sah uns nicht, weil er im Schnee grub, aber leider in einer Entfernung von 300 Metern. Ich legte auf einem Holzstapel auf, hielt fünfzehn Zentimeter über den Wolf und schoß. Fehlschuß! Alle bestätigten dies einstimmig. Trotzdem gingen wir zum Anschuß. Die Kugel lag kurz hinter der Fährte. Unterschossen! „Ich sagte ihnen nach dem vorigen Schuß, sie sollten die Waffe auf diese Entfernung einschießen, um zu sehen, wo die Kugel liegt", quittierte Józek ruhig.

„Es war weit", sagte ich zaghaft.

„Natürlich, aber er war zu treffen."

Und so war es ein drittes Mal wieder nicht gelungen. Zum Februarvollmond organisierte ich abermals eine Mannschaft. Weil ich sonst nicht verreise, nahm ich mir eine Woche Urlaub, der Resturlaub sollte für die Hirschbrunft ausreichen. Wir waren vier Jäger und eine Jägerin. Verzeihung, eine Dame und wir vier! Da offenbar „wichtigere" Personen an der Jagd teilnahmen, gelang es mir nicht, die „Tarnawakanzel" zu bekommen; auf ihr nahm mein Chef Platz. Nach drei Nächten gab er aber auf. „So verbissen und geduldig bin ich nicht", sagte er. Ich drängte ihn auch nicht, wußte ich doch aufgrund der Äußerungen Andrzejs, daß bei der „Buchenkanzel" in der vergangenen Nacht vier bis fünf Wölfe gewesen waren.

So wurde die „Tarnawakanzel" frei, und ich bestieg sie. Um 23 Uhr löste mich Rexio am Kanzelfenster ab. Ich war gerade beim Einschlafen, als er mich anstieß und sagte: „Ein 'Rudel' Schwarzwild!" – „Was Schwarzwild? Warum verdrehst du mir den Kopf?" – „Wölfe", korrigierte sich Rexio, „ neun Stück!" Ich war sofort am Fenster, und das Fernglas bestätigte mir seine Aussage. Tatsächlich konnte Rexio denken, daß es sich um Sauen handelte. Am Luder war es schwarz. Die stärksten Wölfe standen bereits am Fallwild, für die schwächeren gab es keinen Zutritt. Schon hörte ich die Beißerei. Ich langte nach der Waffe, wählte einen abseits stehenden Wolf und schoß.

So plötzlich, wie die Wölfe erschienen waren, stoben sie auseinander. Den beschossenen hielt ich im Zielfernrohr und sah, daß er nach drei ungeschickten Fluchten liegenblieb. Ich repetierte und hatte ihn wieder im Fadenkreuz. Rexio schaute mir über die Schulter und meinte, daß ich nicht mehr zu schießen brauche, weil der Wolf sich nicht mehr rührte.

Am Morgen kehrte Andrzej mit dem Chef zurück. Bei ihnen waren keine Wölfe gekommen. Der Chef gratulierte mir, dachte aber gewiß im stillen, daß er noch eine Nacht hätte ausharren sollen. Aber wer kann so etwas voraussehen? „Sie haben sich aber auch den kleinsten 'Scheißer' des ganzen Rudels ausgesucht", quittierte Andrzej, als wir zusammenkamen.

Auf die „Tarnawakanzel" reflektierte für die nächste Nacht keiner.

Im Rahmen der theoretischen Erwägungen hielt ich jedoch daran fest, daß „Tarnawa" besetzt werden müßte, und weil es keine Bereitwilligen gab, sagte ich, ich würde dort wiederum sitzen. Unterwegs zu dieser Kanzel kam mir allerdings der Gedanke an eine neue Kanzel, die Andrzej fünf Kilometer weiter errichtet hatte. Sie war nicht ganz fertig, es zog durch die Tür und Luken, aber da die Temperatur nicht besonders niedrig war, blieb ich dort. Hier hatte noch niemand gesessen, das Luder war ausgelegt, und die Wölfe hatten schon Kontakt aufgenommen, wie man im bieszczader Jargon zu sagen pflegte. Für meine Eigenmächtigkeit wurde ich dann doppelt gestraft.

In der Nacht sank die Temperatur plötzlich auf $-20°C$. Darauf war ich nicht vorbereitet, und ich fror fürchterlich. Darum verblieb ich dort nicht länger, kehrte zur „Tarnawakanzel" zurück, wobei ich feststellte, daß dort ein einzelner Wolf gewesen war.

Er hatte das Luder angenommen, das der Kanzel am nächsten lag und bisher nicht angenommen worden war. Schon wieder überlistet durch diesen Einzelgänger! Abermals verging ein Monat, und in den letzten Märztagen schien der Vollmond. Zum Abschluß des Jagdjahres mußte ich hinausfahren. Von der Februarmannschaft wollte niemand mitkommen. Man hatte weder Lust noch Zeit. Aber begeisterte Wolfsjäger gab es genug. Alte Spezialisten warteten nur darauf, in Stuposiany ihr Glück zu versuchen. Jedem lag daran, daß wegen der großen Wildverluste und der bisher erfolglosen Bejagung wenigstens zwei bis drei Wölfe gestreckt würden.

Es folgten einige Nächte, in denen alle Wolfskanzeln, zwölf an der Zahl, besetzt waren. Die Resultate werde ich gleich schildern.

Der zentrale Punkt war „Tarnawa". Diese Kanzel fiel Lech St. zu.

Auf den Kanzeln, die „Tarnawa" umgaben, saß zum einen Krystian W., alleine, ohne Wachablösung, da Personal fehlte. Er verschlief den Einzelgänger gleich in der ersten Nacht.

Auf der „Scheunenkanzel" saß Ryszard G. und konnte den Einzelgänger nicht schießen, weil dieser das Luder in einen Graben gezogen hatte, so daß Ryszard nur Freßgeräusche hörte.

Auf der „Sitmierzkanzel" saß ein Jungjäger, zu dem in einer der Nächte der Einzelgänger kam, aber der Neuling war, wie er selbst sagte, so aufgeregt, daß er nicht schießen konnte.

Und so verliefen die Nächte ergebnislos. Lech St. wollte schon nach vier Nächten „Tarnawa" aufgeben, entschloß sich dann aber doch für eine fünfte. Und da geschah es. Um 6 Uhr früh, als es schon ganz hell war, trat dieser einzelne Wolf aus.

Ganz deutlich sah Lech ihn auf dem Schnee und lächelte glücklich, weil ihm das Schicksal gewogen schien. Dann stach er die Waffe ein, zielte, wartete, bis der Wolf stehenblieb, und schoß.

Der Wolf zeichnete sogar und rückte in Richtung auf die besagte Fichtendickung.

Die spätere Untersuchung durch Experten zeigte, daß der Wolf unterschossen worden war, die Kugel hatte ihn an der Vorderbranke gestreift, ohne den Knochen zu verletzen. Noch heute zieht dieser Wolf seine Fährte.

Lech meinte, er habe ihn gut im Zielfernrohr gehabt. Bei der Überprüfung schoß seine Waffe zwanzig Zentimeter zu tief. Weitere Schießversuche zeigten eine zu große Streuung, und es erwies sich, daß sich das Absehen im Zielfernrohr gelockert hatte. Kleine Ursache – große „Wirkung"! Ein kugelfester Wolf?

Füchse

Nach Beendigung des Studiums an der Forstfakultät wurde ich Assistent von Professor Marian Nunberg am Lehrstuhl für Forstschutz und nachher Mitarbeiter von Professor Aleksander Haber am neugegründeten Lehrstuhl für Jagdwirtschaft. In jener Zeit richteten wir die Forschungsstation in der Oberförsterei Szeroki Bór in der Johannisburger Heide ein. Dort hatte ich auch viele Jagderlebnisse und lernte einen reizenden Menschen und hervorragenden Jäger und Heger, Stanisław Kumorowski, kennen. Damals war ich immer noch Jungjäger, obwohl ich schon einige Ergebnisse aufzuweisen hatte. Ich erkannte jedoch den höheren Jagdrang des Herrn Stanisław an, was ich auch bis heute noch tue. Das, was ich kann, verdanke ich ihm in hohem Maße. Jeder von uns hat doch so seinen Meister.

Er überredete mich einmal zur Nachtjagd auf Füchse. Unweit der Försterei in Jasków befanden sich eine geschlossene Kanzel und ein Luderplatz. Er hatte dort schon einige Füchse gestreckt, versicherte mir aber, daß noch einige geblieben seien, und ermunterte mich, doch in einer Dezembernacht bei Vollmond wiederzukommen. Natürlich fuhr ich hin.

In einen Pelz gehüllt – nach einem üppigen Mittagessen, ohne angefeuchtete Kehle –, fuhr ich mit Stanisław in einem Pferdeschlitten zur Kanzel. Vom Schlitten aus bestieg ich die Kanzelleiter. Es war 15 Uhr. Bis 24 Uhr sollte ich bei −15°C ansitzen. So viele Stunden – keine Kleinigkeit!

Als es dämmerte und sich der noch rote Mond am Rande der Waldlichtung zeigte, kam der erste Fuchs. Er zog seitlich vorbei, verharrte einen Augenblick und verschwand im Wald. Es dauerte keine Viertelstunde, bis er erneut erschien und entschlossen in Richtung des Luders schnürte. Ich hatte eine Bockbüchsflinte, die mit Schrot und Kugel gut eingeschossen war. Die Waffe stand in der Kanzelecke, und ich wartete regungslos, bis sich der Fuchs auf Schußentfernung genähert hatte. Dann langte ich nach der Waffe und – stieß irgendwo an. Der Fuchs sprang ab. Ich hatte Stanisławs

Mahnung nicht beachtet, die Waffe immer schußbereit zu halten, ob etwas am Luder sei oder nicht. Daraus ergab sich nun der erste Mißerfolg. Ich bedauerte die entgangene Chance und den sicheren Fuchs, aber meine trüben Gedanken verflogen recht bald. Wieder sah ich einen dunklen Fleck, einen langen, der sich wie eine Raupe bewegte. Ich hob das Fernglas. Ja, es war ein Fuchs, und diesmal wartete ich nicht, bis er näher kam, sondern zog die Waffe ein. Schon hatte ich Reineke im Zielfernrohr, er kam näher und wurde immer größer. Ich schaute am Zielfernrohr seitlich vorbei, um die Entfernung zu schätzen, gut, es konnte geschossen werden. Blick durchs Zielfernrohr, Fuchs im Fadenkreuz – Schuß. Er lag auf der Stelle. Genugtuung, Zufriedenheit! Mein erster Fuchs bei einer Nachtjagd! Ich lud die Waffe nach und stellte sie weg. Durchs Fernglas betrachtete ich den liegenden Fuchs, um sicher zu sein, daß er sich nicht etwa davonstahl. Nein, er blieb.

Es war noch keine Stunde vergangen, als auf derselben Spur der zweite Fuchs erschien. Wieder die Beobachtung durchs Zielfernrohr, wieder schnelle und entschlossene Annäherung des Fuchses. Als er den liegenden Fuchs erreichte, hielt er an. Ich dachte, er würde blitzartig umkehren, aber nein, er machte sich nur größer und windete. Ich schoß. Der dunkle Fleck im Schnee war nun größer geworden, es lagen zwei Füchse da. Ich wünschte mir, daß Stanisław bald käme, damit ich mich vor ihm rühmen könnte, aber es war erst 17 Uhr.

Nach einer weiteren Stunde, in der ich berechnet hatte, wieviel Stunden ich noch sitzen müßte, hörte ich in der Ferne einen Fuchs bellen. Das Bellen kam näher und entfernte sich wieder, aber es nährte in mir neue Hoffnung.

Bis 24 Uhr würde ich nicht sitzen können. Meine Beine waren kalt und steif. Die Zeit schien stillzustehen. Sitzend schlafen konnte ich noch nicht. Diese Jagdkunst erlernt man erst in höherem Alter. Glücklicherweise kam Stanisław aber noch vor Mitternacht.

„Du hast unruhig gesessen", sagte er. „Du hättest einen dritten Fuchs haben müssen."

Ich verneinte, obwohl ich im stillen dachte, daß er doch recht habe.

Tee im Försterhaus – nach diesen neun Stunden war er schmackhaft. Einige Stunden Schlaf waren danach noch schmackhafter.

Am Morgen rückte ich mit einer Hasenquäke wieder in den Wald. Auf den schmalen, aber langen Wiesen, die sich zwischen der Oberförsterei Ruciane und Szeroki Bór hinzogen, hatte ich öfter Füchse während der Sommerbockjagd angetroffen. Als ich einen mäuselnden Fuchs entdeckte, pirschte ich ihn so nah wie möglich an. Schließlich trennten mich von ihm nur noch achtzig bis neunzig Schritt, und ein weiteres Anpirschen war bei dem etwas verharschten Schnee nicht möglich. Ich blieb also hinter einer kleinen Fichte stehen, wartete ein Weilchen und betätigte die Hasenquäke. Sie sollte die Hasenklage imitieren. Wahrscheinlich war es ein gelungenes Exemplar, das ich beim Jagdausstatter erworben hatte, denn der Fuchs rückte in meine Richtung los. Ich versteckte die Quäke und bereitete mich zum Schuß vor. Als der Fuchs schon auf Schußentfernung herangekommen war, sah ich schattenhaft, daß sich etwas rechts von mir bewegte. Zwanzig Schritt von mir entfernt stand ein zweiter Fuchs und äugte auf die Fichte und auf mich. Ich beschloß, mich nicht zu bewegen und zu warten, bis der erste noch etwas näher kam, damit ich dann den entfernteren mit dem linken Lauf und den rechts stehenden, unerwarteten, näheren mit dem rechten Lauf schießen konnte. Der näher stehende Fuchs hielt jedoch nicht aus und flüchtete. Zwar schoß ich noch zweimal hinter ihm her, jedoch ohne Erfolg. Ich hatte zwei Füchse haben wollen, und nun hatte ich zwei Fehlschüsse.

Eingangs erwähnte ich, daß ich in der Forstfakultät tätig war und dort Vorlesungen über Waldzoologie und Jagd hielt. Wegen meiner theoretischen Kenntnisse hatte mich der Warschauer Woiwodschaftsrat der Jagdbehörde mit Vorlesungen für Jungjäger über Wildbiologie betraut, wobei ich mich während eines Vortrages abfällig über Füchse äußerte. Ich sagte nämlich, daß die sprichwörtliche Schlauheit und Verschlagenheit der Füchse lediglich ein Produkt der Verfasser von Märchenbüchern seien. Es genüge, Luder auszulegen, um den Fuchs kirre zu machen, es genüge zu quäken, um zwei von ihnen anzulocken.

Diese unglückliche Äußerung hatte ich im Januar vor der Abfahrt zur Hasen-Waldtreibjagd der Oberförsterei Jasne Pole in der Woiwodschaft Posen gemacht. Diese Oberförsterei war ob ihrer guten

Jagdorganisation berühmt. Ebenso berühmt war ihr Besatz an Hasen und Füchsen. Bei solch einer Waldjagd lagen meist 100 bis 120 Hasen und oftmals mehr als zwanzig Füchse auf der Strecke. In dieses Revier fuhr ich das erste Mal. Wegen meiner oben geäußerten Meinung über Füchse glaubte ich, daß ich alle Füchse alleine schießen würde. Mochten sie nur kommen! An diesem Tage hatte ich auch Anlauf. Drei Füchse traten auf mich heraus, herrliche Füchse, ganz nahe. Gestreckt habe ich keinen einzigen. Streng rächten sie sich wegen meiner Äußerung. Ich änderte damals meine Meinung – der Fuchs ist doch eine listige Kreatur.

Diplomatenpirsch

Die in Polen akkreditierten Diplomaten haben eine eigene Jagdgemeinschaft, die sich Diplomatenjagdklub nennt. Dem Klub stehen vier Reviere zur Verfügung, die nicht nur wildreich, sondern auch reich an Jagdereignissen sind. Für viele ist dies eine Chance, das erste Mal mit Hochwild, mit echtem polnischen Wald und mit den Waldbewohnern zusammenzutreffen. Die ruhigen, ehrlichen Menschen schauen manchmal mit blinzelnden Augen auf die Jagdausrüstung dieser Jagddebütanten. Alles ist neu, die Jagdtasche, das Gewehrfutteral, das Fernglas, Stiefel, Hut, sogar der Patronengürtel, an dem als Zierde unnötigerweise ein Messer hängt, denn das Wild bricht sowieso der Förster mit seinem Messer, und zwar einem scharfen, auf. Diese Ausrüstung knarrt und glänzt und gibt dem Wild eine Chance.

Viele interessante Beobachtungen teilt mir der Förster Zdzisław Szwagrzak aus Szeroki Bór mit, einem herrlichen Revier in Pisz (Johannisburger Heide), das früher zu Olsztyn (Allenstein) gehörte, heute aber dem Gebiet Suwałki zugeschlagen ist. Darüber regt sich der Förster Szwagrzak nicht auf, er versichert mir vielmehr, daß bald Pisz eine Woiwodschaft sein wird. „Sie wissen es nicht? Schauen sie nur auf die vielen Autos. So viele Diplomatenwagen, wie bei mir während eines Monats vorfahren, bekommen sie weder in Allenstein noch in Suwałki während eines ganzen Jahres zu sehen. Was sagen sie dazu? Ich habe doch recht, daß Pisz Woiwodschaft werden müßte."

„Zdzisław, laß die Politik aus dem Spiel und such Würmer!"
„Warum, wollen sie wieder Fische fangen und nicht in den Wald gehen?"
Er murrt, gräbt aber nach Würmern. Dann fügt er hinzu, daß dies sogar gut sei, denn heute soll ein Gast aus der österreichischen Botschaft kommen. Mit ihm jagt Zdzisław gern, denn er habe Ahnung von Jagd und Wild. Am schlimmsten sei es mit den Franzosen. Die interessiere Hochwild nicht, sie gingen nur auf Enten. Enten gebe es hier aber keine. Wasser sei da, aber nicht einmal Bleßhühner

könne man finden, denn die russischen Waschbären und die amerikanischen Nerze hätten sie dezimiert.

„Zdzisław, hör auf mit diesen politischen Assoziationen, sag mir lieber, wo du anfütterst.“

„Fische oder Schwarzwild?“

„Fische, Fische!“

„Ich muß gestehen, daß ich Fische nicht füttere... Aber regen sie sich nicht auf, Halina hat welche im Gefrierschrank und wird schon welche braten.“

„Hast du sie gefangen?“

„Nein, nicht ich, sondern Grzesiek, denn mich interessieren sie nicht.“

„Geangelt oder mit dem Netz gefangen?“

„Mit dem Netz!“

„Das ist aber verboten.“

„Es ist gestattet. Ich habe einen kleinen See gepachtet, habe Netze und Fische.“

Und so blieb ich mit meiner Angel zurück, während Zdzisław mit dem Österreicher in den Wald fuhr.

Sie kehrten abends heim, ohne jedoch etwas gesehen zu haben. Halina hatte einige Fische aus der Tiefkühltruhe und einige mit der Angel gefangene Plötzen gebraten. Aus dem Kühlschrank entnahm sie gut gekühlten Weißwein. Zdzisław begann aber wieder von den Diplomaten und der Jagd zu reden.

Bei eben diesem Abendbrot erzählte mir Förster Szwagrzak von einer Begebenheit, die sich vor einigen Jahren ereignet hatte.

Damals war der Botschafter von Zaire, der damalige Vizepräsident des Jagdklubs, ein guter Jäger und Schütze, nach Szeroki Bór zur Hirschjagd gekommen. In seinem herrlichen Landrover hatte er auch einen Fahrer und einen Dolmetscher mitgebracht. Ganz früh rückten sie dann in den Wald. Es war die zweite Septemberhälfte, und die Hirsche meldeten gut. Es war noch ganz dunkel, als sie im Wald ankamen. Während der Fahrer im Auto blieb, pirschte der Jäger zusammen mit Förster und Dolmetscher in Richtung der röhrenden Hirsche. Der Dolmetscher ging hinter dem Jäger und dem Förster und fragte jeden Augenblick, ob dies gefährlich sei. Der Förster lächelte und beruhigte den jungen Mann, einen Studenten der Anglistik, der sich das erste Mal bei Dunkelheit im Wald aufhielt. Wiederum fragte er, ob keine Gefahr drohe, und wollte den beiden Waidmännern einfach nicht folgen. Drei Mann auf der Pirsch sind zuviel. Darum gab der Förster dem Dolmetscher ein Handzeichen, damit er zurückbliebe. Er selbst pirschte mit dem Jagdgast weiter und näherte sich dem Brunftplatz. Als sie schon ganz nahe waren, blieben sie stehen. Auch die Hirsche hatten scheinbar eine Pause eingelegt. Danach hörte man das Aneinanderschlagen der Geweihe und Ästebrechen. Das hielt der Student nicht mehr aus. Er glaubte, sein Botschafter befinde sich in einer Notlage, aus der er ihn retten müsse, darum machte er kehrt, rannte zum Auto und löste Alarm aus. Sogleich begannen Scheinwerfer und Hupe in gleichmäßigem Rhythmus Signale zu geben. Das Brunftgeschehen verstummte augenblicklich.

Der Jäger schaute erstaunt auf den Förster, der Förster auf den Jäger. Was war geschehen? Der Jäger schulterte seine Waffe, der Förster klappte den Zielstock zusammen, und beide eilten zum Auto. Der Wagen sandte immer noch im Staccatorhythmus Licht- und Hupsignale aus. Dieser Vorgang erfreute weder Jäger noch Rotwild. Der Botschafter fragte nervös, was dies alles zu bedeuten habe. Der verschreckte Student antwortete: „Wie, was das bedeuten soll? Ich habe ihnen das Leben gerettet. Sie haben doch gar nicht gesehen, wie nahe ihnen schon diese großen Tiere waren. Sie hätten sie angreifen können. Wie kann der Förster einen hohen Gast solcher Gefahr aussetzen…“

Dem Jäger und dem Förster verschlug es die Sprache. Sie schalteten die Alarmanlage aus, die Hirsche waren allerdings weg. Eine Woche später kam der Botschafter ohne Dolmetscher und streckte einen kapitalen Abschußhirsch. Gratulation!

Ein Jagdtourist

Ende Februar 1988 machte ich mich zusammen mit einigen Freunden ins Bieszczadygebirge zur Wolfsjagd auf den Weg; genauer gesagt, nach Stuposiany. Im Jagdhaus, der sogenannten „Devisenunterkunft", wohnte noch eine Gruppe Jagdtouristen aus der Bundesrepublik Deutschland, die auf Hirsche und Schwarzwild jagte. Die Wolfskanzeln waren gänzlich unbesetzt, da die Jäger, müde von der Hirschjagd und vom Abendansitz auf Schwarzwild, schon keine Kraft für den Nachtansitz mehr hatten. Offen gesagt, sie waren auch nicht davon überzeugt, daß der Nachtansitz auf Wölfe etwas bringen würde.

Schließlich konnten sie schon ganz gute Erfolge vorweisen. Zwei der deutschen Jagdtouristen hatten schon je einen Silbermedaillenhirsch gestreckt, ein anderer einen schwächeren, medaillenlosen, jedoch um so interessanteren Abschußhirsch; die anderen zwei Jäger waren bereits auf Schwarzwild erfolgreich gewesen. Uns warfen sie nur mitleidige Blicke zu, wenn wir nach vierzehn bis fünfzehn Stunden vom Ansitz zurückkehrten und ich auf die Frage, was ich erlegt hätte, mit einem Ausbreiten der Arme antwortete. Einer der Jagdtouristen zeigte jedoch an unseren Nachtansitzen wirkliches Interesse. Er hatte schon einen Hirsch und ein Stück Schwarzwild erlegt, und obwohl er darüber hinaus der älteste Jäger war (Misiuda nannte ihn Achtzigender, da er gerade achtzig Jahre alt geworden war), äußerte er den Wunsch, an einer Wolfsansitzjagd teilzunehmen.

Ihn schreckten die erfolglosen Nächte, die wir schon hinter uns hatten, nicht ab. Die Wolfsfährten, die ihm während der Jagd im Schnee aufgefallen waren, bewiesen ihm die Anwesenheit von Wölfen. Nun wollte er sein Glück versuchen. Auf Hirsch und Schwarzkittel hatte er mit Józek, dem Kraftfahrer und Jagdführer der Oberförsterei Stuposiany, gejagt. Wir beschlossen, ihm die sicherste Kanzel zu geben. Aber welche war die sicherste? Das weiß man bei Wölfen nie. Alle paar Tage suchen die grauen Räuber jede Kanzel auf, besonders dann, wenn sie unbesetzt ist.

„Wir müssen eine Kanzel auswählen, an die man mit dem Auto heranfahren kann", entschied Andrzej, der Oberjagdleiter der Oberförsterei Stuposiany, „sonst kommt er bei diesen Schneeverhältnissen mit seiner ganzen Ausrüstung gar nicht an die Kanzel heran."

„Richtig", antwortete Józek, „aber was soll dann mit dem Wagen geschehen, er kann doch nicht unter der Kanzel stehenbleiben. Jemand muß den Jäger und seinen Begleiter heranfahren. Aber an welche Kanzel?"

Ich spürte, daß sie nicht sagen wollten, daß es die sogenannte „Ellbogenkanzel" sein müsse, denn an sie kann man mit dem Wagen heranfahren. Dort hatte ich aber schon zwei Nächte gesessen. Alle wußten, daß mein Ansitz erfolglos gewesen war.

Jetzt erriet ich endlich, warum diese Fragen aufgeworfen worden waren, ich sollte die „Ellbogenkanzel" zur Verfügung stellen. Da ich sowieso die Kanzel wechseln wollte, stimmte ich sofort zu, denn die zwei erfolglos verbrachten Nächte reichten mir völlig. Nicht einmal ein Fuchs, der dort sonst seine Spur zu ziehen pflegte, hatte sich sehen lassen. Der Vorschlag wurde schnell und gern angenommen, und es blieb nur noch die besorgte Frage, wo ich mich ansetzen sollte.

„Irgendwo werde ich schon einen Platz finden, es gibt doch genügend freie Kanzeln", bemerkte ich.

Ich weiß nicht mehr, auf welcher Kanzel ich schließlich gelandet war, aber der Jagdtourist, dessen Name mir entfallen ist, hatte nun jedenfalls eine Kanzel mit einer bequemen Anfahrt und einem guten Jagdführer.

Die Vorbereitungen nahmen kein Ende. Was die beiden alles mitschleppten! Zwei Wolldecken, eine Bettdecke, ein Kissen, einen Nachttopf, zwei Thermosflaschen, belegte Brote, natürlich Repetierer und Fernglas, Schlafsack, Taschenlampe, Kerzen und Bier, was sich übrigens als überflüssig erwies, da es eingefroren war; außerdem noch allerlei Kleinigkeiten usw., usw.

Sie brachen recht früh auf, gleich nach dem Mittagessen. Es war wohl 15 Uhr. Wir erfahrenen Wolfsjäger rückten erst um 16 Uhr los. Das reicht auch bis 7 Uhr früh. Bitte, die Stunden mal nachzurechnen!

Die „Ellbogenkanzel" ist sehr hoch. Dreimal mußte der Jagdtourist auf der Leiter ausruhen, denn als harter Mann trug er den Repetierer, das Fernglas und die anderen Klamotten selbst. Ich hätte mit so viel Gepäck mehrere Male hochsteigen müssen. Es war noch ganz hell, als sie sich in der Kanzel häuslich einrichteten. Auf die Pritsche legten sie die Bettdecke, darauf eine Wolldecke und den Schlafsack. Damit war die Schlafstätte gerichtet. Die andere Wolldecke legten sie auf die Bank und auf ihre Beine. Auf dem Regal standen die Thermosflasche, die Taschenlampe und ein Reservemagazin, da der Gast das Kaliber 9,3 x 62 führte und nur drei Schuß im Magazin Platz hatten. Ein Optimist, Gott gebe, daß er drei Schuß los wird! Józek wachte als erster am Kanzelfenster. Der Gast legte sich hin und schlief schnell ein. Sie hatten vereinbart, daß Józek ihn nur dann wecken sollte, wenn Wölfe kamen. Es vergingen Stunden, langsam stieg der Mond hoch, der Luderplatz wurde immer heller, und das Luder konnte man mit bloßem Auge sehen.

Der Gast begann zu schnarchen, Józek entschloß sich, ihn zu wecken. Der Jäger setzte sich schnell auf die Pritsche und fragte nach dem Repetierer. „Der Repetierer ist da, aber bleiben sie ruhig", sagte Józek in gebrochenem Deutsch. Er kannte einige Wörter, wie jeder Jagdführer, vor allem das Wort „schießen". Dieses Wort aber war zunächst nicht nötig.

Um 23 Uhr erschien ein Wolf, wie ein Geist, lautlos; nach ihm ein zweiter und ein dritter. Die Wölfe betrachteten das Luder, näherten sich ihm jedoch nicht, prüften, windeten, umkreisten es dann. Józek öffnete schnell den Reißverschluß des Schlafsackes, befreite den Jäger daraus und reichte ihm die Waffe. Ein Wolf rückte etwas nach rechts und stand vor dem Hintergrund des hellen Schnees – wohlgemerkt des hellen Schnees, denn dies ist wesentlich. Am Luder war der Schnee nämlich schmutzig und vertreten. Der Jäger fand den Wolf im Zielfernrohr, Józek hörte den Stecher, aber da rückte der Wolf los. Józek, der den Luderplatz über die Schulter des Jägers beobachtete, pfiff plötzlich, und als der Wolf verharrte, schoß der Jäger. Der Wolf lag im Feuer. Einen Augenblick später richtete er sich jedoch auf und verschwand fast gänzlich in einem Graben. Nur der Kopf war zu sehen. „Schießen", riet Józek, und

Mit der Trophäe wird das gesamte Jagderlebnis ins Heim des Erlegers transportiert.

197

Das Luder war ein Hirsch, den die Wölfe vor einigen Tagen gerissen hatten.

der Jäger schoß ein zweites Mal. Der Wolf hielt den Kopf aber immer noch aufrecht. Da nahm Józek den Repetierer, baumte ab, näherte sich dem Wolf bis auf einige Schritte und gab ihm den Fangschuß. Die Aktion war beendet.

Józek kam auf die Kanzel zurück, gratulierte. Beide begannen zu reden, Józek polnisch, der Jagdgast deutsch – aber sie verstanden einander vortrefflich. Ein Wort kam oft vor – gut, gut, gut. Wenn aber „gut" und der Wolf gestreckt, dann sollte man nicht länger auf der Kanzel frieren, sondern schnell nach Hause – aber wie? Der Fahrer war ja weg und sollte erst um 7 Uhr früh wiederkommen. Was war zu machen? Józek verengte die Schäfte seiner Gummistiefel mit einem Bindfaden und setzte sich die zehn Kilometer in Marsch, um das Auto zu holen. Er zeigte auf die Uhr und machte deutlich, daß er um 2 Uhr zurück sein werde.

Der deutsche Jäger, vom Erfolg stimuliert, hatte indessen keine Lust zu schlafen. Er setzte sich an die Kanzelluke, schaute hinaus und durchlebte den Wolfsabschuß noch einmal. Die Zeit wurde unbarmherzig lang, es gab aber keinen Ausweg, er mußte auf Józek warten. Von Zeit zu Zeit hob er das Fernglas und prüfte die Lichtung gewohnheitsmäßig. Vielleicht war es eine Angewohnheit vom Kriege her oder eine jagdliche Gewohnheit, vielleicht aber auch nur eine Maßnahme, um die Zeit totzuschlagen. Auf nichts hoffte er mehr, nichts erwartete er. Plötzlich erschienen im Fernglas zwei Wölfe. Sie standen deutlich am Rande der Lichtung und schauten auf die Stelle, wo der dritte Gefährte, besser gesagt, die Gefährtin, nach dem Schuß verschwunden war. Hastig griff der Jäger nach dem Repetierer, nahm Maß, betätigte den Stecher und drückte ab. Es folgte kein Schuß, da die drei Patronen, mit denen er die Waffe geladen hatte, verschossen waren. Den Grund erfaßte er schnell und begann nervös, das Reservemagazin zu suchen. Er selbst hatte das Magazin nicht aufs Regal gelegt, und wegen der Dunkelheit konnte er es nun nicht finden, gerade jetzt, wo die Wölfe warteten. Er suchte und suchte, fand es aber nicht. Ihm wurde heiß, kalter Schweiß trat ihm auf die Stirn. Wieder griff er nach dem Fernglas, um sich zu vergewissern, ob die Wölfe noch warteten. Sie warteten nicht. Nachdem sie sich überzeugt hatten, daß die Gefährtin nicht mehr am Leben war, zogen sie weiter und verschwanden im Wald und in der Nacht.

Der Jäger schaute auf die Uhr. Es war erst 24 Uhr. Noch zwei Stunden Wartezeit, darin lag seine Chance. Wieder vergingen Minuten und Viertelstunden, wieder war es still. Aber was war das? Wieder ein dunkler Fleck am Luder, der vorher nicht dagewesen war. Ob wenigstens ein Wolf, der treueste und mutigste, zurückgekehrt war? Und wieder das Fernglas ans Auge – kaum zu glauben! Am Luder stand ein Tier, fast so groß wie ein Wolf, aber mit kurzer Lunte. Wieder ergriff er den Repetierer und wieder keine Munition. Der Luchs aber stand ruhig, würdig, als ob er für ein Photo posieren wollte. Wieder das ungestüme Suchen nach dem Magazin – aber erfolglos. Der Luchs trat ans Luder heran, windete, nahm aber nichts, sondern schaute nur aus Neugierde. Er stand noch eine Weile, dann trollte er sich. Das Warten auf Józek wurde immer unerträglicher. Hoffentlich kehrte er bald zurück, denn sonst käme noch etwas, und was dann? Man konnte einen Herzinfarkt bekommen, wirklich!

Endlich sah der Jäger die Scheinwerfer des Autos. Józek kam fast bis an die Kanzel und stieg nach oben. Er konnte nicht verstehen, was der deutsche Jäger erzählte. Er nickte nur mit dem Kopf, sagte, daß der Wolf tot sei und liege. Als er aber dann doch etwas von dem verstand, was während seiner Abwesenheit geschehen war, langte er mit der Hand an die ihm bekannte Stelle und reichte dem Jäger das Reservemagazin, das mit drei Patronen bestückt war. Jetzt war es aber nicht mehr nötig. Das Glück hatte so nahe gelegen, im wahrsten Sinne des Wortes mit der Hand zu greifen. Man mußte aber wissen, wohin man greifen sollte!

Keine Diskussion! Ein Wolf beim Nachtansitz, das genügte! Beide packten ihre Ausrüstung zusammen und begaben sich, mit der Taschenlampe leuchtend, zum Wagen. Die Fahrt zur „Devisenunterkunft" verging schnell, der Vollmond leuchtete. Sie weckten die tief schlafenden Jäger, legten den Wolf vor den Kamin, und der Held nahm Gratulationen entgegen. Das Erzählen nahm kein Ende, es währte bis zum Morgengrauen. Mit der Frühpirsch wurde es nun nichts mehr, die Jäger waren müde, ich weiß nicht, ob vom unterbrochenen Schlaf oder von den Trinksprüchen auf den Jagdkönig, wahrscheinlich von den Trinksprüchen. Bis Mittag verlief die Zeit ruhig. Die Jäger holten den Schlaf nach und träumten von der

Abendpirsch. Während des Mittagessens tat der nächste Jäger kund, daß er auf Wölfe ansitzen wolle, die ganze Nacht. Krzysio lächelte. Krzysio, das ist der Förster von Wołosaty. „Hast du etwas, Krzysio?" fragten wir. „Wir haben doch eine Kanzel, zu der ein ganzes Wolfsrudel kommt. Nimm den Jäger und setz dich mit ihm an." „Ich kann nicht, ich bin erkältet. Schon zwei Wochen schlafe ich auf Kanzeln und habe Husten. Ich werde jemanden besorgen, den Kommandanten der Forstfeuerwehr. Er ist ein junger, starker, sachkundiger Kerl und wird es gern tun. Erledigt!" Ich lächelte über diesen Enthusiasmus. Aber der Kunde ist König. Wenn er ansitzen will, dann soll er. Sie saßen an. Am Morgen kehrten sie mit einem Wolf zurück. Man muß eben Waidmannsheil haben.

Die Geschichte wirkt etwas unglaubwürdig. Ich machte mir also die Mühe und stellte die Namen der Jäger fest. Es waren dies die Herren Lange, Ehler und Hubert Ostermann. Falls jemand Bedenken haben sollte, was die Glaubwürdigkeit der Schilderung betrifft, so möge er diese Jäger fragen. Sie werden den Sachverhalt gewiß bestätigen.

Schnee

Der Zug nach Zagórz fuhr vom Warschauer Ostbahnhof um 22.30 Uhr ab. Am nächsten Tag traf er planmäßig um 13 Uhr ein. Diesmal konnte ich schon um 11 Uhr in Jasło aussteigen, wo mich mein Freund Jurek Malewski, Förster in der Oberförsterei Uście Gorlikkie, erwartete, und brauchte nicht bis zur Endstation Zagórz zu fahren. Die frühe Ankunft war wichtig, da ich noch recht viel Zeit benötigte, um ins Revier zu gelangen und die Kanzel zu erreichen. Obwohl wir genügend Zeit hatten, mußten wir uns beeilen, denn die Fahrt war beschwerlich, da seit einigen Wochen Schnee lag; aber Jureks russischer Pkw, ein „Moskwitsch", benahm sich brav und meisterte alle Unebenheiten in der Schneedecke. Durchs Fenster betrachtete ich die schneebedeckten Berghänge und die geheimnisvollen, dunklen Wälder, und ich überlegte, wo jetzt wohl die Wölfe seien, die mich wieder einmal in diese Gegend gezogen hatten, stets große Hoffnungen nährend, aber nur geringe Chancen bietend. Diesmal sollte es anders sein. Jurek versicherte mir, die Wölfe seien bestätigt und so beständig, daß es nur darauf ankomme, zu sitzen, zu warten, zu zielen und zu schießen. Nach einer Stunde Autofahrt fühlte ich mich schon wie der glückliche Erleger eines Isegrims und war fest davon überzeugt, in wenigen Augenblicken zum Schuß zu kommen und dann mit einer nicht alltäglichen Beute heimzukehren. Ich ließ nicht einmal den Gedanken zu, daß es auch anders kommen könnte. Was doch Suggestion und Glaube ausmachen! Obwohl noch kein Erfolg da ist, geben solche Einbildungen Zufriedenheit...
Endlich kamen wir am Ziel an. In dem herrlichen Forsthaus, mit dem noch herrlicheren Namen „Blumengebinde", erwartete uns die Gattin Jureks mit einem schmackhaften Mittagessen. Außerdem erwartete uns auch schon der Vorsitzende der Jagdgemeinschaft „Keiler" aus Gorlice mit einer Flasche Likör und einer Genehmigung für einen Keilerabschuß. Ich bedankte mich dafür, bemerkte jedoch, daß ich nicht die Absicht hätte, einen Keiler zu schießen, weil ich mir damit die Chancen auf Wölfe verdürbe.

Machte aber nichts, die Genehmigung hatte ich für jeden Fall. „Doppelt genäht hält besser", bemerkte der Vorsitzende. Wie üblich nahmen wir belegte Brote, ein Stück gebratenes Huhn, zwei gefüllte Thermosflaschen und eine Wolldecke mit und rückten bergauf. Zu Fuß! Weder Auto noch Pferd würden diesen Anstieg schaffen. „Es ist nur ein ausgetretener Steig", sagte Jurek, „den ich benutze, um den Luderplatz zu überprüfen und die Wölfe an Menschenfährten zu gewöhnen." Ich bin kein Freund von Fußwanderungen, schon gar nicht mit Gepäck und Waffe, aber was sollte man tun! Da Jurek fast das gesamte Gepäck selbst trug und damit so viel wog wie ich, hatten wir etwa gleiche Bedingungen. Alle paar Hundert Meter machten wir eine kurze Rast; nicht wegen der Müdigkeit, sondern um nicht in Schweiß zu geraten, wodurch ich mich auf der Kanzel erkältet hätte, denn es herrschten Minustemperaturen. Je höher wir kamen, um so öfter kreuzten Schwarzwildfährten, Fuchsspuren und ab und zu sogar Wolfsfährten den Steig. Das alles ließ mich hoffen und bestärkte mich in dem Glauben, daß es diesmal gewiß klappen würde. Sachliche Beweise waren ja da. Als wir uns dem Luderplatz näherten, stiegen Kolkraben auf, die diesen Ort den ganzen Tag bevölkerten und sich dort fleißig betätigten. Ihre starken, schwarzen Schnäbel kamen gut mit dem ausgelegten Aas zurecht, so daß die Kolkraben mehr verzehrten als die Tiere, denen das Luder zugedacht war. Aufgescheucht saßen sie zunächst auf den Nachbarföhren und beobachteten aufmerksam, was nun geschehen würde. Schließlich kreisten sie über dem Luderplatz und verließen ihn mit lautem Gekrächze. Der langjährige Schutz dieser Vögel war also nicht vergeblich gewesen. Wir hatten wieder einen schönen Besatz an Kolkraben.

„Was nun?" fragte Jurek. „Alleine wirst du den Wolf nicht bergen können." – „Und die Klamotten!" fügte ich hinzu.

Auf der Kanzel blieb ich alleine. Jurek ging heim und sollte mich (und den Wolf) um 7 Uhr früh abholen. Übrigens blieb er niemals bei mir auf der Kanzel. Er meinte, daß schon ein Mensch alleine zu viel sei, zwei würden sich gegenseitig stören. Der eine hustet plötzlich, der andere stößt irgendwo an, dann plagt es den einen, etwas zu sagen. So alleine zwischen den Wölfen, das wäre schön, sagte Jurek immer.

Es war 16 Uhr, bald sollte die Dämmerung eintreten, die Zeit war gerade richtig. Der Ausblick aus dem Kanzelfenster war ideal: eine ausgedehnte Lichtung, an deren Rändern man Mondschatten vermuten konnte. Ihre Mitte war baumlos und mit Schnee bedeckt, auf dem man noch ein Gewirr von Fährten sah. Diese aber verschwammen mit zunehmender Dämmerung. Ich setzte mich bequem ans Fenster, bedeckte die Knie mit der Wolldecke, legte Waffe und Fernglas auf die Pritsche und wartete. Nun war ich endlich auf dem Ansitz, hatte einige Stunden Jagd vor mir. Eine seltsame Jagd, bewegungslos, aber mit einer Waffe und Hoffnungen. Etwa um 19 Uhr sah ich rechts am Luderplatz einen großen dunklen Fleck. Mit bloßem Auge stellte ich fest, daß es ein Keiler war, ein Gebirgskeiler – ein besonders großer. Im Fernglas sah er noch stattlicher aus. Langsam, würdig, näherte er sich dem Rest eines Pferdeskeletts am Luderplatz, trat aber nicht ganz heran. Er machte einige Meter vor den schmackhaften Resten halt und stand wie eine Statue – eine Minute, zwei, drei. Ich gewöhnte mich an diesen Anblick als ein unentbehrliches Element dieser nächtlichen Landschaft. Plötzlich blies der Keiler. Ich schaute durchs Glas, und er erschien mir noch größer als vorher. Der Keiler stellte die Federn hoch wie ein Barsch seine Rückenflosse und schien mir zwanzig bis dreißig Zentimeter höher zu sein. Nach einer gewissen Zeit senkte er die Federn und war wieder „normal". Ich deutete dies als ein sicheres Zeichen, daß dem Keiler etwas nicht gefiel, denn ein nicht beunruhigter Keiler bläst nicht, bleibt nicht so lange regungslos. Ich langte nach dem Repetierer, zielte aufs Blatt, schoß natürlich nicht, nahm nur Maß. Anders sieht man Schwarzwild im Zielfernrohr, wenn man nicht zu schießen beabsichtigt: Das Fadenkreuz bleibt ruhig auf dem Blatt, die Hand zittert nicht, das Herz schlägt normal! Der Keiler ließ aber nicht lange Maß nehmen, blies noch einmal, hob und senkte wiederum die Federn und beschloß, die Lichtung zu verlassen. Ich stellte Betrachtungen an, ob es richtig gewesen war, nicht zu schießen. Der Wolf würde sowieso nicht kommen, und solch ein Keiler... Es war geschehen, es war, es ist Vergangenheit... „Reg dich nicht auf", sagte ich zu mir und wartete geduldig weiter.

204

Die Lichtung war leer. Es vergingen Stunden, und ich sah nichts Neues, weder Fuchs noch Marder, was ich schließlich als ein gutes Omen deutete, da wohl Wölfe in der Nähe sein mußten. Um 23 Uhr übermannte mich der Schlaf, die neben mir stehende Pritsche führte mich in Versuchung. Nur mal so, fünfzehn Minuten hinlegen und dann erneut beobachten. Doch diese Krise überwand ich glücklich, denn ich weiß, was es heißt, sich fünfzehn Minuten hinzulegen. Um 24 Uhr etwa erschien am Rande der Lichtung wieder ein dunkler Fleck, aber kleiner. Ich schaute durchs Glas und setzte es schnell wieder ab. Dem Luder näherte sich ein Stück Schwarzwild. Als es nahe am Luder war, hob ich wiederum das Glas. Das Verhalten des Stückes ließ mich staunen. Es stand am Pferdeskelett und schlug mit dem Wurf an die Knochen. Noch nie hatte ich eine Sau gesehen, die auf diese Weise fraß. Jetzt bemerkte ich, daß sie das Gebrech offen hatte. Zunächst dachte ich, sie habe ein Stück Pferderippe abgebrochen und halte es im Gebrech, um es fortzutragen. Bei näherer Betrachtung stellte ich jedoch fest, daß das Stück den Unterwurf gebrochen hatte und nicht normal fressen konnte. Es war ausgehungert und sah spitz von vorn wie ein schmales Brett aus. Ich entschloß mich zu schießen. Als sich das Stück breit stellte, nahm ich Maß und schoß so, daß es im Feuer liegenblieb. Ich dachte: „Wie lange muß es sich nach solch einem unglücklichen Schuß gequält haben."

Nun mußte ich von der Kanzel steigen und das Stück versorgen. Nach der Rückkehr zur Kanzel beschloß ich, mich etwas hinzulegen. Ich hatte geschossen, hatte frische Fährten gelegt, und das erlegte Stück lag am Luderplatz. Es war anzunehmen, daß keine Wölfe mehr kommen würden. Mit diesen Argumenten überzeugte ich mich selbst, streckte mich mit echter Annehmlichkeit auf der Pritsche aus und schlief ein. Wach wurde ich um 4 Uhr früh. Schnell, jedoch vorsichtig, neigte ich meinen Kopf zum Fenster und erstarrte in der Bewegung. Die Lichtung war weiß und sauber. Was war mit dem erlegten Stück geschehen? Hätte ich es nicht aufgebrochen gehabt, ich hätte geglaubt, es sei entflohen. So mancher Keiler hat dem Jäger solch ein Schnippchen geschlagen. Aber der? Schnell legte ich mir eine Geschichte zurecht, die sich ereignet haben könnte, als ich schlief. Die Wölfe waren erschienen, hatten das Stück zum Bach gezogen und es gefressen, als sie sich sicher fühlten. So war es. So war es bestimmt. Ich versuchte, die Schleifspuren des erlegten Stückes mit dem Glas zu erfassen, aber der Mond, der schon niedrig stand, spendete zu schwaches Licht. Dann öffnete ich das Fenster, um vielleicht die Wölfe am Bach beim Fressen zu hören. Intensiv beobachtete ich, ob sonst etwas zu sehen war. Aber die Stille war absolut und die Lichtung leer. In solch einer Aufgeregtheit und anhaltender Hoffnung hielt ich bis zum Morgen aus. Ich dachte nicht einmal daran, wieder einzuschlafen. Schließlich dachte ich mir noch eine andere Version aus, die von der „wirklichen" abwich, damit mir Jurek nicht die ganze Nacht mit der Bemerkung quittierte: „Du hast verschlafen."

Bei Tagesanbruch, als ich immer noch die Lichtung beobachtete, begannen sich auf dem Luderplatz sonderbare Schatten zu zeigen, Schatten, die Gestalt annahmen und an das hier während der Nacht liegende Stück erinnerten… Als es hell genug wurde, konnte ich feststellen, daß das Stück noch vorhanden war und an derselben Stelle lag. Während meines Schläfchens war reichlich Schnee gefallen und hatte alles zugedeckt. Ich freute mich sehr, denn nun brauchte ich mir für Jurek nichts auszudenken und konnte die Wahrheit sagen, so wie alles war, denn so war es wirklich.

206

Ein Blick von der Kanzel über das spärlich bewachsene Bergplateau.

207

Der Einsatz hat sich gelohnt: gute Stimmung nach erfolgreicher Jagd.

Die Strecke einer Jagd.

Frau Irenka

Das nachfolgende Ereignis fand vor einigen Jahren statt, und erst heute, nachdem Gras darüber gewachsen ist, beschließe ich, es zu veröffentlichen. Der Entschluß fällt mir nicht leicht, da das Ereignis eine Waffe, die Miliz, einen Obersten, einen General und auch mich betrifft... Aber greifen wir nicht vor.

Es war ein Samstagnachmittag, und wie immer herrschte beim Aufbruch zur Jagd große Eile, um zumindest vor der Abenddämmerung die vor uns liegenden 100 Kilometer zurückzulegen. Zum Abendansitz zurechtzukommen, davon war nicht die Rede. Michał holte uns je nach Wohnlage ab, und als er zu mir fuhr, saß der Kassierer unseres Hegeringes, Staszek Z., bereits im Wagen. Ich wartete in der Keilerstraße. Wie immer hatte ich einiges Gepäck, meine Waffe und Reservestiefel. Aus irgendwelchen Gründen hatte sich der Fahrer mit seinem Fahrzeug verspätet. Das Gepäck war am Rande des Gehweges aufgestellt, mein Repetierer lehnte an einem Strommast.

Michał kam etwas eilig angefahren, bremste scharf, stieg aus dem Wagen, und ehe ich mich versah, waren die Sachen im Auto. Beim Beladen half ihm auch Staszek, der ihn zur Eile antrieb: „Fahren wir los. Zygmunt wartet schon eine Viertelstunde auf uns." Zygmunt war und ist unser Vorsitzender, daher ziemte sich keine Verspätung ob solch einer ehrbaren Person – nicht nur wegen seines Amtes im Hegering. Nach einigen Minuten Fahrt nahmen wir den Vorsitzenden auf, der gewiß wegen unseres Zuspätkommens nicht begeistert war. Er sagte aber nur, daß er besorgt gewesen sei, ob wir nicht einen Unfall gehabt hätten. „Zygmunt, mit solch einem Fahrer, mit solch einem Wagen...", sagte Staszek. „Nun gut, fahren wir, um nur möglichst schnell Warschau hinter uns zu lassen."

Die Fahrtrichtung war Pisz (Johannisburg), genaues Ziel: die Försterei Kierzek, noch genauer, Frau Genia. Ort und Person waren allen Jägern des Hegeringes nicht nur wegen der Sympathien den Frauen gegenüber bekannt, nein, noch mehr wegen des guten Essens.

Die Fahrt verlief reibungslos, mir sogar zu schnell, weil ich hinter der Stadtgrenze von Warschau, berauscht von den erfolgreichen Jagderlebnissen Michałs, eingeschlafen war und erst bei Kolno, achtundzwanzig Kilometer vor Pisz, aufwachte. Beim Hineintragen des Gepäcks in die Försterei nahm jeder, was er erwischen konnte, und erst im Haus sortierten wir das Gepäck auf Anweisung von Frau Genia, damit jeder es in seiner Schlafstätte wiederfand. Ich hatte schon alle meine Sachen außer dem Repetierer. Anfänglich dachte ich, daß er irrtümlich in irgendein Zimmer geraten war. Als aber die Besuche bei meinen Kollegen keine Ergebnisse zeitigten, begann ich zu fragen: „Wer hat denn meine Knarre versteckt?" Als ich diese Frage stellte, war ich bereits unruhig, weil ich mich nicht daran erinnern konnte, meinen Repetierer in den Kofferraum gelegt zu haben. Ich rechnete damit, daß dies irgendein Kollege getan hatte, aber keiner konnte sich daran erinnern. Schon jetzt ahnte ich, daß die Waffe in der Keilerstraße geblieben war, angelehnt an den Strommast, von der Fahrbahn aus nicht einzusehen...

Was tun? Wir beschlossen, Warschau anzurufen. Ich bestellte ein Blitzgespräch in der Hoffnung, schneller Verbindung zu bekommen. Wir warteten und warteten. Jede Minute schien zur Ewigkeit zu werden. Endlich! Ich bat meine Frau, sie möge doch hingehen und schauen, ob am Mast neben der Konditorei ein Repetierer stehe. Meine Frau begriff anfänglich nicht ganz, warum er dort stehen sollte. „Wie denn, du fährst zur Jagd und nimmst die Waffe nicht mit?" – „Ja, ich habe sie eben nicht mitgenommen." Am Telefon wartete ich auf Antwort. Wieder nahm die Zeit kein Ende. Trotzdem hatte ich einen Funken Hoffnung, daß der Repetierer noch dort stand. Nach kurzer Zeit aber verging auch diese Illusion. Die Nachricht meiner Frau war unerfreulich. Sie hatte sogar den Hausmeister gefragt, ob nicht jemand den Fund gemeldet habe. Leider war auch dessen Antwort negativ.

Na ja, für morgen würde ich mir irgendeine Waffe ausleihen. Aber dann mußte ich aktiv werden. Die ganze Jagd war mir verdorben. Ich dachte mir verschiedene Möglichkeiten aus, vielleicht war eine davon sogar richtig, ich weiß es nicht.

Während der Rückreise nach Warschau war ich so aufgeregt, daß ich nicht einmal schlief. Heute weiß ich nicht einmal mehr, ob ich damals etwas erlegt habe, aber die Aufregung um den Repetierer, die habe ich nicht vergessen. Mir ging es schon gar nicht um den materiellen Verlust, ich hatte Angst, daß die Waffe in falsche Hände geraten sein könnte, daß man mir bei der Volksmiliz peinliche Fragen stellen würde. Am Montag früh galt mein erster Anruf der Stadtkommandantur unserer Volksmiliz. „Guten Tag, Frau Irenka", sagte ich, da Frau Irenka die Waffenangelegenheiten aller Warschauer Jäger regelt. – „Guten Tag, Herr Janusz", antwortete sie. „Wollen sie wieder eine neue Waffe registrieren lassen?" – „Nein, ich will nichts Neues eintragen lassen, sondern möchte sie bitten, auf meiner Karteikarte einen Repetierer zu streichen, denn ich habe ihn an einen Strommast gestellt, und jemand hat ihn mitgenommen." – „Welchen, den tschechischen oder den Mannlicher?" – „Den tschechischen." – „Dann ist der Schaden ja geringer", antwortete diese nette Frau. Hier muß ich Frau Irenkas phänomenales Gedächtnis erwähnen, denn sie kennt nicht nur die Namen der 5000 Warschauer Jäger, sondern weiß darüber hinaus, wer was für eine Waffe führt. In einigen Fällen konnte ich sogar gelegentlich feststellen, daß sie auch die Waffennummer kennt.

„Wie konnte das geschehen, sie trinken doch nicht!"

„Na eben."

Ich erzählte, wie alles geschehen war. Frau Irenka tröstete mich und riet mir, zur Stadtbezirksverwaltung zu gehen und den Fall zu melden. Das tat ich. In der Bezirksverwaltung verlief das Gespräch weniger angenehm. Man sprach mich nicht mehr mit „Herr Janusz" an, sondern mit „Bürger". Der „Bürger" möge auf dem Flur warten, und der „Bürger" wartete. Endlich wurde ich verhört. Nach einer Stunde las man mir das Protokoll vor, und ich unterschrieb es. „Falls wir etwas in Erfahrung bringen sollten, werden sie verständigt", war die letzte Mitteilung. Ich bedankte mich und begab mich nicht ohne Hoffnung in mein Büro.

Einige Tage war Ruhe, und mit jedem Tag schwand meine Hoffnung, die Waffe zurückzubekommen. Wenn sie jemand zufällig mitgenommen hätte, ohne unlautere Absichten, hätte er die Waffe bei der Miliz abgegeben. Für mich war dies logisch – erwies sich jedoch als falsch. Nach einigen weiteren Tagen rief mich ein Militäroberst an, stellte sich vor und fragte, ob ich nicht eine Waffe vermisse. Jawohl, ich vermißte eine! War sie etwa da? „Vielleicht wird sie sich einfinden", antwortete der Oberst. „Bezüglich der Waffe wollte sich General Cz. mit ihnen in Verbindung setzen, er ist aber momentan verreist und läßt fragen, ob sie ihn abends unter seiner Nummer anrufen könnten."

Nach einigen Stunden rief Frau Irenka mich an. „Herr Janusz, vor ein paar Tagen fand hier eine Überprüfung statt, man wollte feststellen, wem gewisse Waffen gehören. Unter anderen war auch die Nummer ihres 'Tschechen' dabei." Ich bedankte mich herzlich für diese Mitteilung.

Danach rief ich den General Cz. an und vereinbarte mit ihm einen Termin für denselben Abend in seinem Hause.

Der General zeigte mir zuerst seine wirklich herrliche Elchtrophäe und ließ mich somit etwas im ungewissen, was meinen Repetierer betraf. Ich gratulierte zu seinem Elch und fragte ungeduldig nach meiner Waffe. „Sie ist da, sie ist da", beruhigte er mich. „Machen sie sich keine Gedanken."

Zuerst erzählte ich, wie alles gekommen war, dann berichtete der General. Folgendes war nach unserer Abreise zur Jagd geschehen: Während der Rückkehr vom Dienst hielt der General an der Konditorei an und sah als Jäger, als er den Wagen verließ, die einsam stehende Waffe. Seinem Fahrer gab er die Anweisung, die Waffe im Auge zu behalten, während er selbst einkaufen ging. Nach der Rückkehr zum Wagen bestätigte der Fahrer die Beobachtung des Generals, daß nämlich niemand die Waffe beaufsichtige. „Geh hin und nimm sie mit!" befahl er seinem Fahrer. Dieser legte die Waffe ins Auto. Dann standen sie noch ein paar Minuten und beobachteten, ob nicht jemand käme und die Waffe vermißte. Nach einer Viertelstunde fuhren sie weg. Jetzt mußte der Besitzer festgestellt werden. Aber wie? Den Fund der Miliz zu melden, wäre für den Besitzer mit Unannehmlichkeiten verbunden gewesen, er hätte seinen Waffenschein einbüßen können. Man mußte einen Ausweg finden. „Darum habe ich angeordnet, daß wir ihren Repetierer 'verdünnen', in einzelne Teile zerlegen. So wurde es auch gemacht." Ich bedankte mich zum wiederholten Male.

„Warum aber haben sie, Herr General, den Repetierer in der Stadtkommandantur suchen lassen, wo doch nur Waffen von Zivilisten registriert sind?"

„Nun ja, auf diese Idee haben eigentlich sie uns gebracht. Ihr Repetierer war nämlich nicht gereinigt, und ich wußte sofort, daß er nur einem Zivilisten gehören konnte. Jetzt ist er gereinigt. Wissen sie, Soldaten haben so etwas im Blut, sie könnten neben einer ungereinigten Waffe nicht schlafen."

„Hatte man wohl mit dem Reinigen Schwierigkeiten?" fragte ich zaghaft.

„Das müssen sie doch selbst am besten wissen", entgegnete der General.

Wir erzählten uns bei Kaffee und Kognak noch einige Jagderlebnisse, und dann begab ich mich dankbar und froh nach Hause.

Am nächsten Tag rief ich gleich Frau Irenka an. „Ich freue mich sehr", sagte sie, „teilen sie aber dies der Bezirksverwaltung mit, damit man dort nicht mehr sucht." – „Die werden mich wieder verhören und ein Protokoll verfassen", sagte ich. – „Sie werden nicht, keinesfalls! Sagen sie ihnen, daß die Stadtkommandantur sich der Angelegenheit angenommen habe", riet mir Frau Irenka.

Ich folgte ihrem Rat. Diese Jagdwaffe habe ich heute noch. Wenn ich sie zur Jagd mitnehme, fällt mir immer dieser unglückliche Vorfall ein, ein Vorfall, bei dem mir aber auch viel menschliches Wohlwollen entgegengebracht worden ist, ein Wohlwollen, das wir gelegentlich alle einmal benötigen. Noch etwas möchte ich erwähnen. Wenn es manchmal passiert, daß ein Ehemann ohne Waffe heimkommt, dann sollten sich die Damen nicht den Kopf darüber zerbrechen. Er hat es eben eilig gehabt, schnell wieder nach Hause zu kommen, darum ließ er sie irgendwo stehen, so wie ich es zur Jagd eilig hatte.

Ein Keiler wie ein Pferd

Jeder von uns hat schon irgendwann einen großen Keiler gesehen, aber in den meisten Fällen trat dann irgendeine unvorhergesehene Störung auf, und der Keiler konnte unbeschadet entkommen. In der Aufregung, die solch ein Zusammentreffen begleitet, begehen wir gewisse Fehler, die wir anschließend analysieren und einsehen, aber beim nächsten Zusammentreffen – erneut wiederholen. Ein großer Keiler macht keine Fehler, und wenn, dann nur ein einziges Mal. In jedem Revier gibt es „solch einen Keiler" oder gab es einen. Die Ortsansässigen nennen ihn meist Wilhelm oder Bismarck, als ob er aus dieser Epoche stamme. Solche kapitalen Keiler soll es im Gebirge mehr geben, weil das Gelände schwieriger ist und die Jagd seltener betrieben wird. Daher haben mehrere Keiler die Möglichkeit, zu „solch einem Keiler" heranzuwachsen.

Ihn erblicken, antreffen, überlisten – das ist der Wunsch eines jeden Jägers. Dieser Wunsch steigert sich nach jedem mißlungenen Zusammentreffen.

Neue Pläne, Hoffnungen, Einsätze, Erzählungen entstehen: „Wenn ich dort gestanden hätte…", dann wäre der Keiler auch woanders herausgetreten.

Solch ein Keiler hat mehr Begegnungen mit Jägern als wir Jäger mit solch einem Keiler. Das ist auch verständlich, denn wir sind zahlreicher, und solch ein kapitaler Keiler hat oftmals mehr Ahnung von der Jagd als mancher Jäger. „Solch einen Keiler" eben wollte mein Freund Bogdan O. strecken, und so begaben wir uns ins Revier, wo es eben solche Exemplare geben sollte.

Der dortige Förster, Wicek Bezularz, hatte ihn öfter gesehen und uns einmal sogar seine Trittsiegel gezeigt. Sie waren wirklich groß und sehr tief. Deswegen fuhren wir auch im August zur Vollmondzeit dorthin.

Ich glaubte, daß der Basse das große genossenschaftliche Haferfeld in Wola Sokołowa aufzusuchen pflegte. Doch nein! Wicek berichtete, er suche die Bauernfelder auf. Diese Haferstreifen zog er vor, weil er kein Gedränge liebte, wie es in dem großen Haferschlag stattfand. Nach kurzer Beratung teilten wir das Gelände auf. Ich ging zum großen Haferfeld, und Bogdan pirschte mit Wicek auf den kapitalen Keiler.

Da das Haferfeld weit entfernt und der Weg dorthin beschwerlich war, beabsichtigte ich, dort die ganze Nacht zu verbringen. Wiceks Sohn Andrzej fuhr mich mit dem Trecker hin und sollte mich um 6 Uhr früh abholen. Das Schwarzwild steht im ruhigen Revierteil lange im Gebräch und wechselt erst in die Einstände, wenn es schon ganz hell ist.

Die Abenddämmerung brach plötzlich ein, und ehe ich das Schmatzen des ersten Stückes hörte, war es fast dunkel. Der Mond stand noch recht tief und spendete, obwohl voll und rund, kaum Licht. Doch welcher Jäger versucht nicht, auch bei solch einem Licht etwas zu sehen! Ich wischte die Okulare des Fernglases sauber und regulierte die Schärfe, aber ohne, oder besser gesagt, fast ohne Erfolg.

Das Stück konnte ich nämlich gar nicht sehen, denn der Hafer stand sehr hoch, viel höher als Schwarzwild, sogar höher als der kapitale Keiler, der hier ja gar nicht sein konnte.

Als ich das Stück ausmachen wollte, hörte ich an den Bauernfeldern einen Schuß – weit weg, aber deutlich! Das Echo schallte mehrmals von Berg zu Berg, wurde schwächer und verstummte schließlich.

„Bogdan hat geschossen", dachte ich. „Bei solch schwierigen Verhältnissen, na, na, na. Er sollte nicht mehr über seine schwachen Augen klagen."

Ich nahm den Repetierer von der Schulter und beobachtete den Hafer durchs Glas. Es war nichts zu sehen. Seltsam war dieser Schuß schon. Er gab mir keine Ruhe, vielleicht beneidete ich meinen Kollegen um den großen Keiler. Es ist ja nicht wahr, daß Jäger nicht neidisch sind.

Der Schuß hatte meine Neugier geweckt. Die Nacht wurde immer länger, und obwohl die Sauen im Hafer waren, wollte ich zurückkehren. Aber wie? Ich mußte auf den bestellten Trecker warten.

Schon hatte ich die zweite Runde um den Haferschlag gemacht und auch einige Sauen gehört, konnte jedoch nicht zu Schuß kommen. Ab und zu sah ich schon Rückenlinien, die sich bewegten, jedoch gleich wieder verschwanden. Die Schwarzkittel fühlten sich in diesem Haferschlag wahrscheinlich wie Karpfen in einem Teich, die einen Augenblick den Rücken zeigen und dann wieder untertauchen. Sie zeigen, daß sie da sind und sicher sind. Ich entwickelte nun Pläne für die Morgendämmerung. „Ich komme zu Schuß, wenn sie Kirchgang halten", dachte ich.

Es war 3 Uhr, und der Himmel wurde hell, als ich in der Ferne einen Trecker hörte. Das Tuckern wurde immer deutlicher. Ich ging in die Richtung des Treckers, verstand aber nicht, warum Andrzej mich schon so früh abholen kam; denn um diese Zeit hatte er hier doch noch gar nichts zu suchen.

Ich suchte mit dem Glas den Weg ab, konnte aber nur die Scheinwerfer sehen. Als der Trecker ganz nahe war, erkannte ich, daß es Andrzej war.

„Warum kommst du so früh?"

„Vater hat befohlen", antwortete er, „ich soll sie abholen und zurückfahren."

„Haben die beiden etwas erlegt?" fragte ich.

Er antwortete, daß er es nicht wisse. Nun verstand ich gar nichts mehr.

Als wir in Czarna, dem Wohnsitz von Wicek, ankamen, war es schon ganz hell. Auf dem Hof stand das Auto von Bogdan. Die vordere Wagentür war geöffnet, der Liegesitz nach hinten gekippt, die Beine Bogdans ragten heraus, sie sind eben etwas zu lang geraten.

Als er den Trecker hörte, stand er auf und sagte: „Du kannst mir gratulieren", dann fügte er hinzu, „zu einem Pferd."

„Was, zu einem Keiler wie ein Pferd?"

„Nein, zum Pferd wie ein Keiler!"

Nun verstand ich erst recht nichts mehr. „Zieh dich schnell um, gleich wollen wir zum Besitzer fahren und die Angelegenheit ins reine bringen."

„Gut, aber sag mir, wie das geschehen konnte. Wo ist Wicek?"

„Er hat sich hingelegt."

Nun verstand ich noch weniger. Ein Mensch, der drei Nächte nicht zu schlafen braucht, schlief jetzt, nach solch einem Erlebnis, das ich langsam zu glauben begann!

216

Ich zog mich um, und wir fuhren los. Ich wußte nicht, wohin, aber ich wußte, warum. Das war auch etwas. Dann erzählten mir Bogdan und Wicek ihr Erlebnis.

Gleich abends hatten sie sich auf den Tannenansitz gesetzt, auf dieses Brett, das Wicek in dreißig Meter Höhe angebracht hatte und das man nur von Ast zu Ast steigend erreichen konnte. „In meinem Leben bin ich noch nicht so hoch gestiegen", sagte Bogdan. „Als ich nach unten schaute, vergaß ich, wie ich heiße", fügte er hinzu. „Aber was tut man nicht, um ein grobes Schwein zu strecken! Als es dunkel wurde und ich glücklich und unbeschadet dieses Brett verlassen konnte, war ich so zufrieden, als ob ich dieses Prachtstück von Keiler erlegt hätte. Wir gingen zum Auto. Wicek und ich, beide prüften wir mit den Ferngläsern die Bauernfelder. Immer noch hatten wir Hoffnung, irgendwo diesen Keiler zu entdecken. Und plötzlich sagte Wicek: 'Da ist er.' Er sah ihn mit bloßem Auge am Horizont. 'Gehen sie näher heran, sprechen sie ihn durchs Glas an, und schießen sie!'

Der Keiler war tatsächlich groß. Die dunkle Rückenlinie schob sich nach links, und man hörte das Schmatzen im Hafer.

Um diese Chance nicht zu verpassen, ging ich in Anschlag und schoß. Nach dem Schuß zog der Keiler weiter, aber man hörte, wie ein Pferd wieherte, wie ein Bauer rief: 'Nicht schießen, Pferde!' Meine Knie wurden weich. Wicek kam gelaufen und fragte, ob ich getroffen hätte.

'Ich glaube, ich habe getroffen.'

Er faßte mich an der Jacke, und wir verschwanden in einem Bach. Der Bauer schimpfte mächtig auf uns und kam in die Richtung, woher der Schuß gefallen war. Wir saßen ganz still im Bach.

'Wir müssen warten, bis der Zorn des Bauern etwas verraucht ist', stellte Wicek fest. 'Sonst erschlägt er uns mit einem Beil...'

Der Bauer ging an uns vorbei und begab sich zu unserem Auto. Nach fünfzehn Minuten folgten wir ihm.

Am Auto trafen wir uns. Bevor der Bauer sich meldete, sagte ich als erster: 'Wir bezahlen das Pferd, sie können sich ein anderes aussuchen. Fahren wir nach Hause, und besprechen wir diese Angelegenheit.'

Der Bauer beruhigte sich schnell, hatte Verständnis für die Situation: Dunkelheit, welliges Gelände, schwarze Rückenlinie, gesenkter Kopf, ähnlich einem Keiler, außerdem unsere Bereitschaft zur Bezahlung, alles in Ordnung! Aber als die Frau erfuhr, was geschehen war, begann sie zu weinen. Weiber! Nach der Frau begannen die Kinder zu heulen. Furchtbar! Zusammen mit dem Bauern beruhigten wir die Frau, die bald darauf Rührei für uns brutzelte, und mit der Schnapsflasche, mit der wir den Keiler tottrinken wollten, erfreuten wir den Bauern. Nach diesem etwas merkwürdigen Abendbrot mußten wir langsam zur Sache kommen. Der Bauer selbst sagte aber: 'Hören sie, es hatte ein Bein gebrochen und mußte den Gnadenschuß bekommen.'

'Na eben!' – 'Überhaupt sagt man im Radio, daß wir Bauern zu viele Pferde hätten.'

Jetzt begannen wir, dem Bauern klarzumachen, daß er uns nichts zu vergeben hätte, sonst würden wir zum Schluß noch zu der Erkenntnis gelangen, daß dies eine gute Tat gewesen sei." Soweit Bogdans Schilderung.

Beim Bauern nun wieder angekommen, erquickten wir uns mit einem Glas Milch und richtigem Bauernbrot. Wir fuhren nun gemeinsam nach Sanok zum Pferdemarkt. Pferde gab es auf dem Markt etwa an die dreißig, aber keins gefiel unserem Landwirt. Es gab keinen anderen Ausweg, wir mußten nach Brzozów zum nächsten Markt fahren. In Brzozów eine ähnliche Lage – viele Pferde, aber keins gefiel. Ein Pferdevermittler sprach uns an: „Die Herren suchen wohl etwas Besonderes?" – „Ja, stimmt", antwortete ich eilfertig. „Meine Herren, anständige Pferde kommen nicht auf den Markt. Ich habe ein Pferd im Stall bei einem Bauern stehen."

Wir fuhren los. „Mit einem guten Pferd ist es so wie mit einem guten Auto, man bringt es nicht zum Gebrauchtmarkt, man wählt sich den Kunden aus und führt ihn zum Auto, das in der Garage steht." Auch ein Standpunkt!

Der Besitzer des Pferdes empfing uns gelassen, um den Anschein zu erwecken, daß ihm am Verkauf wenig liege.

„Meine Herren, es ist August, im Felde gibt es sehr viel Arbeit – die Pferde stehen hoch im Kurs und sind unabkömmlich. Wenn ihnen aber sehr viel daran liegt, das Pferd steht im Stall."

Das Pferd war tatsächlich schön. Am Gesicht unseres Landwirts konnte man ablesen, daß es ihm gefiel. Er betrachtete es, nickte mit dem Kopf und stellte fest, daß die Vorderhand in der Fessel etwas zu dünn sei. Aber die Spezialisten bewiesen ihm schnell, daß er Unrecht hatte, und der Handel begann. Das erste Mal im Leben kaufte ich ein Pferd. Ich wußte, daß man den Kauf durch einen Handschlag besiegelt, aber daß dieser so kräftig ausfällt, erfuhr ich erst damals. Meine rechte Hand war geschwollen, wir waren aber bei unserem Handel erst bei 3.000 Złoty angelangt. Der Besitzer forderte weiterhin 22.000. Bei 20.000 hielt ich es nicht mehr aus: „Bogdan, entweder du zahlst, oder du gibst deine Hand." Er zahlte. Als Wicek den Haufen Geld erblickte, wurde ihm schlecht, mir auch.

Fast glücklich kehrten wir nach Hause zurück. Als wir ruhig am Mittagstisch Platz nahmen, erteilte ich Bogdan eine Lektion. Ich zeigte ihm seine Fehler auf. Wicek übrigens auch; er riet Bogdan dringend, immer ein Fernglas bei sich zu tragen. Dieser verteidigte sich damit, daß er mit Glas schlechter sehe als mit bloßem Auge. Schließlich empfahl ich Bogdan, sich der Jagd zu enthalten, denn es sei erst August, und er habe schon drei Pferde gestreckt. Wicek multiplizierte in Gedanken 3 x 20.000 Złoty, und wieder wurde ihm schlecht.

„Sagen sie die Wahrheit, oder meinen sie es ironisch?"

„Ironisch natürlich."

Als ich im Winter dort wieder zur Schwarzwildjagd weilte, mußte man mit dem Schlitten zur Kanzel fahren. „Gehen wir wegen eines Pferdes zu dem Bauern Chorodejczuk", sagte Wicek. „Wir haben ihm damals solch ein Wunschpferd gekauft, darum soll er uns heute wenigstens zum Ansitz hinfahren." – „Einverstanden."

Im Stall standen bei Chorodejczuk zwei Pferde. Das neue Pferd war stattlicher als das alte, um drei Klassen besser, größer, stärker. Chorodejczuk empfing uns mit Wohlwollen, wie alte Bekannte. Als wir mit dem Schlitten und dem neuen, guten Pferd bergauf fuhren, wandte er sich an mich mit einer gezielten Bitte: „Herr Sikorski", sagte er, „kommen sie doch bitte im Sommer mit demselben Jagdkameraden, ich werde den anderen Gaul herausbringen. Wissen sie, er paßt nicht zu diesem guten im Gespann."

Neumann-Neudamm Jagderzählungen

Götz von Bülow
Einst in weiten Revieren
168 Seiten, 31 Farb- und 1 SW-Foto

Erlebnisse aus Revieren, die nach Größe und und Wildreichtum heute wie Paradiese wirken. Ein Stück lebendiger Zeitgeschichte aus der Sicht eines Jägers, der die Gunst der Stunde in vollen Zügen gennossen hat.

Peter Janisch
Gehst mir aufs Leben, Schütz?
297 Seiten, 34 SW-Fotos

Diese Wilderergeschichten sind spannend bis zur letzten Zeile, zum letzten Atemzug. Sie alle erzählen wahre Begebenheiten von erbitterten Kämpfen zwischen Förstern und den „Wildfrevlern", die oftmals tödlich endeten. 34 Originalfotos dokumentieren das Geschehen.

Werner Klotz
Sauen, Sauen, Sauen
156 Seiten, 16 Farb- und 8 SW-Fotos

Die Vorliebe für das Schwarzwild begleitet den Autor durch sein ganzes Jägerleben. Alle Höhen und Tiefen dieser Jagd werden in ebenso ehrlichen wie spannenden Schilderungen eingefangen.

Karl Heinz Rohrmann
Was brauch' ich denn als Jäger mehr?
232 Seiten, 26 Farbfotos

Eine packende Jagderzählung von einsamen Pirschen im Hochgebirge, prickelnden Jagden auf Sauen, vom Brunfthirsch in den Wäldern der Eifel oder von den „Urwäldern" Jugoslawiens. Daß der Autor mit ganzem Herzen dabei war, klingt aus jeder Zeile des Buches!

Hubert Suter
Hinaus zur Jagd
260 Seiten, 25 Farbfotos

Daß sich eine Jagderzählung nicht in der Schilderung von Jagd- und Pirschgängen erschöpfen muß, beweist dieses Buch: Hubert Suter zeichnet ein harmonisches Bild von seinen Jagden sowie Land und Leuten in Spanien, Ungarn, Österreich, Tunesien und heimischen Revieren.

Mit Neumann-Neudamm in Kanada und Alaska

Andreas Berberich
Bären – Elche – Weiße Schafe
Hochwildjagd im Norden Amerikas
264 Seiten, 47 Farbfotos, 2 Karten

Mit der spannenden Schilderung der Jagd auf die bekanntesten Hochwild-
arten verbindet der Autor die Vermittlung vielfältiger, jagdfachlicher, aber
auch allgemeiner Kenntnisse über Jagdsystem – Tier- und Pflanzenwelt –
Land und Leute – outdoorsmen, Jäger und jagdliche Gepflogenheiten.

Max Hinsche
Kanada – wirklich erlebt!
In 2 Bänden
Band 1: Vor 50 Jahren als Jäger und Trapper in Kanada,
236 Seiten, 26 SW-Fotos
Band 2: Großwildjagd im Lande der Mitternachtssonne,
288 Seiten, 34 SW-Fotos

Vor über 50 Jahren durchstreifte der Autor den Norden Kanadas, war in
den damals noch wenig erschlossenen Gegenden zahlreichen Gefahren
ausgesetzt, genoß aber auch ein Jagdparadies von einmaliger Schönheit.
Packend schildert er in Teil 1, wie er acht Jahre lang in den unendlichen Urwäldern am nördlichen Athabaskastrom lebte und jagte. Im 2. Teil des
Werkes berichtet Hinsche von einer neunmonatigen Reise durch zum Teil
völlig unerforschte Gebiete in der Hochgebirgswelt des Yukon-Territory,
von seinem Zusammentreffen mit Trappern und Goldsuchern und von der
atemberaubenden Tierwelt.

Berthold Köhr
Indianersommer
260 Seiten, 17 Farb- und 12 SW-Fotos

Spannende Schilderung jagdlicher Trips über 20 Jahre nach Alaska. Viele
historische und aktuelle Informationen für Jäger und andere Alaska-Be-
geisterte.

Heinz-K. Weigelt
Als Jagdführer in Kanada
184 Seiten, 29 Farbfotos

Auch die erfahrensten Jagdführer geraten nicht selten in Situationen, die
ihnen alles abfordern. Solche Erlebnisse sind im vorliegenden Buch zu-
sammengefaßt. Es gibt – wie wohl kein anderes – Einblicke in die faszinierenden, aber auch gefahrbringenden Jagdmöglichkeiten eines der letzten
Paradiese: B. C.

Neumann-Neudamm Jagderzählungen

Karl-Heinz Zernikow

Knuffige Böcke – urige Sauen

248 Seiten, 28 Farbfotos, Bestell-Nr. 0611-7

Spannende Abenteuer, reiche Beute und das große Fernweh hat der Autor auf seinen jagdlichen Exkursionen in der weiten Welt erlebt. Mit heißem Jägerherzen hat er die Schönheit der Jagdparadiese auf fast allen Kontinenten genossen. Doch immer wieder hat ihn das Heimweh und seine große Liebe zum heimatlichen Sauerland, dem kargen Land der tausen Berge und Seen, zu seinem Revier dort in den rauhen Wäldern, mit aller Macht zurückgezogen. In diese spannend geschriebenen Jagdabenteuer kann sich jeder heimatliebende Jäger hineinversetzen, miterleben und sich erinnern.

Karl-Christoph Steingaß

Zum Jagen geboren?

Ca. 180 S., Kst., ca. 27 Farbfotos, Bestell-Nr. 0617-6, erscheint im 3. Quartal

Wenn man wie der Autor bereits seine Kindheit und Jugend im einsamen Forsthaus verbracht hat, vom Vater und Bruder schon in zartem Alter in die Belange der Jagd eingeführt worden und als Treiber, Helfer und Beobachter von klein auf mit Passion dabeigewesen ist, dann ist man wohl zum Jagen geboren! In den vorliegenden Buch zieht Karl-Christoph Steingaß eine Bilanz seines bisherigen Jägerlebens. Geschildert werden zunächst die ersten jagdlichen Erlebnisse und Erfahrungen vor und nach Ablegen der Jägerprüfung. Es folgen Erzählungen von seinen ständigen Begleitern und Jagdgehilfen, den Rauhhaarteckeln, dem Rotwild. Aber nicht nur die Heimat hat sich der Autor jagdlich erschlossen. Fasziniert von der Wildnis Alaskas, zieht es ihn immer wieder in dieses Land, wo er Bär, Elch und Caribou nachstellt. In Polen und Schottland geht es auf Hirsche. Nach Südwestafrika führt eine weitere Jagdreise. Temperamentvoll und in launigen Worten kramt der Autor im Schatz seiner Erinnerungen. Doch dort, wo es angebracht ist, verfällt er auch mal in leise und zuweilen warnende Töne.

Alexander Florstedt

Jagen in den Hochgebirgen Asiens und Siebenbürgens

Reprint, ca. 270 S., Kst., 87 SW-Fotos, Bestell-Nr. 0618-4, erscheint im 3. Quartal

Der vorliegende Reprint gibt einen faszinierenden Einblick in die Gebirgswelt Kleinasiens und Siebenbürgens in den Jahren vor dem 1. Weltkrieg. Alexander Florstedt, Jäger, Zoologe und Tierfreund, unternimmt im ersten Teil des Buches eine Forschungs- und Jagdreise in die Hochgebirge des Taurus und Antitaurus. Geschildert werden Land und Leute, die beeindruckende Gebirgsformationen mit ihrer damals noch so reichen Tier- und Pflanzenwelt ebenso wie die Lebensweise und Mentalität der Einheimischen. Florstedts Hauptaugenmerk in jagdlicher Hinsicht gilt hier den Bezoarsteinböcken. Im zweiten Teil des Buches berichtet der Autor von Jagderlebnissen in seiner Wahlheimat Siebenbürgen. Es geht auf Auerhähne, Reh- und Gamsböcke, Bären, Schnepfen und Sauen, auf Hirsche in der Bukowina und auf Mufflons in Westungarn. Dennoch ist Florstedt nicht nur Jäger, auch den Naturschutz propagiert er schon. Bereits zu Beginn dieses Jahrhunderts ist er um den Erhalt der Tierwelt Kleinasiens besorgt. Daneben eröffnet das Buch einen Einblick in die damalige Art zu jagen sowie in die waidmännischen Grundsätze und Auffassungen.

Neumann-Neudamm – mal anders!

Jürgen Schulte
Na dann prüft mal schön
Stilblüten und Flops aus Jägerprüfungen
88 Seiten, 38 Strichzeichnungen, Broschur,
Bestell-Nr. 0604-4

Welcher Prüfling hat nicht schon einmal über seine eigene dumme Antwort gelacht? Auch bei Jägerprüfungen, die in der Bundesrepublik auf hohem Niveau durchgeführt werden, bleibt es nicht aus, daß der auch noch so gut vorbereitete Jungjäger Fehler in seine Prüfungsarbeiten einbaut. Der „Mut zur Lücke" hinterläßt dann oft lesenswerte Stilblüten und Flops, über die Eingeweihte schmunzeln, aber auch herzhaft lachen können.

Um den Bierernst, den Prüfungen nun einmal an sich haben, ins Gegenteil zu verkehren, hat der Autor über viele Jahre Aufzeichnungen von spaßigen Antworten gesammelt. Aufgelockert wird das Ganze noch durch zahlreiche bildliche Darstellungen des geübten Zeichners Wilhelm Hartung.

Klaus Böhme
Waidmannsheil im Steuerrecht
120 Seiten, Broschur, Bestell-Nr. 0608-7

In allgemeinverständlicher Form werden nicht nur – von Ansitzsack bis Zielfernrohr – die Jagdaufwendungen der mit der Jagd unmittelbar verbundenen Berufsgruppe erörtert, sondern auch Berufe und Tätigkeiten mit nur mittelbarem Bezug zur Jagd angesprochen. In den Fällen der Nichtabzugsfähigkeit von Jagdaufwendungen werden die Entscheidungsgründe dargestellt und Wege zur Erfüllung der gesetzlichen Abzugsvoraussetzungen gewiesen.

Hans-Dieter Willkomm (Hrsg.)
Geheimes Jäger-Cabinet
Reprint, ca. 330 Seiten, Leinenband mit Schutzumschlag,
Bestell-Nr. 0607-9

Der vorliegende Reprint stellt einen Auszug aus einem Werk der sogenannten Hausväterliteratur dar, nämlich dem 1755 in Leipzig erschienenen Buch „Kluger Hausvater, verständige Hausmutter" von Johann-Joachim Becher.

Das Geheime Jäger-Cabinet des pfälzischen Landjägermeisters Georg-Christoph Becher vermittelt ein einmaliges, fundamentales Zunftwissen und Brauchtum der Jägerei des 15. und 16. Jahrhunderts.